识干家

企業閱讀　學以致用

管理就是管组织

用组织建设破解管理难题

黄娜　张梦　钟淑芬 ◎ 著

沈阳出版发行集团
沈阳出版社

图书在版编目（CIP）数据

管理就是管组织：用组织建设破解管理难题 / 黄娜，张梦，钟淑芬著. -- 沈阳：沈阳出版社，2022.11
ISBN 978-7-5716-2880-2

Ⅰ.①管… Ⅱ.①黄… ②张… ③钟… Ⅲ.①企业管理－组织管理学 Ⅳ.①F272.9

中国版本图书馆 CIP 数据核字（2022）第 216516 号

出版发行：沈阳出版发行集团｜沈阳出版社
（地址：沈阳市沈河区南翰林路 10 号　邮编：110011）
网　　址：http://www.sycbs.com
印　　刷：河北宝昌佳彩印刷有限公司
幅面尺寸：170mm×240mm
印　　张：15.75
字　　数：221 千字
出版时间：2023 年 1 月第 1 版
印刷时间：2023 年 1 月第 1 次印刷
责任编辑：马　驰　王玉位
封面设计：仙　境
版式设计：仙　境
责任校对：荣英涵
责任监印：杨　旭

书　　号：ISBN 978-7-5716-2880-2
定　　价：118.00 元

联系电话：024 - 24112447
E-mail：sy24112447@163.com

本书若有印装质量问题，影响阅读，请与出版社联系调换。

导 读

面对不确定的全球经济环境的外部压力和组织能力与人才不对称的内部矛盾，组织突破需要搭建有效配合企业业务的组织发展体系并用最佳策划落地。

本书所阐述的组织突破力，主要是企业人力资源管理在针对企业中不同分组织（如高管团队、转换新角色的管理团队、新生团队等）运用创新手段，推动企业整体组织快速突破的能力。本书主要为即将进行或正在进行组织突破的人力资源工作者集合了优秀企业关于组织发展的丰富案例，用组织发展中常见问题的情景及成功实践方案阐述问题根源、设计思路、解决工具，并探索当下组织模式的变化与应对措施。

本书对传统人力资源管理工作者和初入门组织发展的变革型人力资源工作者有很强的参考意义，对快速发展的组织的人力资源一把手也有一定的借鉴意义。

一、这是一本什么样的书

本书用"理论+实战"的形式让你全面了解组织发展的知识与实干经验。关于组织发展所汇聚的"点能力"提炼出一套作为管理者如何开展组织发展工作的方法逻辑。往大了说就是如何规划企业的发展，如何布局企业发展过程中相关的人和事，如何关注并解决企业发展过程中各式各样的问题。往小了说就是让无论是部门负责人、HRD 还是从事 HR 工作的人，都去关注身边组织发展的各项事务，做好管辖部门组织发展的相关工作，让组织发展深根于每一位员工，不单纯地认为组织发展是人力资源部的事情。

组织发展对很多中小企业来说是一个"很虚"的概念，他们会单纯地认为：对人员做了储备、设置了关键流程、关注组织中各层级的员工的能力培养。但往往这些事情都是遇到了问题才去解决，缺乏系统性，碎片式的管理并不能对企业的长远发展起到任何作用。作为公司的管理者，应该时刻抱有组织发展的理念，创建一套适合企业规模的组织发展策略，从日常工作中组织各部门复盘与组织发展相关的工作，不断完善组织发展策略，让组织发展成为机制，成为一项日常工作。

我们常说负责组织建设的人要入局，要入业务的局，更要入老板的局。入业务的局，就要对组织发展中的问题进行认知，以业绩为第一目标设计解决方案。本书将对组织发展存在的主要问题进行描述，比如组织机制宣贯不够深入、人力资源工作手段单薄、干部"手感差"、谣言辨识和处理能力弱、精准表达能力不足等，配合具体案例，让你更好地代入感受问题并引发思考。入老板的局，是在入业务的局的基础上提出更高的要求，怎样从老板的角度出发思考问题，甚至是在老板下指示前就考虑到，这就意味着组织建设工作者要对组织的关键卡点，包括关键业务流程、关键人群，都要有足够深入的了解和思考。本书针对组织的关键群体，包括核心高管团队、培训生、女性领导、新任干部等，如何选拔、如何培养展开实例讲解，用大量的实操模板让你在做同样工作时可以有更强的手感。

把干部"扶上马"，不是单纯地把干部放到位置上，更不是为了证明他们不行，因此干部的陪练是关键，目标一定是帮助干部成功。本书在如何帮助干部成功上对"以考带训"、任期制、关注赋能能力的培养、精细化培养等展开实操讲解，针对实操中可能遇到的陷阱提前给予铺垫，帮助你在实操中更快地出业绩。

全书把"复盘管理""核心高管团队""能力建设""组织习惯"等概念利用理论与案例相结合的形式解释得更透彻，收集在案 30 余个案例，与日常组织发展中出现的问题有极高的匹配度，更容易让管理者从中找到相应的解决思路。不管是从事情的正面还是侧面，都能让你得到启发，为管理者开展组织发展相关工作提供思路。

二、谁会从本书获益

本书的第一受益人是从事组织发展工作的相关人员，他们更清楚组织发展的现状及公司策略，利用书中的"套路"全面审阅公司组织发展匹配的流程与工作，完善现有的与组织发展相匹配的机制与流程，而不是单纯地顺应执行落到自己手上的工作而不去对组织发展做规划。第二获益人也许是部门主管与 HRD，他们不仅要配合组织发展部门的相关工作，还要关注部门内关于组织发展相关工作的策划与实施。本书叙述的组织发展相关理论与相匹配的案例，不管你是企业内从事组织发展相关工作的人员、部门负责人，还是未来想从事组织发展相关工作的人员，相信都会对你有所帮助和启发。

推荐序 1

黄娜女士告诉我,她正在和两位要好的搭档合著一本关于组织发展的书,邀请我为书作序。黄娜女士和我交流了她们合著本书的初衷,全面介绍了该书的主要内容,看完本书后,我的感受甚为深刻。该书没有采取四平八稳的方式来阐述组织发展,而是从组织发展的思维认识、关键能力及实践案例角度对组织发展进行了展现,我觉得有学习和借鉴的价值。

阅读此书,可以让我们对组织发展的认识更深刻。组织发展是企业健康发展的基础。一个企业要想持续向上向好发展,就必须有一个良好的组织。大多数作者在介绍"什么是组织发展"时,习惯从组织发展的定义做文章,如组织发展的来由、发展历史、名词解释等,那样读起来枯燥乏味,对读者的价值并不大。本书却从形态、设计、关系责任和人力资源四个全新的维度引导我们重新认知了组织发展,很直观、很直接。同时,对组织发展中存在的无效冲突增多、全员参与积极性不高、组织发展与业务工作"两张皮"、创新力不足四个主要问题进行了重点归纳分析,很有针对性,能够帮助我们对组织发展的重要意义及现实价值产生更为深刻的理解。

本书有一个显著的优势，就是实战经验渗透很多。在通读本书的过程中有身临其境的感觉，由此可见，书中的实践性内容大于理论性内容，实践价值多于理论价值。作者们把从事组织发展工作中遇到的实际案例进行了梳理归纳，并呈现给读者，代入感非常强。黄娜女士作为一家上市公司的人力资源总监、EHS总监及总经理助理，有着非常丰富的组织发展工作经验，另外两位作者张梦和钟淑芬也是从事组织发展工作的行家里手，书中列举的案例来自她们的工作实践，或者是和其他企业人力资源一把手交流过程中了解到的案例，既可以精准对标学习借鉴，也可以对号入座反思反省，还可以举一反三综合运用，对广大读者来说，确实具有很好的实践参考价值。

创新力也是本书吸引我的一个重要方面。书中，作者们对开展组织发展工作的思维认识、矛盾问题、核心环节、现实考验等进行了全方位的系统论述，这些内容形成的"组合拳"，就是一套完整系统的组织发展能力。书中亮点内容不少，创新之处颇多。比如核心高管团队的建设，这是一般人不善于谈的，因为受限于职位与能力，但书中都详细说明了，而且非常到位；"特殊群体培育""打造活力人才体系""转身90天陪练计划"等，这些新颖名词的背后都是组织发展能力创新的汇集，也为本书增添了不少创新价值。

书是思想的汇聚，是认识的交融。读完本书，必然会为我们开展组织发展工作带来思维及能力上的系统性提升。

华南理工大学工商管理学院二级教授/博导
广东省人才开发与管理研究会会长
刘善仕

推荐序 2

组织红利对企业发展至关重要

我第一次与黄娜女士接触,就被她活跃的思维、渊博的知识,以及对企业管理与发展的深度见解吸引了。每次与她交流这方面的问题,她都可以侃侃而谈,思想有高度又接地气,内容有广度又不失重心,还经常引用典型案例来做比喻分析。我与她一见如故,非常欣赏她。

后来合作中,我得知她先后写了《手把手教你做专业生产经理》《化工企业工艺安全管理实操》与《上市公司总经理助理工作笔记》三部作品,对于一个身兼数职、工作繁忙的上市企业高层来说,实属不易,令人敬佩。最近,她告诉我一个想法:她想把自己多年的职场经验和阅历,结合对组织建设与管理的理解,总结提炼成一套系统的、具有实用价值的企业组织建设与管理方法,并出版与广大读者分享。听到她的想法,我伸出双手点赞。其实,我并不感到意外,因为这很符合她的性格特质——愿意与他人分享成果、注重培养人的能力、关心职场人的储备力量，这些特质在本书体现得淋漓尽致。下面我重点推荐书中的部分精华观点。

组织建设与业绩增长息息相关。黄娜女士在书中表述了一个鲜明的观点：业绩导向是组织发展的动力。如果一个企业的业绩很好，那么它的组织建设肯定好。相反，一个企业的业绩不行，那么它的组织建设肯定存在问题。这个观点我非常赞同。一切组织建设都是为了更好的业绩，离开了业绩去搞组织建设，就偏离了中心，跑偏了方向，从而出现"事倍功半""好心办不了好事"等问题。这个观点也是黄娜女士这些年抓组织建设的经验之感、实践之谈，书中对该思想观点进行了详细全面的阐述。阅读本书，可以进一步加深我们对组织建设与业绩增长内在联系的理解，有利于提升我们在组织建设方面的思维层次，纠正我们在组织建设实践过程中的一些认知偏差，值得大家学习和借鉴。

打造齐心、高效、职业化的高管团队是团队建设的核心。黄娜女士提出：组织建设中，团队建设是关键；团队建设中，打造高管团队是核心。"头雁效应"大家都知道，"火车跑得快，全靠车头带"几乎人人知晓，但培养和打造出"头雁群体"和"火车头"却并非易事。就"如何打造好高管团队，让头雁们始终保持思想上、能力上和行动上的先进，持续发挥引领者作用"这个课题，黄娜女士在人力资源总监的岗位上一直都在关注和研究，采取了定期布置作业、分队对抗训练等系列方法，取得了良好效果，得到了公司高管团队的一致认可。很多思想和方法，我们在书中都能看到，有些观点很直接，也很现实，但更为实在与科学。比如"组织在不同的发展阶段需要不同核心高管团队去匹配业务""核心高管团队不是一成不变的，也需要不断补充新鲜的'血液'"，这就是直截了当换人，说得很残酷，但很真诚，因为对于不思进取的高管来说是打击和压力，而对于富有激情、与时俱进的高管和中层来说是鞭策或激励，这些都是黄娜女士关于打造高管团队的经典之作。

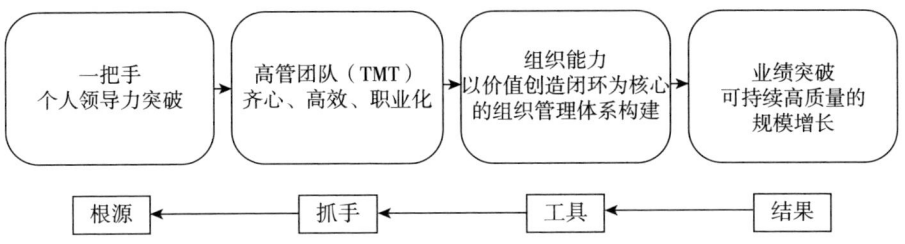

团队建设

要始终从业务维度去研究组织设计。想把组织建设做好,首要的就是做好组织设计,而做好组织设计的关键就是聚焦业务、贴近业务,始终引领和服务业务。这也是黄娜女士提出的一个独到观点。组织设计包括组织架构模式、组织管控模式、组织管控流程,同时涉及部门职责、组织管理幅度、组织层数和组织变革等。只有从业务维度出发的组织设计,才会更好地发挥组织建设的效能,从而助推企业管理产生更大的效益。黄娜女士在书中还谈道:"不要企图靠一个组织设计来解决企业的全部问题,组织设计也是要动态迭代的。"一些企业陷入一个误区,希望通过设计最好的组织框架来解决所有组织性的问题,这是不可能实现的。阅读本书,可以让你更好地理解"为何会走进这一误区",以及如何从这一误区走出来,实现更好的成长和升华。

黄娜女士以理论和实战案例相结合的形式对组织发展进行了深入的研究阐述,在组织发展过程中遇到的问题,普遍都能在此找到答案。无论你是老板还是企业管理者,或者是从事与企业发展相关行业或岗位的朋友,本书一定是值得拜读与深究的宝贵书籍之一。

领教商学堂组织管理专家
原蔚来汽车全球人力资源副总裁
原米其林中国 SP 总监
领教 齐晓峰

目 录 Contents

第一章　从四个维度来看组织发展 / 001

 第一节　维度1：从形态维度看组织发展 / 003

  一、初创期形态 / 004

  二、发展期形态 / 005

  三、成熟期形态 / 007

 第二节　维度2：从设计维度看组织发展 / 009

  一、组织设计的七个部分 / 009

  二、顶层设计的基本逻辑 / 012

 第三节　维度3：从关系责任维度看组织发展 / 013

 第四节　维度4：从HR维度看组织发展 / 014

  一、组织成长中的陷阱和变革突破 / 015

  二、新雇主经济演进阐释 / 015

第二章　组织发展中的4类问题 / 019

 第一节　组织发展受阻的主要问题 / 022

  一、问题1：无效冲突增多 / 022

  二、问题2：参与积极性不高 / 023

三、问题3：组织发展与业务工作"两张皮" / 024

四、问题4：创新力不足，随大溜 / 025

第二节　实例：组织发展出了问题 / 027

第三章　组织发展的机制和能力建设 / 037

第一节　好机制促进组织发展 / 040

一、组织的负责机制 / 040

二、组织的决策机制 / 041

三、组织的人才发展机制 / 043

四、机制落地措施示例 / 045

第二节　提升组织的复盘能力 / 048

一、复盘管理的流程建设 / 049

二、复盘管理常见陷阱 / 051

三、谁复盘？何时复盘 / 052

第三节　组织发展主责人能力建设 / 054

一、组织发展主责人的4种关键能力 / 055

二、矩阵式领导素质 / 057

第四节　改进组织文化建设 / 059

一、组织机制的宣贯不深入 / 059

二、人力资源的工作手段落后 / 061

三、干部脱离一线业务 / 062

四、谣言辨识和处理能力弱 / 064

五、精准表达能力不足 / 066

六、组织文化问题解决措施示例 / 068

第四章　如何打造核心高管团队 / 071

第一节　动态选拔 / 074

一、坚持动态选拔的主要原因 / 075

二、动态选拔的三大原则 / 077

三、动态选拔的核心过程 / 080

四、制造行业的核心高管团队选拔特性 / 083

第二节　培育共识 / 085

一、组织文化引领 / 085

二、目标共识凝聚 / 089

三、拥抱冲突 / 090

四、搭建业务伙伴思维 / 092

五、建立研讨会机制 / 094

六、"喝咖啡"式碰撞 / 095

第三节　持续发展 / 098

一、训练营机制 / 099

二、有效时间管理 / 099

三、培育一支能打胜仗的队伍 / 100

四、利益共同体打造 / 101

第五章　如何打造活力人才体系 / 103

第一节　活力人才体系搭建的核心机制 / 105

一、人才发展机制 / 106

二、激励机制 / 107

三、机会机制 / 109

第二节 活力人才体系的标准 / 110
　　一、活力干部标准 / 110
　　二、干部盘点标准 / 112
第三节 活力干部培养 / 114
　　一、干部任期制 / 114
　　二、建立轮岗机制 / 116
　　三、像星探一样发现干部 / 118
　　四、培养干部"赋能的能力" / 120
　　五、精细化培养 / 121
　　六、打造学习型组织 / 122
第四节 活力干部退出机制 / 123
　　一、关注持续业绩输出 / 123
　　二、老人办新事 / 124

第六章 如何培育"组织习惯" / 127

第一节 组织思维习惯 / 129
　　一、聚焦企业战略目标习惯 / 129
　　二、服务业务习惯 / 130
　　三、问题导向习惯 / 130
　　四、自我迭代习惯 / 130
第二节 组织行为习惯 / 131
　　一、愿景驱动习惯 / 131
　　二、建章立制习惯 / 131
　　三、人才持续培育习惯 / 132
　　四、复盘提升习惯 / 132

第三节　组织习惯案例 / 132

第七章　如何落实新干部转身 90 天陪练计划 / 141

第一节　转身 90 天陪练的价值 / 145

一、新任干部的转身期 / 145

二、新任干部成功转身对企业的价值 / 146

三、成功转身对新任干部的价值 / 147

第二节　90 天陪练计划的 4 个重要环节 / 148

一、环节 1：为转换新角色做好前期准备 / 148

二、环节 2：帮助新任干部获取早期成功 / 152

三、环节 3：帮助新任干部增强影响力 / 162

四、环节 4：助推带领团队创新发展 / 163

第三节　GROW 绩效访谈法 / 174

第八章　不同群体的培育方法 / 175

第一节　制造业培训生培育 / 177

一、制造业培训生的选拔 / 179

二、制造业培训生的第一阶段培养 / 181

三、制造业培训生的可持续培育 / 196

四、制造业培训生的培养痛点 / 201

五、成就组织与培训生共赢发展 / 203

六、培训生体系的时代挑战 / 204

第二节　女性领导力训练营 / 206

一、女性领导者优劣势对比 / 207

二、女性领导力训练营 / 210

三、职场女性进阶修炼 / 214

第九章　正在发生的组织管理新趋势 / 217

第一节　当下的组织模式 / 219
一、招聘模式更新 / 219
二、培训模式更新 / 220

第二节　技术工人招工难 / 221
一、从人才易获性出发 / 222
二、设立订单班机制 / 223
三、技术比武机制 / 224
四、腾笼换鸟计划 / 224
五、反向对业务提出新要求 / 225

第三节　企业科技感打造 / 226
一、面试感受升级 / 226
二、员工自助服务 / 226
三、巧用成熟 IT 技术 / 227

第四节　零工经济 / 229

致谢 / 231

第一章
从四个维度来看组织发展

所谓组织，就是人与人之间的关系。组织发展就是为人与人的关系搭建平台和纽带，使这层关系更加系统化、科学化、高效化。任何一家企业走向成熟的道路上，都伴随着成熟组织发展。由此可见，组织发展是现代企业发展的关键要素，是企业实现战略目标的重要支撑。本章，我们主要从组织发展的形态、设计、关系责任、人力资源四个维度重新认识和了解组织发展。如图 1-1 所示。

图 1-1 从四个维度认识组织发展

第一节 维度 1：从形态维度看组织发展

组织发展工作一直存在，在企业发展的不同阶段，组织发展也会呈现自身的不同形态，每个形态都有各自的特点，如每个阶段有不同的关注度、需要不同的投入、产生不同的效果，这就需要我们结合企业发展和组织建设的实际情况去科学分析、精准推进、全面掌控。**企业组织发展主要存在三种形态：初创期形态、发展期形态、成熟期形态**。如图1－2所示。

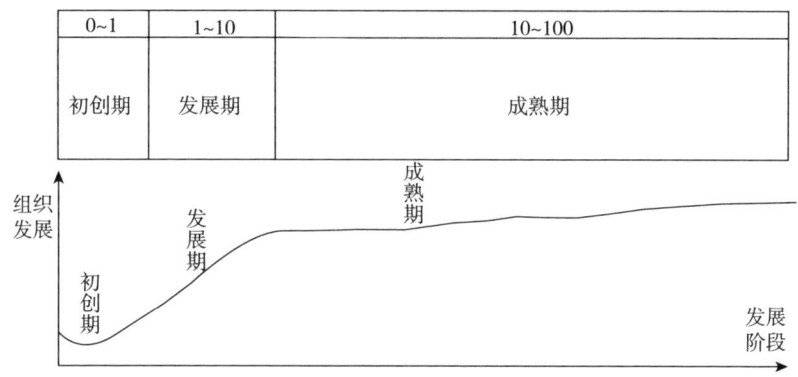

图1－2　企业组织发展的三种形态

一、初创期形态

组织发展的初创期形态是指组织发展的起步阶段，这时候是大部分企业发展的创业阶段。因此，这时候的组织发展也是最困难、最脆弱的，需要做组织管理的人精心守护。主要具有三个特点，如图1－3所示。

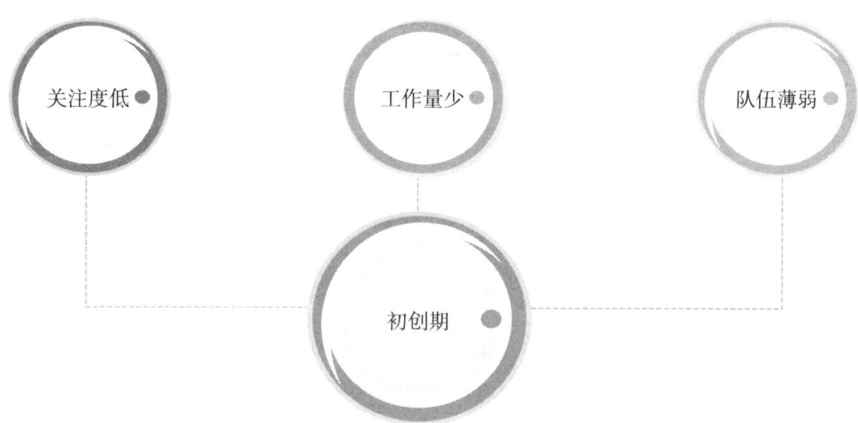

图1－3　初创期形态的特点

1. 关注度低

初创期企业第一任务是发展业务，老板及创始人的大部分精力都用在业务发展上，因为这是企业生存的根本。他们不会也不愿意耗费时间考虑组织发展问题，只要能够满足企业基本运转即可。

2. 工作量少

当大家都在集中力量攻坚克难时，很多流程直来直往，比较高效。这时的企业肯定不会有闲人，任务分工基本上都是具体到人。对组织建设来说，主要的工作就是保证企业有基本的组织框架、结构和工作流程，如招聘新人、组织会议、制作员工手册、规范审批流程、发工资等，其他工作想开展也很难，因为领导不关心，大家没时间。

3. 队伍薄弱

创业阶段的企业，老板和创始人都是想花小钱办大事，在招人方面肯定不是一个萝卜一个坑，身兼数职的现象普遍存在。这种形态下，配备一个专门来抓组织建设的队伍肯定不现实，即便是有专职的办公室或人力资源部门来抓组织发展，也会加挂其他的牌子，从而实现人力资源利用最大化。

这种形态下，从事组织建设的人员要保持心态，服从大局，服务大局，把基础工作做好，力争为大家创造一个良好的组织氛围。同时，我们可以着手谋划各类制度机制，学习组织发展的基本知识，不断提升能力。同时，我们要利用身兼数职的机会，**多学习和了解企业的业务发展，从而更好地为业务服务**。

二、发展期形态

组织发展的发展期形态是指组织经历了一定初始积累，有了一定发展基础，逐步走向正规化的阶段。这种形态是组织发展工作大有可为的时机，如果把握好，将会实现企业发展的质变和飞跃。主要具有四个特点，如图1－4所示。

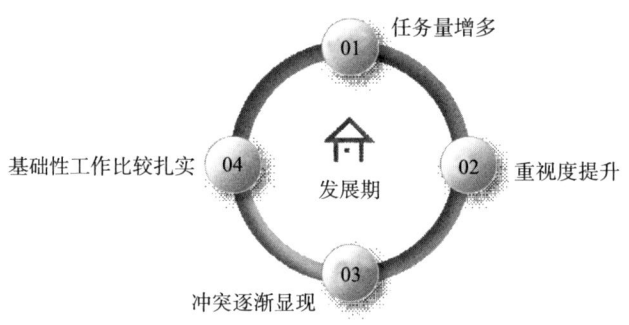

图1－4　发展期形态的特点

1. 任务量增多

由于这个时期是企业快速发展的阶段，人越招越多，项目越做越大，部门设置也越来越复杂，说白了，就是各项需求与日俱增。这时候，组织发展的工作量肯定会暴增。

2. 重视度提升

这时候，老板们的业务基本走向正轨，业绩指标也趋于稳定。老板们发现创业期暴露和遗留的一些组织问题，如工作流程不顺畅、指令执行不畅通、工作分工不细致等，这些都需要组织建设来解决。这个阶段，公司领导会对组织建设产生兴趣，投入更多的时间和精力。

3. 冲突逐步显现

人多了，则表明事多了；部门多了，则意味着责任更细了。这种形态下，由于初创期的粗放式发展，组织发展工作肯定缺少精细化设计，必然会出现职责明确不全面，部门相互推诿；人员分配不细致，部门闹意见；审批流程不科学，影响工作效率；决策制度太笼统，影响决策质量。各类矛盾冲突会集中爆发。

4. 基础性工作比较扎实

步入发展期，企业的组织发展工作会在任务量增加的同时，在忙乱的实践中不断走向正规化。这时候,企业领导及人力资源部门开始关注组织设计、组织制度、组织能力优化及人才盘点、人才发展等工作,组织发展的基础工作也会在实践中逐步扎实。

这种形态下,从事组织建设的人员要把握机会,在繁杂的工作任务中,在化解各类矛盾冲突中,提升自身开展组织建设的能力,奠定企业发展的基础,不断提升组织发展工作的质量效益,尽快推进组织发展工作实现规范化、精细化目标。

三、成熟期形态

组织发展的成熟期形态是指组织发展的高级阶段,也是组织发展的最终目标。这时候的组织发展工作基础牢固、队伍强大、体系科学、特色明显,企业发展形势很好,集体凝聚力、战斗力比较强。主要具有六个特点,如图1-5所示。

图1-5 成熟期形态的特点

1. 队伍稳定

这种形态下,企业的第一排人员已经高度关注组织发展工作,一般情况下,会指定人力资源部门专职负责组织发展工作。这时候,人力资源部门会将企业发展工作作为重点工作。有的企业会成立独立部门专职负责组织发展,并配齐相关工作稳定的工作人员队伍,成为企业一把手的关键职能部门。

2. 体制机制健全

经历了初创期、发展期的磨砺，这种形态下的组织发展工作比较成熟，企业制度健全，部门职责明确，工作流程清晰，人员分工明细，基本达到了人按职责干、事按制度办的要求。

3. 与业务融合性强

这种形态下的组织发展工作，已经不再是单纯的组织建设，而是与业务工作高度融合的组织发展。它会将核心业务发展作为组织发展的聚焦点，围绕企业的战略发展目标去服务好、保障好核心业务发展，做到"你中有我，我中有你"，实现双促进、同发展。

4. 全员参与度高

此时，大家都已经意识到组织发展不仅仅是人力资源部门的事情，也不是招人换人就可以轻易解决的问题，必须实现业务部门与人力资源部门的高效协同，全员参与，携手作战。

5. 企业运转高效

组织发展是否成熟，最好的检验就是企业运转是否高效。组织发展进入成熟期，人与人之间、部门与部门之间的关系都比较和谐，任务部署科学，分工明确，推进迅速，既定目标能够高标准高效率地实现，战略目标能够稳步推进。

6. 企业特色明显

成熟期的企业组织发展基本已经形成自己的特色，如有成熟的组织体系、高效的人才发展平台系统，或组建了自己的企业大学，或像华为一样有了所有企业争相学习的干部管理部门等。总之，企业组织发展进入成熟期必定有自身的特色，该特色甚至是行业的标杆。

这种形态来之不易，需要不断巩固与加强。除了按部就班开展组织发展的日常工作，还要采取请进来、走出去、集中学习、案例研讨等方式，主动学习先进经验的做法，不断拓宽开展组织发展工作的视野与能力。同时，坚持问题导向，深入研究组织发展工作中存在的问题，勇于改革创新、革故鼎新，持续推进企业组织发展工作向上向好发展，为实践企业的战略目标保驾护航。

第二节　维度2：从设计维度看组织发展

什么是企业的组织设计？企业的组织设计，是指组织的管理者结合企业发展的实际情况，将本企业组织内部各种要素进行科学组合，从而建立一个适合企业战略发展、高效运营的组织结构的过程，是企业有效管理的必要手段。

一、组织设计的七个部分

组织设计一般可以分为七个部分，即存在理由、主要工作环节、工作规程、能力体系搭建、新陈代谢机制、共性组织和临时组织。如图1-6所示。

1. 存在理由

组织设计的存在理由是组织行为设计的关键指导思想，包括组织的宗旨、理想和愿景、行动指南和价值观，可以落地为组织的使命、最高目的和努力方向、主义或理想及信用基准，并且与企业文化的关系密切。

2. 主要工作环节

组织设计的主要工作环节包括规划、实施执行、过程运行、监督和绩效管理、信息与数据管理、资源和后勤保障。

规划是组织工作环节的源头，常见的行动是组织531规划、各关键模块年度措施与行动计划制订等。

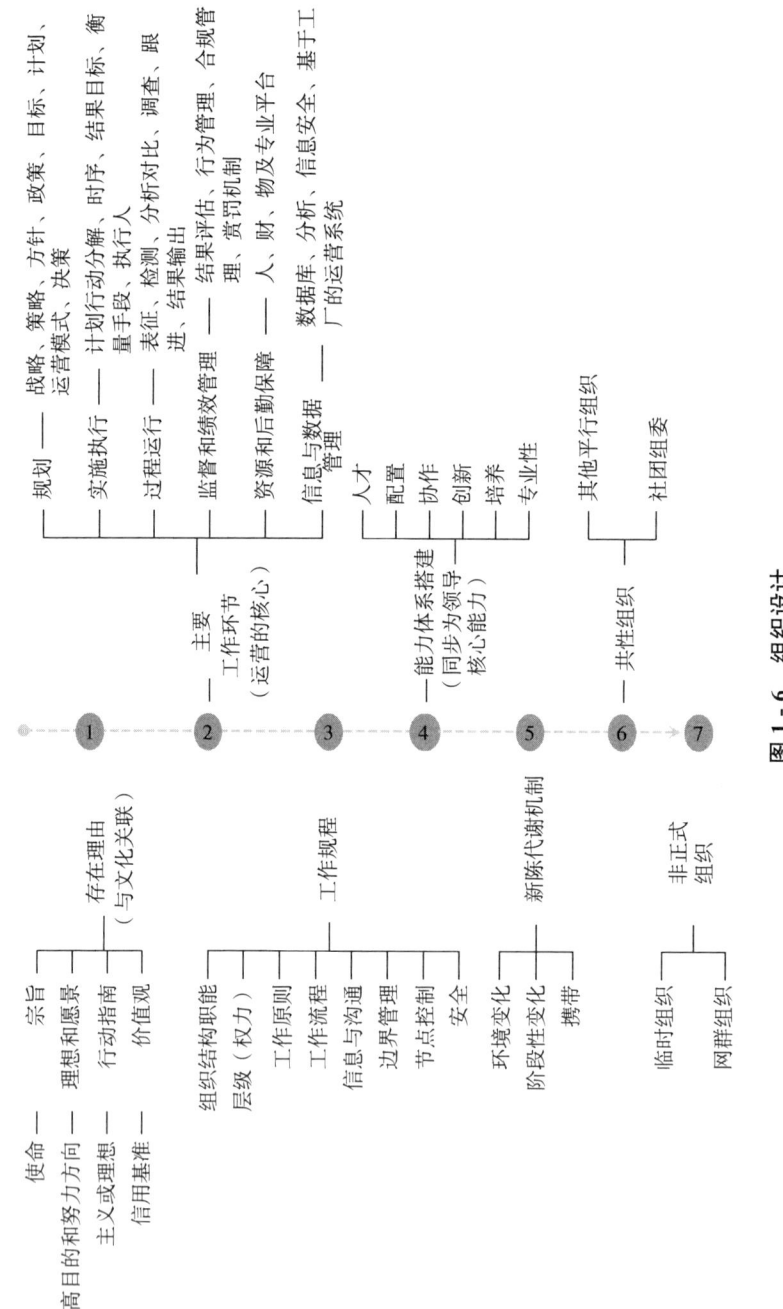

图 1-6 组织设计

实施执行和过程运行是行动计划的落地，需要关注抓大放小、结果导向、有效"收作业"。

监督和绩效管理是过程及时纠偏的重要手段，评估手段、行为管理、合规管理、赏罚机制是重要组成。

信息与数据管理是组织信息及时、行动高效的助力剂，数据库建立是基础，数据分析是把数据盘活的过程，信息安全过程需要关注的问题。

资源和后勤保障是过程的能源动力，人、财、物的合理有效配置，专业平台的搭建是对人、财、物整合以获得最好发挥效能的方式。

3. 工作规程

组织设计的工作规程是帮助工作环节有序、准时、保质完成的重要依据，包括指定组织结构职能、层级（权力）划分、工作原则指定、工作流程梳理与固化、信息与沟通的高效流转、边界管理、节点控制、安全保障。

4. 能力体系搭建

组织发展的成功也离不开领导核心能力的搭建。搭建组织的能力体系不是仅靠安排常规的学习培训或岗位实践就可以实现的，它是人才资源的保供能力、资源合理配置的能力、协作机制的搭建能力、创新能力、培养核心干部能力及专业能力的共同结晶。

5. 新陈代谢机制

组织发展要时刻关注新陈代谢的机制。也就是要时刻关注内外部环境的变化，以及组织不同阶段的变化带来的各种更新迭代机会。同时，除了变化带来的显性因素，还要关注它们携带的隐性因素，如组织变革下外部环境对企业的评价从而带来组织的雇主品牌想象。

6. 共性组织

共性组织是组织框架设计和结构设计中的基础模块和优质模块，如党组织、工会组织、社团组委等，是企业组织架构的中坚力量和核心组织，对整个企业组织发展有不可或缺的支撑和引领作用。

7. 临时组织

除了正式组织，完整的企业组织体系还包括一些临时组织，这些组织大多都是为完成阶段性任务、短期项目或专项工作而设立的。临时组织的存在，促成了组织的目标性及灵活性的完美结合，它可以为了任务而生，也可以伴随任务结束而结束，迅速补位，也是矩阵型组织必须存在的模块。

二、顶层设计的基本逻辑

顶层设计，原来是一个工程术语，本意是要统筹全局、理顺关系、兼顾各方，实现项目的科学性、逻辑性、完美性。在企业的组织发展中，搞好组织的顶层设计同样至关重要，直接影响组织发展的目标层次。

企业的组织设计通常解码为"十定"方案，即定位、定编、定岗、定责、定额、定员、定人、定权、定规、定利。该方案给出的是逻辑化、结构化的体系，**突出特点是彼此前后一致、相互衔接、相互支撑。**

本书不对"十定"方案展开论述，仅从字面上做介绍。从"十定"方案的字面上，大家可以看出，这里不乏传统人力资源职责的身影，但又不止步于此。上游，强调衔接战略文化；下游，发展为还需要衔接权利、流程、机制的设计，并关注全过程的人才供应链的搭建与运营，还需要考虑组织中存在的灰度管理。人才供应链强调内部人员的流动设计，具体操作可包含轮岗等，是组织活力建设的关键活动。灰度管理来源于华为，有兴趣的可进一步查阅《华为灰度管理法》，强调组织贯穿选人用人、干部培养、组织建设、绩效分配等管理方面的宽容和妥协文化的建立。

"十定"方案在顶层设计中运用到位了，人、权、责、利等的关系就和谐了，企业中的各类任务开展就会融入组织发展思维及元素，如新产线设计不仅需要考虑工艺、设备，还要考虑纳入人员配置设计，实现定编、定岗、定责、定额、定员、定人等。只有这样，各类元素才会发展聚合作用，产生强大的凝聚力，共同推动企业健康高效向上发展。

第三节 维度3：从关系责任维度看组织发展

关系责任，想表达的意思是：每个人都有自己的关系群体，既有自己与自己的"内在关系"，也有亲朋好友的"外在关系"；既有家庭生活中的"内部关系"，也有工作上的"外部关系"。如何维系好这些"内在关系""内部关系""外在关系""外部关系"，是我们要勇于承担的关系责任。

在组织发展中，我们的关系责任非同小可，需要用心维系好、处理好、协调好。德鲁克管理学资深研究者，12个德鲁克创始人康至军老师讲过："组织是社会化的合作系统，组织是人与人之间的关系。"人与人之间的关系无外乎三种：私人化关系、交易关系、坦诚与合作的关系。在工作组织中，可以感受到良好的关系让我们身心愉悦、倍感轻松。

企业发展中的关系责任是每个人都要为自己搭建的。**"别人没有义务来了解你，你有责任和义务让别人来了解你。"** 我们回到现实场景中，我们做了一套自己认为还不错的方案去提交评审，结果各方都发表了不同的意见。一般情况下，平时关系密切的多半是肯定和褒奖意见，关系一般的多半只是提一些客观的意见建议，关系不好肯定是直言不讳，有的甚至会故意"找茬""挑刺"，让你在现场很没面子，觉得很不舒服。

在这种情况下，你怎么办？绝大多数人都会生气，有的会现场争论，心里想"这人怎么总是针对我，下次找机会以牙还牙"。但有能力的人不是这么做的,他们往往是面上诚恳接受意见,除非当场可以解释论证清楚的,但凡有疑问的都会全盘接受,从而体现出自己的高姿态,心里想:"没事,这是在帮助我提升空间,下次我要用实际成效来证明自己可以做得更好。"两种不同的心态,造就两种不同的人。

其实,能给你提意见的人,都是对你的观点认真思考的人,要不提出来的意见肯定会被嘲笑,大家都不会去丢这个脸的,即使与你关系不好,这时候也不会干这样的蠢事,只不过面对提意见的人,你的心态不同而已。康至军老师在讲《卓有成效的管理者》时说:"我们需要拥抱异见。"如何才能更好地拥抱异见呢?大家可以读德鲁克先生的《卓有成效的管理者》。在聚焦目标的基础上进行信任搭建、掌控冲突、践行承诺、责任担当及承担结果。

关系责任从另一个维度来看,就是我们要意识到自己、我们的上级、我们的伴侣、我们的团队成员都是"非完美的",我们要承认日常所讲的"人性",也就是我们要意识到人是有"局限性的",要更好地拥抱"人的局限性"。从这个角度来看,也许在搭建自己的关系这方面能够承担更多的责任。**我们有时候对关系的理解太狭隘了,听到关系这两个字首先想到的是"走后门",这就是自身的局限性,我们应该更深度思考如何有效搭建自己的"关系网"。**

总之,每个人都有责任与义务让他人了解自己,他人没有责任与义务来了解你,这就是你作为关系网一员必须承担的关系责任。

第四节 维度4:从HR维度看组织发展

人力资源部门是企业从事和负责组织发展的部门,企业组织发展工作与人力资源工作密不可分,下面我们就从人力资源的维度了解一下组织发展。

传统的人力资源在实施中不断发展,有内驱的发展,更多是组织要求下的发展。总的来说,组织对传统人力资源的发展提出的要求,就是跳出传统的事务性工作,从更多组织设计、组织变革、雇主效益增长角度,要求人力资源解决问题的思路从遇到问题、解决问题,到前置,再到与战略一体化,从顶层逻辑出发为组织发展进行设计、实施及革新。也就是说,组织发展的衍生,就是传统的人力资源进阶升级的产物。

一、组织成长中的陷阱和变革突破

组织在不同的规模、不同的年龄会存在不同的陷阱,组织发展就需要在陷阱面前或者开始进入时快速反应,识别关键因素及应对方案。如表1-1所示。

表1-1 组织陷阱及解决方案

组织规模	组织年龄	陷阱	解决方案
较小	起步	群龙无首	创立核心领导团队(若干个联合创业者)及领导权威(团队中的主心骨)
较小	起步	个人化	健全职能机构,引进专业化程度高的职业经理人及高素质的"学生兵",完善流程制度体系
中等	发展	本位主义	进行以分权为主题的体制变革和机制调整
中等	发展	失控	将职能制和分部制结合起来,形成双重管理纬度及双重权力关系,即矩阵制组织形态
较大	成熟	大企业病	既变革组织机构和体制,又变革商业模式和价值流结构;打通内部和外部边界,在内部合作和外部合作中导入虚拟组织机制(写作联盟等)
大规模	成熟	未知陷阱	持续探索……

二、新雇主经济演进阐释

当代人力资源配置最大的矛盾无非是企业招不到传统意义上稳定

的，将一份工作当成一辈子职业的"传统优秀员工"。新时代就业形式越来越多，灵活就业已经成为常态，政府已经开始探索为这种就业形态配套对应的社会福利体系（如 2022 年广东就零工经济配套订制的社保机制试点工作）。对于组织来说，传统的招育用留显然不够用了。从员工满意度到组织敬业度的转变，不管是组织还是员工，都对传统的人力资源发起了挑战，要求人力资源在组织平台化、文化同盟化、成长创变化及激励内生化四个维度做变革，如图 1-7 所示。追求个性、追求平等、追求共同利益、追求成就感，成为关键。在本书的后续案例展示中，我们也从这些角度为读者展示一些实际的措施，介绍如何把目标转化为具体活动，如分序列训练营设置、三人小组、最美基层、技术工程师团队打造等。

第一章 / 从四个维度来看组织发展

特征	组织体系	文化体系	成长体系	激励体系
	平台化	同盟化	创变化	内生化
解释	从封闭部落到开放平台，继续柔化组织形态，实现内外部价值资源的高效整合	凝聚信仰一致的个体，降低价值观协同成本	软实力优于硬技能，在个体中普及、摆脱传统的宣导培训模式，聚焦思维模式的升级	帮助员工找到工作的意义，激发工作动能
	终结科层制度，让听见炮火的人决策	加强价值观沟通，保持共同目标一致性，实现柔性绑定	通过工作任务提供实操学习场景，促进员工个体之间互助成长	鼓励员工释放真实个性，破除束缚释放创造力，在新环境中实现小步快跑、高频迭代
	持续优化组织平台的服务质量，使组织中的个体被充分激活，兑现最大化价值	通过价值共振，将组织中的个体变为同盟伙伴，为共同利益奋斗	通过提升组织的智慧能量，实现企业和个体的共同进步	外部奖励机制失灵，持续为员工提供成就感，开发内驱力的潜能

图 1-7 新雇主经济演进阐释

第二章
组织发展中的4类问题

组织发展工作是企业发展的关键要素,是推进企业健康向上向好发展的关键重要支撑。当前,企业组织发展工作存在一些需要关注的问题,这些问题阻碍了组织发展的进程,影响组织发展作用发挥的质量效益。

本章主要论述了组织发展中的 4 类问题。同时,针对在组织发展实践中遇到的部分实际案例及处置方法,与大家分享,也为大家阅读后面的篇章做好引导及铺垫。如图 2-1 所示。

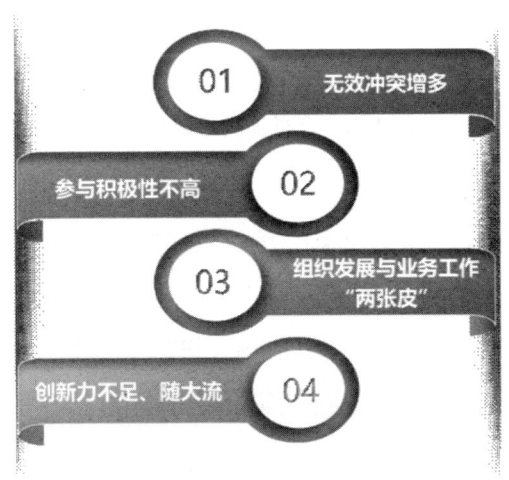

图 2-1 组织发展存在的主要问题

第一节　组织发展受阻的主要问题

一、问题1：无效冲突增多

有冲突是组织有活力的表现，企业在发展的过程中必然会出现一些正常的冲突，组织发展的根本使命之一就是解决这些冲突，从而使企业能够健康向上发展。冲突分为有效冲突和无效冲突，有效冲突的产生和解决对企业会产生促进价值，而无效冲突的产生和解决则会浪费企业的资源和时间。但在现实的企业组织发展中，大部分冲突往往是无效冲突，从而制约了企业组织的发展。主要有3种现象，如图2-2所示。

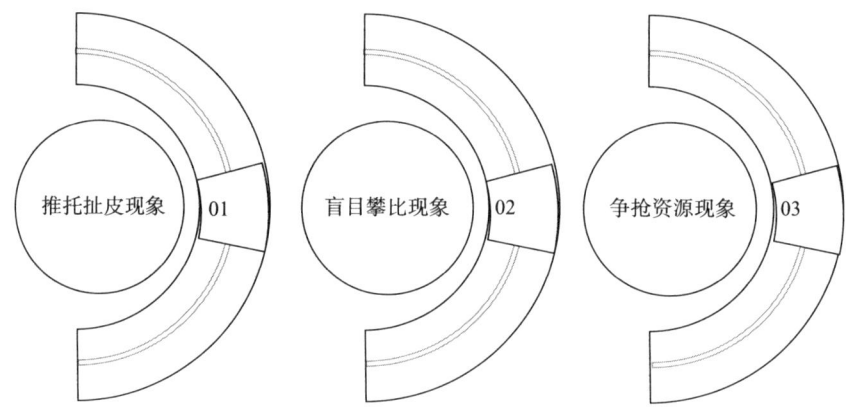

图2-2　无效冲突增多的现象

（1）推托扯皮

这主要是部门权责明细不到位，人员岗位定位不科学。有的企业在快速发展的进程中，组织发展工作跟不上节奏，对部门的职责明确不细不全，导致部门在接受工作任务时，有的部门会以无职责要求向组织和领导推托扯皮，从而出现盲区无人管、新事务无人接等现象。

（2）盲目攀比

部分企业在利益分配的设置上没有深入研究，没有结合部门、岗位来合理精细地进行利益分配，也没有建立健全对出现问题人员的问责机制，从而产生相互攀比现象。比如有的部门人员任务量大、工作认真负责，有的部门任务少、很无聊，但评优评奖、工资待遇、业绩考核结果等大致相同，这时就会产生"干多干少一个样"的错误攀比，影响企业的工作效率。有的人工作不认真，责任心不强，但出了问题后不及时追责或者追责不严格，要么是几句不痛不痒的批评，要么写个检查，年底奖金还是有，业绩考核没影响，导致"干好干坏一个样""干与不干一个样"的错误攀比。

（3）争抢资源

一些部门经理为了工作能快速推进，动不动就找老板或总经理要资源，要么给钱，要么加人，要么增加奖金激励，等等。由于组织发展没有制定这方面的规定，无法给老板或总经理拿出可行的处理原则，导致领导难以对付，甚至会忙中生乱。

二、问题2：参与积极性不高

组织发展虽然被独立为一项专门的职能，但是这项专门的职能不仅仅是组织发展部门的工作。组织发展部门主要是做工具的引入、组织发展工作的筹划和牵头工作，更多的实施是在各部门主管日常工作。但在现实的企业中，很多人认为企业的组织发展与自己没有关系，都应该是人力资源部门负责，与自己无关，这种形态下的组织发展工作效果可想而知。主要有3种现象，如图2-3所示。

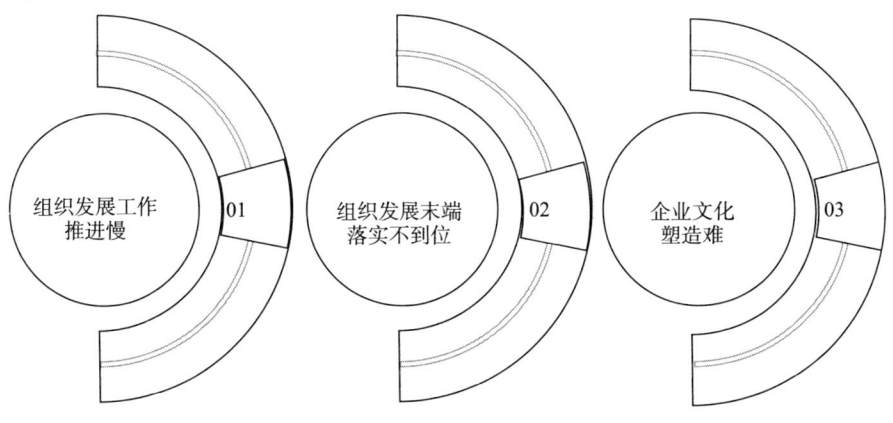

图2-3 参与积极性不高的现象

(1) 组织发展工作推进慢

思想不统一，认识不到位，组织发展工作推进肯定快不起来。除人力资源部门外，其他部门领导及人员都在坐等靠，因为大家都感觉与自己没有关系。一些部门领导对本部门组织发展不关心，工作关系不顺畅、工作任务完不成等问题出现时，不习惯从组织发展角度去思考原因，而是抱怨人员不听话，素质不高。这种情况下，组织发展工作必然是低质低效的。

(2) 组织发展末端落实不到位

企业高层不重视，中层不主动，基层自然走过场。班组长天天盯着手下的人和具体的事，感觉组织发展离自己太远，末端落实效果可想而知。

(3) 企业文化塑造难

没有组织发展意识的企业，想打造富有凝聚力、感召力、影响力的企业文化很难。大家都不关心组织发展，就不会关注大局，不会关注企业的战略，这样统一员工思想的主流主线就会缺失，企业的文化思想和精神怎么塑造。

三、问题3：组织发展与业务工作"两张皮"

组织发展与业务工作是企业发展的车之双轮、鸟之双翼，相辅相成，缺一不可。一些企业组织发展之所以做得不好，总在低层次停摆，原因就是与业务工作结合不好，融合不密切。主要有3种现象，如图2-4所示。

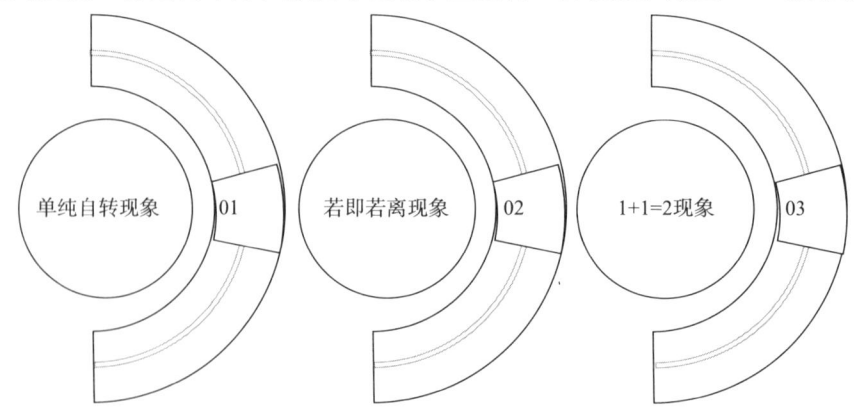

图2-4 组织发展与业务工作"两张皮"的现象

(1) 单纯自转

有的人力资源部门天天坐在办公室研究组织工作，习惯从职责分工方案和人员名册上研究部门，从述职报告、工作汇报和总结材料评价干部，纸上谈兵多，到一线调研少，到业务部门交流少，长期下去，组织发展工作与业务工作隔离开，停留在自转空转的状态上，发挥不了作用，产生不了效能。

(2) 若即若离

平时，人力资源部门与业务部门各干各的，沟通交流少，遇到专项工作、新项目时，才会相互交流配合。接到一个新任务，需要加大组织及人员投入时，业务部门会主动找人力资源部门要人要权，比如增加一个临时分支部门、增设几个新职位、增招几名新员工。为了完成任务，人力资源也是积极配合协调，这时候组织发展工作与业务工作结合得很好，但机构人员到位后，又是大路朝天各走一边了，新增的机构作用如何，人员适应岗位能力如何，大家各说各的，不再互动沟通。

(3) $1+1=2$

我们想要组织发展工作与业务工作结合，就是想更好地发挥它们的聚合力，实现 $1+1>2$ 的效能目标。这算比较高层次的问题了，大多数企业都做得不够好，都是停留在 $1+1=2$ 层面上。一些企业组织发展工作与业务工作平时有交流、有互动，大家相处得非常好，但在互动交流中没有深入思考，在解决问题时没有刨根问底，虽然也是有呼必应、有求必帮，但因为应不到根上，帮不到点上，这种看似组织发展工作与业务工作结合得不错，但却不是真正的理想状态，只能算是简单的面上结合，谈不上亲密融合，产生的结合效益自然不太好，难以实现 $1+1>2$ 的目标。

四、问题4：创新力不足，随大溜

创新是企业发展的灵魂，组织发展也是。创新力强弱已经成为区别企业组织发展优劣的根本标尺。没有创新，组织发展就不会进步，就不会有突破，就不能持续满足企业发展的需要。当前组织发展创新力不足的问题普遍存在。主要有3种现象，如图2-5所示。

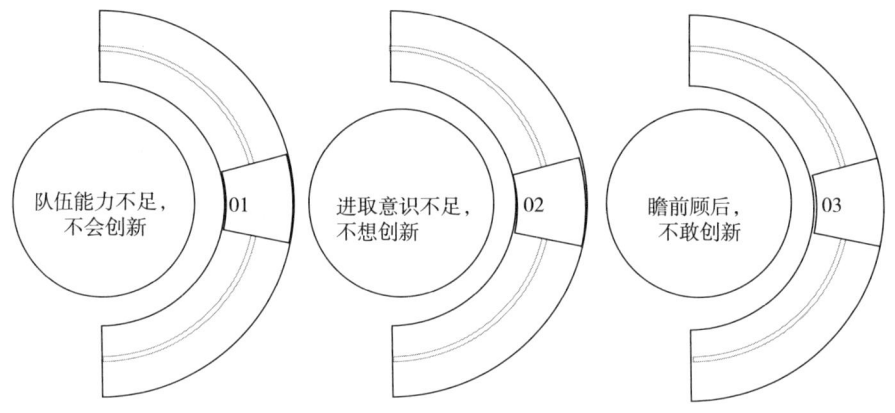

图2-5　创新力不足、随大溜的现象

（1）队伍能力不足，不会创新

主要表现在人力资源部门人员能力不足，组织发展的视野不够，组织设计、组织建设、组织制度、组织协调等方面的能力不足。企业不断发展的过程中，组织发展的层次及质量必须跟上，如果人力资源部门人员的能力素质还停留在初创期，必定跟不上节奏，很难达到企业发展对组织发展的新要求，创新力自然不足。

（2）进取意识不足，不想创新

这类问题一般发生在进入发展期之后，组织建设基础稳定，各类体系、制度、队伍都比较稳定，企业组织发展也趋于正规后，大家自我感觉良好，认为组织发展可以持续运行下去了，没必要搞创新、求突破。

（3）瞻前顾后，不敢创新

创新就是要出新出彩，要创出新高度、新标准、新效率。在创新的过程中，必然会触及一些人的既得利益，打破思想定式，必然会遇到一些障碍和阻力。在困难面前，在斗争面前，部分从事组织发展工作的领导和员工会有畏难情绪，有多一事不如少一事的思想。在这种状态下，组织发展创新的步伐自然会慢下来，甚至停滞不前。

第二节 实例：组织发展出了问题

针对本章第一节呈现的问题与现象，我们通过七个案例来看看实际工作中遇到的情况，从情景中更好地体会组织发展中遇到的问题，从而更有效地开启后续篇章的阅读与吸收。

案例2-1 焦头烂额的人力资源总监

某上市公司人力资源总监办公室常常出现的"电影式场景"：

"气死我了，A部门缺人就可以直接找我部门的人谈，让其去A部门吗？我今天把话放这里，除非这个人离职，否则我绝不允许他去其他部门！"

"这个人试用期不合格，我把他退回你们人力资源部，你们看着办。"

"我们部门今年KPI完成情况不好，真的不能怪我，都是因为我们部门的人能力太差了，学历都不行。"

"我申请离职，天天在人力资源部做基础工作，总是在给不同的人解释一样的东西，员工忘记打卡直接找我们说这不对那不对，我觉得工作又累又没有价值，我不想继续了。"

"这个员工一直不合格，但是没办法，他也不提出离职，只能把他放在这里。"

"我们要申请一笔奖金，最近大家工作辛苦了，给大家发点钱补偿一下，你们要我给出奖金分配规则，太麻烦了，你给我直接发了吧。"

"你们凭什么卡我的编制，我就是要这么多人，你不给人我不干了，年底业绩达不成，我就要求公司把我的财务指标降下来，我不接受原来的指标！"

……

一顿操作猛如虎，电话、微信响个不停，门也一直被不同的人敲打着，一天下来各种扑火救火，自己的手下又忙碌在基础事务中没办法配合，尽管人力资源总监是一个能力极高的人了，也会筋疲力尽，结果顾此失彼。

本案例是众多企业人力资源工作者的常态，**作为组织发展的关键推手，人力资源一把手需要把组织冲突常态化理解为组织发展的关键特征。** 也就是说，如何把组织中碎片化的组织冲突通过建立各式的组织机制系统性解决。组织冲突的存在形态会在不同企业阶段、不同事项上存在不同的形态，如何有效应对，是我们需要持续研讨的话题。面对组织发展方向的问题，大部分人力资源管理者容易进入一个怪圈，日常运营救火花费的时间越来越多，甚至是 95% 以上时间，最后不到 5% 的时间也被身心疲惫影响无法聚焦突破，最后彻底沦为"保姆式"工作者，费力且不讨好。我们如何处理这种情况？**在精力分配上，我们主张战略布局配置 40% 时间聚焦突破，日常运营配置 60% 时间关注持续改善。** 如表 2-1 所示。

表 2-1　工作精力分配

精力分配	60%	40%
分配方向	战略突破	日常运营
关键要点	聚焦超越	持续改善
思维要点	变革与挑战	优化与迭代
管理要点	项目管理	运维管理
团队组成	跨部门	本部门
核心目的	打造核心竞争力	持续效率提升
目标周期	3 年	1 年
激励方式	机会激励为主 （晋升、挑战、自我突破）	物质激励为主 （工资、奖金）

案例 2-2　鸡毛当令箭

2018年12月，年度绩效考评如火如荼地进行着，每个部门都在争取最大的绩效。部门A到人力资源部总监办公室说："我跟老板申请了，我们今年超目标实现业绩，老板同意多给我们部门150万元奖励，我可以给你看我们的微信对话。"不到20分钟，项目负责人小张又微信语音人力资源部部长："我刚问过老板，老板说虽然我们项目还没正式结束，没达到年底投产的目标，但大家都在努力实现项目目标，他也体谅过程中的困难，说奖金可以按原来设定的额度发。"

年底论功行赏的时间段，人力资源部收到很多打着"私底下跟老板沟通了，老板同意了"的说法来要奖金。大家都以为拿着"老板的口头承诺"就可以拿到自己想要的奖金。这是组织的常态，即便你有很多机制与制度，依然摆脱不了这样的场景。面对这些情况，人力资源部负责人怎么办呢？奖金是奖励贡献，事情理顺了，钱也到位，为了有效激励，人力资源部负责人跟老板进行了沟通并达成共识，口头承诺不再作为"兑现"的依据，必须"立字为据"，也就是必须有可实施的奖励方案，不能拿着鸡毛当令箭。

从案例可以看出，组织冲突不一定是在组织关键战略上出现的，日常运营中一些必然性事件和偶然性事件都可以牵出很多冲突，归根到底还是利益。要提前解决这些冲突，就要提前把冲突识别出来并制定规则，避免冲突产生。组织冲突并不是固定情景才会发生的，只要在发展过程中就会存在组织目标和组织能力之间差距、个体组织行为之间频繁出现各种冲突。

案例 2-3　只有目标 VS 没有目标

A事业部的业务在2018年快速发展，销售额较2017年翻一番，面对如此巨大的业务量上升，人员的扩充速度非常快，人才筛选的标准逐渐降低，甚至变得"没标准"。年底只要完成了事业部的大目标，事业部内个人KPI形同虚设，甚至出现奖励无方案、无标准、随意分配等现象。不管是事业部内的人员还是其他事业部的人员，都对这些现象议论纷纷，甚至有些落差大的员工产生极大的不满，甚至消极怠工。

人力资源部近年来对组织发展推行的一系列措施和规则，时不时遭遇挑战。事业部追求业务目标，靠自己庞大的运营能力、快速反应的能力、灵活变通的做法，能保障年度业务目标的达成。快速增长的业务容易让人膨胀，不能跟集团公司同步伐、同步调度，忽略了组织发展需要的条件和做法，忽略员工的发展，转向采用"快速成效的用人方案"。结果公司进入发展壮大、平衡期的时候，发现储备人才缺乏、组织效能低下、组织创新力不足等。

因为需求与实际永远存在差异，就会引发一系列的组织冲突，所以我们要提前谋划，提前考虑这些冲突，制定应对制度及预案。

传统的解决冲突的观念中，很多时候是采取避免的解决原则，但是在业务发展中，蓬勃发展期熵值是较大的。如果此时组织风平浪静，反而是犹如"一潭死水"，毫无生机。组织冲突的存在就是推波助澜的佳器，有时候波浪越大越容易有更大的收获。遇到组织冲突时候，首先不要不顾一切先否认。面对冲突，不仅要客观对待，还要用实际行动来证明，才能有利于长期合作。

解决措施千千万万，但是不行动的措施永远都是无效措施。尽管措施不够完善，不能完全解决问题，但是先行动，一是先让事态往好的方向发展；二是让大家看到正在行动，建立信心；三是现在不够好也可以持续完善。"快行动"原则，就是"快" + "行动"。

案例 2-4 "各干各的"是常态

2018年9月,在年度战略会议上,项目部在设定2019年年度项目准时投产率时产生了极大的冲突。

A集团要求2019年年度项目准时投产率要大于90%,但项目部负责人坚决不同意,原因是采购及时定标率低、资金投入不及时、项目团队组建能力弱、后勤支持力度不够、专业人员就位不及时、不确定因素普遍存在等。面对项目部负责人提出的问题,现场没人能对问题进行分析,最终导致会议"议而不决"。

面对这些问题,人力资源部对项目部的架构进行研究,发现项目部的人员都是"各干各的",不能根据项目特质及项目的相关性进行梳理及做项目统筹等工作,于是协助项目部重组架构,寻找合适的人员梳理流程,利用"项目管理的专业"设置项目实施流程,从项目规划开始,拉动相关部门配合项目进度工作。面对类似工程部设定部门目标时都需要"左顾右盼"的情况,就应该从体制抓起,利用标准做多方约束。

很快,项目部负责的项目准时投产率见成效,项目跟进工作越来越顺畅,再也不是"困难重重"了。

面对这种类型的冲突时,设置有效机制使得目标在设立前期就能大部分统一,是最有效的机制。在后面章节中,跨序列训练营、个人三件关键事件机制设立及工程项目关键角色选拔机制等,是解决此类问题的具体措施。

案例 2-5 扯皮

项目经理小张在"安全管理微信群"向公司安全管理部门发了一条信息:A项目工地上,一名现场施工人员(外包人员)因高空作业未系好安全带坠落受伤,现已送医院治疗。请采购部介入此事的处理。

小张马上组织中标单位项目经理、采购部经理、安全部门、工程部、监理单位召开会议。会议一开始,便是项目经理指责中标单位没有做好相关的安全措施,没有对现场的高空作业人员做好安全培训、监控不到位,导致现场高空作业如此简单的事情都会发生安全事故。

小张:"我们每天都召开安全会议,强调现场实施过程中的重点事项,不知道为什么他不扣安全带。你们的现场监理人员和安全巡检人员在工地上巡检,也没发现吗?"

安全员:"你们的现场安全管理实在是太差了,每天巡检都发现违规情况,就不能系统解决吗?只靠我们巡检发现,怎么可能发现那么多,我们日常的巡检已经帮你们解除了很多安全风险了。"

工程部:"项目赶进度也要时刻牢记安全,采购部对本次现场的安全事故也要反思,如何挑选高质量的供应商和提高供应商在施工过程中对安全措施的实施力度,不能定标了就不管后面的实施了。"

采购部:"定标也是综合各方意见定的,我又不在现场,现场都是你们这些部门去监管的,现在发生安全事故了就把我们采购部拖下水了。"

这是项目现场经常发生的事情,大家对一件事情的理解经常存在"偏差",往往在事情的处理上忽略了"目标"的存在,不理解事情发生带来的更深层次的问题解决方法。

这种类型的冲突往往是无解的,因为权限的边界一直都是模糊的。这时候,良药反而是组织一致的奋斗者精神,无论是谁,都能及时补位,才是最佳措施。在后面章节中,企业文化的重塑、应届生的培养机制及轮岗机制的设置,是解决这类问题的具体措施。

案例2-6 资源该给谁

2016年是行业飞速发展的一年,A公司作为行业的一员,说干就干,快速把项目敲定。在项目开展时,公司缺少工程类技术人才,行业内企业也四处抢人，人力资源供给成了大难题。

事业部 A 中同时有 3 个项目在进行，恰好都缺土建工程师，此时人力资源部通过努力找到一名合适的候选人，但是分配给哪个项目成了难题。为了解决这个问题，人力资源部咨询事业部项目总负责人，总负责人却不做决定只给人力资源部一句话："你们和项目经理协商吧。"人力资源部分头与各个项目经理沟通，结果大家互不相让，没有结果。

人力资源部召集项目总负责人、3 个项目经理一起沟通，究竟资源优先给谁？结果会议上发现事业部并没有形成决策机制，比如项目排序、投票机制等，大家只看到自己的项目，没有从事业部利益最大化角度出发，不出所料，这个会议没有达成共识。无奈之下，人力资源部把土建工程师给了同样有多个项目但是优先排序非常清晰的事业部 B，最后事业部 A 错失了资源。

资源分配差距带来的组织冲突在快速发展的企业中最常见。在这个阶段，所有业务都是茁壮成长的青少年，而没有提前做好准备的组织，也不存在 100% 准备好的组织，资源匮乏是常态，资源分配容易造成冲突。

这类冲突实质是权力间博弈，也就是说，**资源的分配实质上也是一种权力博弈**。大家都知道权力博弈不仅仅是靠职位赢得胜利，如何设计组织机制让权力有效博弈，并推动资源分配对组织更优，是人力资源工作者需要思考的问题。在面对案例中的冲突时，项目集前期原则的建立、宣贯、统一就成了关键。在后面章节中，复盘管理和项目助理等机制的设置，是解决这类问题的具体措施。

案例 2-7 人力资源到底是谁的

人力资源部规划在一个月后组织 HRBP 召开季度工作会议，并通知收集各 HRBP 在季度工作中的问题和建议。

部门 A 的 HRBP 收到会议通知后与部门主管讨论部门的人力资源规划与部门发展的问题。部门主管说："我们部门的管理层是断层的，我让人力资源部给我招主管，招了 1 个月还没招到；部门人员不管是专业技能还是管理技能都明显有欠缺，人力资源部也不组织培训；我们部门没有储备人才，任何一个管理人员离职，我们都会'手忙脚乱'。你去跟人力资源部提一下，能不能对我们部门的扶持力度大一点，不要什么事情都让我们自己去规划、处理。"

在 HRBP 季度会议上，部门 A 的 HRBP 把这些问题提出来了。大家就他提出的问题进行了激烈的讨论。有人对他们提出的问题表示赞同，觉得自己部门也面临同样的问题和困惑，但有些部门认为，很多问题可以自己解决，人力资源部只需要发挥指导作用。人力资源部部长说："为什么我们要有 HRBP？HRBP 要承担的职责是什么？HRBP 就要向部门传达人力资源部的政策和指导人力资源方案的实施。在人力资源部，对组织发展有一套明确的方案，同时也会通过日常的工作规划引导大家对部门开展一些与组织发展相关的活动。人力资源部提供大方向，需要各部门实施，组织发展是 HR 的主要工作之一，但并不代表其他部门可以不管，全凭人力资源部实施。各部门要利用人力资源部形成的机制，结合部门的现状考虑部门组织发展的问题。只有这样，效率才会更高，组织发展才能同步调。"

最后，经过对组织发展部门与公司如何同步进行开展了深入的讨论，大家对部门的组织发展达成共识。

组织发展虽然更多时候被独立为一项专门的职能，但是这项专门的职能不仅仅是组织发展部或人力资源部的工作，组织发展部或人力资源部很多时候是工具的引入、组织发展工作的组织，更多的实施是各部门主管的日常工作。作为部门主管，一直在碎片化进行组织发展的工作，只是不自知。

部门主管首先要认清人力资源不仅仅是公司的人力资源，更是部门的人力资源。面对组织发展的冲突，不要觉得都是别人的事情。比如人力资源部没有帮我落实所有的资源、下属能力不够等，而是要思考一下我对下属的要求是否足够明确、足够有挑战性、与业务的变化有实时变化，再思考一下我对资源提供方资源需求是否传达到位、是否清晰等。正如关系责任说的，很多时候具体的人力资源事宜是需要部门主管思考和主持落地的，别人可以帮助满足你的需求，但是在资源不足时候，别人不一定有义务全力满足你的需求。

在组织与规划下，没有统一专职部门，组织发展其实也一直在碎片化进行着，但是碎片化工作很多时候意味着目的性不够强。后面章节中，将会从一个专职的组织发展工作部门的角度，阐述在发展期的企业，具体的组织发展的工作是如何设计与实施的，希望可以给予更多正在初创期或发展初期企业的组织发展工作一点经验，为组织发展的实际应用贡献一分力量。

第三章
组织发展的机制和能力建设

企业的组织发展是要对组织中曾经发生的、正在发生、可能发生的独立问题之间进行勾连，总结归纳成更为根源的原因，并用组织管理的手段改善问题的过程。**在组织发展中，组织机制的建立是基础，是推动组织发展工作的关键素质**。这里，我们不谈一些关于组织机制的基础性问题，如组织机制的定义，组织机制的组成，组织机制建立的基础原则、方法等，而是针对从实践中总结出来的4个重要关注点来与大家分享。如图3-1所示。

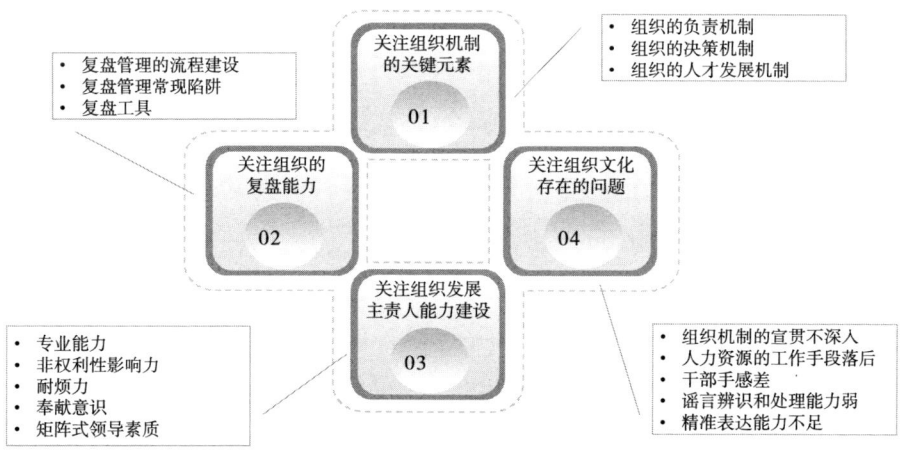

图3-1 组织机制的4个重要关注点

第一节 好机制促进组织发展

一、组织的负责机制

案例3-1 领导加班的"苦恼"

Jim在一年前晋升为公司业务部门的部门主管,一年来他兢兢业业,不仅手把手教部门的新进员工,还持续解决业务存在的问题。因为从基层晋升,他对基层的工作了如指掌,也以成为一位和蔼可亲、带领团队的领导自我要求,因此对于部门员工的请求帮助亲力亲为,办公室里最常听到的就是"经理,我遇到了一个问题""这个问题我想想怎么解决"。

不知不觉,Jim的事情越来越多,从早忙到晚发现备忘录的事项不减反增,Jim疲惫不堪。一天,Jim在加班,财务部主管路过办公室看到只有Jim自己,便调侃了Jim一句:"你果然是绝世好领导,自从你当了领导,你办公室的同事已经实现准点下班,部门业绩还不错,厉害。"Jim听完抬头一看,果然空空如也,也陷入了沉思,可能自己走入了管理误区。

威廉·安肯三世,威廉·安肯企业管理顾问公司首席执行官,其国际知名的独特管理理论——"处理管理时间"已流行40年之久,深受各层次管理人员赞誉,他的著作《别让猴子跳回背上:为什么领导没时间,下属没事做?(经典版)》中讲解的理论其实和案例息息相关,我们暂且称为"猴子理论"。"猴子理论"的精髓在于猴子在谁的背上,这里的猴子就是任务。Jim如此痛苦,其实就是因为这个过程中他不断把下属背上的猴子背到了自己的背上,而忘记了任务归位的原则。在过程中机制不清晰,责任不断跳跃,导致出现"晚上9点的办公室只有领导"。因此,组织负责机制的建立,是组织发展工作开端的关键事项。

如何让自己不要发展成为第二个 Jim，下面几个方法希望能给各位一些思考。

(1) 罗列工作清单

首先，罗列工作清单，可以帮助梳理工作。其次，可以将工作根据重要、紧急性质划分象限，再根据工作的划分，选定合适的负责人。梳理过程中，部门主管需要关注自己运营工作与战略规划工作的占比。

(2) 项目机制在职能部门的运用

在对工作划分并选定负责人后，有可能出现工作负荷量或匹配性的差异性，这时候尤其是职能部门可以尝试使用项目机制。此处提倡的项目机制，是强调跨部门合作的重要性，使得人力资源得到最大程度的发挥。

(3) 偶尔做一名"不负责"的领导

在实际工作中，会遇到各种各样的突发性问题，或者新的没有经验可以借鉴的问题，一般员工在面对这些问题时候会习惯性退缩。我们始终强调，趋利避害是人的本性，要正确认知。这时候作为一名负责人或者过度爱干活的部门主管，往往自行介入，以为这样可以更加快速地解决问题，其实埋下了一个又一个坑。**偶尔做个"不负责"的领导是指要做好职责划分，面对紧急不重要或者不紧急不重要的工作的时候，不要"抢"了下属的活，抢了别人的成长机会点，也抢了自己的战略规划任务的精力。**

二、组织的决策机制

案例 3-2　不能决策的"甲方"

在 ERP 系统上线过程中，如果上线的策略认识不统一，或者是实施方在蓝图规划、需求征集环节确认落地不清晰，测试阶段或者试运行阶段极其容易错漏百出，并出现以下沟通情景：

实施方："这个需求已经按你们的要求实施了，你看需求手册还在这里。"

用户："我也觉得需求手册没问题。"

实施方:"这是什么意思?"

用户:"方案是满足我提的需求了,但是我不是决策角色,现在领导觉得不匹配现在的业务,我有什么办法。"

实施方:"这个需求手册你们领导没确认吗?"

用户:"当时太急了,你们也没要签字,就先给你们了。现在领导说不对,反正就是要改。"

实施方:"我不管,我是按需求手册执行的,你现在说改,万一不是,我就白改了。"

用户:"不行,你们就是没有满足业务需求。"

最后,双方都有怨言,项目也不能按期完成。

上述案例中的主要问题是需求确认的流程不清晰,或者是执行不到位,但是底层逻辑在于组织决策机制不清晰,不清晰包括不明确与不公开。不清晰的决策机制会带来如下问题:

(1) 流程冗长

组织发展到一定规模时,很多时候是不能扁平到只有一层或者两层的。一个集团公司,当逐级审批加上跨部门专业审核叠加时,流程往往会出现较多环节。比较成熟的办公系统,在上线阶段,实施项目经理一般会主张审批环节不超过4层,而不清晰的决策机制往往是逐级审批原则直到最高层,这时候往往出现10层甚至更多的审批环节。主张审批环节不超过4层,不是指组织在架构设置上不超过4层,是强调事项的等级分类,取消传统的逐级审批逻辑,在清晰合理授权的前提下,明确每个事项的决策人。决策逻辑的清晰,是流程的有效缩减、组织效率提升的重要措施,也是流程持续改善的源头。当然,如果是在特殊阶段,在通用决策流程上可以使用加签机制。

(2) 责任者无责任

决策机制不清晰,带来的就是责任不清晰,流程的审批人变为一个过流程的工具人，只有最高层的决策才是唯一的审批。一定规模的组织内，只有最高者才是唯一决策人，这必然是一个效率低下的组织，所有员工都会生成依赖心理和逃避心理，遇到失败的决策都会抱怨是最高层的决策而将自己置之事外，变成责任者无责任的无活力组织状态。

(3) 员工积极性受挫

实施的依据不是组织决策事项，很多任务都被轻易推翻重来，这种组织一般是员工口中的"事多"组织，而这个过程最可悲的不仅仅是效率低下，员工多次被拒绝，完成任务的成就感被延迟，积极性受挫就自然而然发生了。员工积极性受挫，也是影响组织敬业度的高影响因素。

清晰的决策机制应该让所有项目参与者都是知道，决策者是谁，执行者是谁，变更流程如何执行，重大紧急变更流程如何执行等。面对决策机制不清晰的问题，从组织发展的角度出发，我们主张可以从如下两个维度思考。其一，流程复盘；其二，关注流程效率分析。流程复盘有两个目的：一是发现流程中未执行到位的关键卡点；二是对存在的问题的流程做持续优化。仅仅从流程流转的节点评估机制的有效性是不够的，流程效率分析则是帮助发现组织流程不高效的手段。流程分析在成熟的软件中往往是必备却被忽略的模块，被忽略的原因包括沉迷手上的运营及救火业务，或者说不希望被发现效率问题。但是作为组织发展的推行者，就需要把这些问题放大让组织得到关注，并且推动改善。

三、组织的人才发展机制

案例 3-3　不愿意轮岗的经理

某上市公司人力资源部是老板非常重视的部门，在组织里地位非常高，也习惯了用强硬手段处理问题。一次，财务部一个中高层干部连续两个考核期内绩效都严重未达标，部门也不再安排新任务给他。人力资源部了解情况后经过多方沟通，发现并非员工能力不达标，而是不匹配目前岗位要求，刚好另一稀缺岗位需要这类人才，本着为公司与员工共赢的出发点，一纸通知公司安排员工进行轮岗，不日需到新岗位报到。员工收到通知，在无人沟通的情况下，认为是自己绩效未达标，公司想要用特殊方式让自己离开，便提交了辞职申请。

人力资源部负责人一脸无奈，找财务部负责人沟通，希望他帮忙劝说员工留下。在沟通中，人力资源部负责人对员工的发展规划充满激情的讲述，让人听完很难不心动。但是财务部负责人只反问了人力资源部负责人一个问题："这些规划和目的，和员工沟通过了吗？为什么这时候才来和我说？"人力资源部负责人愣住了：原来这个机制只是自己觉得所有组织成员都清晰明白，忽略了大部分新进的或者与机制制定者接触不多的成员是需要而且必须要持续不断地宣贯和达成共识的。

上述案例中对于轮岗其实是有一定人才发展机制的，结合业绩结果和访谈，致力追求公司与员工的双赢等。作为一家上市公司，这套流程可以看到已经在组织内部具备了成熟机制，在人力资源是最重要资源的时代，正式的组织基本都开始考虑人才发展机制了。有时候就是因为人才发展机制已经成熟，组织中各环节经历太多次看到的都是达成的结果，尽管这种达成的结果有可能来源于大家共同的习惯，有可能来源于组织中权利的倾斜，个别环节就开始出现放松警惕，导致不成功的结果。这个现象往往出现在共识环节，一是这个环节往往不是直接带来结果的环节；二是让彼此达成共识的前提是不逃避矛盾，这恰恰是和人性相悖的。因此，人才发展机制不仅是要有，还要用发展的眼光看待，不断回顾，不断审查。

组织的人才发展战略上，我们主张考虑分序列、分层级的精益化设计，并对组织关键的核心高管和关键干部配置60%～70%的时间、精力。此外，方式的多样化和可持续发展是保证效果的两大方面，包括"以考带训"、PK挑战赛、课题制、"喝咖啡"式讨论等都是我们在实战中发现的好方式。第四章、第五章将针对核心高管团队和干部的发展机制展开具体的描述，结合实际案例讲解如何建设组织的人才发展机制。

四、机制落地措施示例

上述案例中，呈现的是组织中各种机制建立的重要性，组织的决策、负责和人才发展机制是组织的关键机制，能帮助组织在战略规划、策略规划、措施落地的环节上快速、有效地实现。机制也需要一些具体措施作为落地支持，以下为机制落地的部分措施展示。

1. 设立高管团队委员会

高管团队委员会是组织的一把手组织，这个委员会的成立解决的是组织在决策机制上的落地。高管团队委员会不仅仅是最高组织决策机制，更是一种无论大小的组织，让决策成为团队智慧输出的有效办法。高管团队委员会一般会由组织中最高领导者、组织的关键模块负责人组成，这里有个要点，并不一定是所有二级组织负责人都需要加入高管团队委员会，可以加入的判断原则为在组织无可取代且具备承担更多模块，也就是有重要性和发展性的综合考虑。当然，还有一些辅助判断，比如大局观、价值观等。

采用高管团队委员会实施组织最高决策有如下优势：

第一，决策支持信息更全面。用集体决策的方式，让在组织中有一定核心地位且有大局观的人承担决策的责任，为了决策的有效性，更愿意把自己收集的信息反馈给团队，帮助决策。

第二，决策公平性更高。促进公平的前提是公开，采用团队决策的方式，可以在决策过程中有更多维度的提问和意见反馈，避免决策过度的主观性和个人爱好倾向，对各维度有更好的相对公平性。为何在此处我们更加强调相对公平性，在单独的时间空间里，很多事情很难做到绝对公平，因此我们追求长期公平性，存在不同时间空间的投入资源的控制和补充。

第三，决策落地更快速有效。团队达成的决策，在共识上比单向的最高层决策然后下达有天然的优势，决策人、宣贯人甚至实施人可以一体化，对决策的形成原因、关键要点也有一致的理解。

2. 问责制度设立

问责制度解决的是组织在负责机制上的落地，进一步细化，我们讲讲职业化要求和负面考核清单的设计。

职业化强调的是干部面对问题时，不能只说问题或是简单罗列数据，需要具备根据问题出解决方案的能力及对事件复盘的能力。职业化追求的不仅仅是当前解决能力，也有未来事件预防能力。

负面考核清单的设计主要是面对非业务单元的措施。业务单元的目标往往更量化、更快速出结果，如财务指标，非业务单元在量化指标也可以在财务指标体现，比如直接挂钩公司总体利润指标，但很多时候非业务单元的工作是一个长期改善工作，如体系建立、优化等。大部分干部还会重点关注当前的活，负面考核清单是需要整理各非业务单元当前不会快速出结果，但是需要着手以便中期或长期实现，能在组织利润达成发挥作用的目标，增强非业务单元与组织利润目标之间的黏度，如组织运营部建立量本利模型，提升生产组织产能达成率××%；人力资源部建立效能指标模型，提升人均销售额××%等。如表3-1所示。

表3-1 非业务单元负面考核事项清单

非业务单元	负面考核事项	事项目标	预计启动时间	预计完成时间	负责人	关联部门	关键资源需求

无论是职业化要求还是负面考核清单的问责制度，都有一个相同的强调点，不是关注当前未达成事项的考核手段，而是用提问的方式，对目标达成差异进行分析和关注。

3. 轮岗制度设立

轮岗制度解决的是组织在人才发展机制上的落地。轮岗制度需要关注如下要点：

第一，轮岗的幅度。轮岗的幅度有两个方面需要关注：一是轮岗人数幅度；二是轮岗差异性幅度。关注轮岗人数幅度是指组织中同一时间的轮岗人员不宜过多，一般需控制在干部总比例5%以内，既是考虑避免同时轮岗过多影响工作的正常开展，也是考虑同时轮岗对轮岗人员的关注度不足。关注轮岗差异性幅度是指需要综合考虑轮岗人员的发展路径的相关性，要避免过度类似也要避免过度差异。过度类似对员工的发展不利，不容易有新的突破；过度差异对轮岗目标达成不利，如让一个财务轮岗到研发，一般是很难实现的。如表3-2所示，对于轮岗候选人是否适合轮岗岗位，可以做五个提问：

- 轮岗的岗位所在组织目标和取胜关键能力是什么？
- 针对组织的战略目标，轮岗候选人的能力优势有哪些？
- 轮岗候选人有哪些能力劣势？
- 组织内能否互补？
- 互补人员是谁？

表3-2　轮岗候选人评估表示例

组织目标及取胜关键能力	
组织目标	取胜关键能力

续表

任命候选人能力优势、能力劣势及互补			
能力优势	能力劣势	组织能否互补	互补人员及方式

第二，轮岗完成的要求设置。 轮岗的目标是员工轮岗成功，在轮岗开始之前务必对轮岗人员制定清晰可行的业绩目标要求，即使是返回原部门，也要完成轮岗任务。这一要求是为了避免轮岗员工的畏难心态导致轮岗失败。

第三，轮岗的跟踪。 大家的注意力往往集中在谁适合到哪个岗位这一环节，而忽略了到岗后的一系列跟踪动作，包括但不限于角色转换、岗位所需技能培训、工作资源支持、建立干系人资源网、定期述职汇报等。对于关键岗位的轮岗，可以进一步设置1V1高管负责制和定期人才访谈等方式，帮助轮岗人员轮岗成功。这些跟踪手段的实施，不一定都是用正式沟通方式，很多时候可能非正式沟通更有效。

第二节　提升组织的复盘能力

PDCA循环的概念最早是由美国质量管理专家戴明提出来的，所以又称为"戴明环"。全面质量管理活动的全部过程就是质量计划的制订和组织实现的过程，这个过程就是按照PDCA循环，不停顿地周而复始地运转的。PDCA循环实际是一个合乎任何工作逻辑的程序。组织的复盘能力是PDCA持续进行的关键能力。

为什么要做复盘？主要可以概括为有效地总结经验、实现绩效的改善、提升组织能力。为了达成这三个目的，以下将根据复盘管理的流程建设、复盘管理的常见问题及部分工具介绍展开。如图3-2所示。

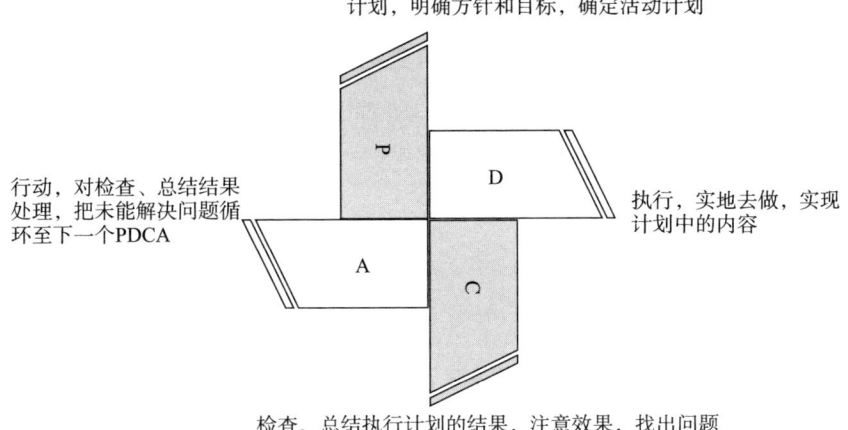

图 3-2 PDCA

一、复盘管理的流程建设

复盘能力并不是与生俱来的,组织中可能有人天生善于总结但不善于落地,可能有人善于执行但不善于总结,而复盘管理流程的建设,就是希望组织中大部分需要参与复盘的人员有一套完整的、相对统一的流程,提高复盘的效度及速度。

1. 梳理组织复盘管理应用的项目类别

广义来说,复盘适用于所有的工作任务,结合追求效率,更建议组织将 80% 的精力放在 20% 的关键事件和关键人身上,因此梳理组织复盘管理应用的项目首先要识别关键项目,并将项目分类。关键项目有项目数量在现阶段较多、项目跨部门协作较广、对组织战略目标影响较大、目前存在问题普遍且重现频率高等特征。比如将针对新能源化工企业案例梳理出来必须做复盘管理的项目分类为研发项目、新建工程项目、技改项目、体系导入项目、关键客户突破项目、人才发展训练营项目、战略供应商突破项目、EHS 事故等。从项目涉及维度可以看出这是一家集研产供销为一体的企业;从关注 EHS、质量及人才发展可以看出这是一家正在快速发展的行业龙头企业。因此,项目类别的识别与归类,是需要适合组织所处阶段、业务设计而设计的。

2. 结合项目类别,设计合适的复盘要点及流程

复盘基本逻辑是回顾目标、分析过程、总结经验、分享传播。如图3-3所示。

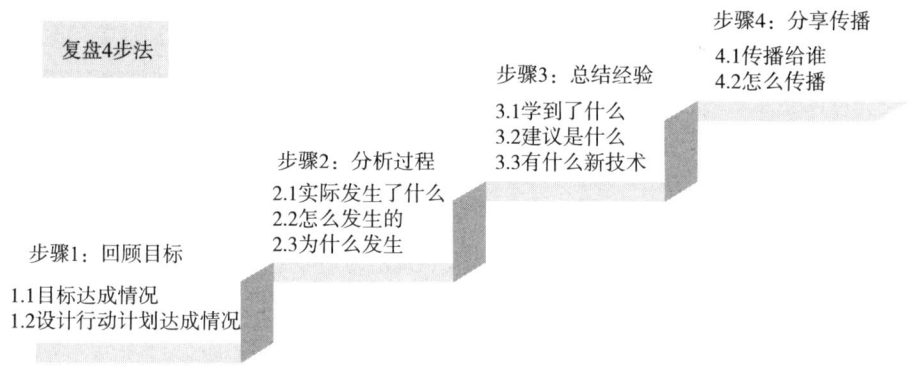

图 3-3 复盘 4 步法

回顾目标有两个关键要点。其一,目标实现效果分为成功、未成功、新增、消失,即不仅仅是关注成功或失败的目标,还需要关注新增与消失,复盘目标设定环节是否存在问题。其二,不仅仅是关注目标,还需要同步关注当初设计目标下的行动计划,目标是否成功,与目标下的行动计划是否符合 SMART 原则息息相关,关注行动计划是否落实,也是回顾实施过程偏差的要点。

分析过程的要点在于识别目标完成过程中的关键事件及关键事件中的可控/半可控/不可控原因。20%的关键事件往往决定了80%的结果,因此要聚焦关键事件;可控/半可控/不可控原因的分析,是为了进一步分析关键事件结果的可控因素,识别真正的决胜能力和原因。

总结经验的关键在于避免是感性感受类,尽量是流程、评估标准、技术等可编辑成册或固化的材料,使得经验具有可流传性、可操作性。

分享传播重点关注落地的时效性、精准性,因此分享落地需要对总结得出的流程、标准、技术等明确分享对象、分享方式,并通过共享知

识方式进行。分享方式除了常规的培训外，案例集整理、沙龙等也是常见方式。

二、复盘管理常见陷阱

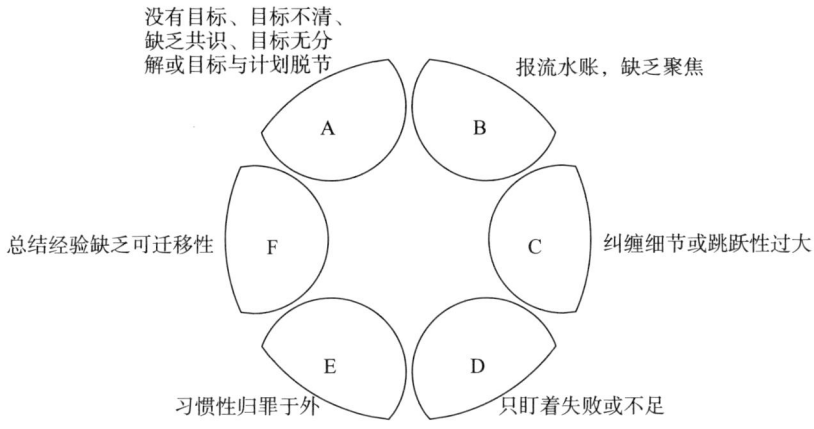

图 3-4 复盘管理常见陷阱

1. 目标问题

在目标回顾过程中，易于发现项目存在的问题可能是没有目标、目标不清、缺乏共识、目标无分解或目标与计划脱节。为了验证是否存在没有目标、目标不清、缺乏共识的问题，对于有一定数量成员的项目在复盘前进行分组讨论。为了验证是否存在目标无分解或目标与计划脱节的问题，可以在复盘时对比是否存在目标与计划完成度不一致情况。

2. 报流水账，缺乏聚焦

在分析过程中，一直强调需要关注关键事件，并把握关键事件的数量，目的在于避免出现复盘过程中报流水账，无法发现关键行为发生下支持的关键能力。

3. 纠缠细节或跳跃性过大

复盘管理中，需要根据项目的情况，在复盘中明确两个点：其一，在开始之前共识复盘的各个环节，严格要求顺序进行研讨；其二，设置各个环节的研讨时间,并建立时间官角色,推进复盘的进程。

4. 只盯着失败或不足

如果复盘过程变成一个兴师问罪大会,很多时候复盘参与人就会关闭开放度,使得复盘得不到预期的效果,也可能错失很多优秀的经验,使得项目仅仅是个经历。因此,在复盘开始前,一定要强调不只盯着失败或者不足的复盘原则,在复盘分析中,引导参与人要分享项目中的GOOD(优点)和NEED(不足)。

5. 习惯性归罪于外

同步分析关键事件发生的可控、半可控、不可控因素引导避免单纯归罪于外,复盘过程中引导复盘参与人任何关键事件都会有这三方面的因素,不能只呈现单一方面。

6. 总结经验缺乏可迁移性

项目复盘的总结经验的可操作性及传播方式对可迁移性有关键影响。为了增加总结经验的可迁移性,总结经验可以用业务流程、案例集、操作说明书、标准等方式输出,让呈现方式是具有可操作性的。传播方式上,除了常规的培训,可以根据经验的保密要求制定更加新型的传播方式,比如直播、操作小视频、座谈会、沙龙等。

三、谁复盘?何时复盘

为了保证复盘的效果,可以对复盘活动设置三大配置:复盘负责人、复盘引导官、复盘周期。

复盘负责人一般来说会指定项目经理来担任,一是项目经理基本是全程参与的决策角色,对项目各方的信息了解更全面;二是项目经理作为复盘参与人的管理者,可以进一步体现复盘的重点性和严肃性。

复盘引导官一般由在此类项目有多次参与经验且对组织的复盘流程、目的有较强理解的干部担任。复盘引导官的任务:一是对项目复盘的过程引导;二是对项目总结经验实现有监督作用;三是承接了帮助组织在复盘过程中对项目成员进行人才盘点的职责,可以进一步丰富和优化所在序列的人才库。

复盘官在复盘过程引导中不免有些关键引导话术帮助复盘成员理清阶段性目标,避免上述提及的报流水账、纠缠于细节、跳跃性过大等问题。下面整理了部分复盘引导提问示例,可作为参考。

复盘周期可以帮助把控项目复盘的时效性。一般来说,较为简单的项目会设置在项目完成一周内完成复盘;对于较于复杂、庞大的项目,往往还需要分模块进行预复盘,再整合复盘,因此要求在一个月内完成复盘。另外,如果项目具有里程碑意义,建议在3个月或半年或一年后进行二次复盘,用于检验总结经验的落地效果或进一步升华总结。

表3-3 引导提问示例

复盘步骤	引导提问示例
Step 1: 回顾目标	1. 当初目的是什么
	2. 计划达到的目标是什么
	3. 未完成的目标/消失的目标有哪些
	4. 成功的目标有哪些
	5. 新增的目标有哪些
	6. 这些目标下的行动计划是否完成
Step 2: 分析过程	1. 这些目标实现过程中有哪些关键工作,罗列3点
	2. 关键工作中关键行为哪些是可控/半可控/不可控的,各罗列不超过3点
	3. 为什么可控/半可控/不可控,(5-WHY)各罗列不超过3点
Step 3: 总结经验	1. 过程哪些是GOOD(优点)与NEED(不足)
	2. 项目中有什么新的输出(技术/方法等)
	3. 项目中出现了哪些新核心骨干

续表

复盘步骤	引导提问示例
Step 4：分享传播	1. 结合总结的 GOOD 和 NEED，我们要停止/继续/新增哪些行动（每人3点）
	2. 请补充继续/新增行动的行动计划（责任人/完成时间/关键里程碑/完成标志）
	3. 有哪些新知识需要传播
	4. 请补充新知识需要的传播对象、传播方式（SOP/分享会/案例集等）

第三节 组织发展主责人能力建设

在组织发展中很容易形成一个误区，组织发展是人力资源部的组织发展，各业务部门只需要对人力资源部的要求落实就好，人力资源部也可能走入误区，凡是涉及组织发展事宜都由自己主导。其实不然，人力资源是部门的人力资源，同理，组织发展的主责人一定是业务的负责人，也就是部门负责人。

对于优秀领导所需具备的能力，有无数组织制定并输出了很多很完善的评价体系，比如北森的领导力梯队指标就很有借鉴意义。北森的领导力梯队指标从建构思维模式、确保工作结果、促进人际协同、带领团队成功四大维度出发，为不同层级的管理人员再度细化为不同的指标。

之所以分享北森的模型，因为我们主张优秀的组织发展主责人需要4种关键能力：专业能力、非权利性影响力、耐烦力、奉献意识，和北森的四大维度不谋而合，并且是在这4大维度中提取的我们主张的关键能力。

一、组织发展主责人的 4 种关键能力

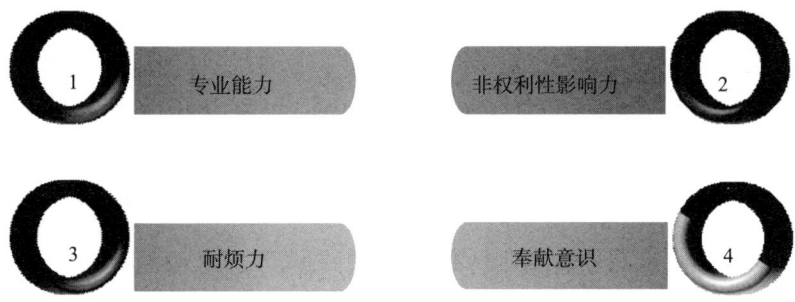

图 3-5　组织发展主责人能力要求

1. 专业能力

确保任务成功不可或缺的仍然是专业能力。管理的套路千千万万，在完成任务时候不得不面对的是对专业能力的考验。在配置部门负责人的时候，专业能力是必须考虑的因素。尽管也出现过很多非专业出身的管理人员成功的案例，但是细细归类，不难发现，这些卓越人员或是在接手后提升了自己的专业能力，或是在二级组织中安排了专业的负责人并选择信赖他。部门负责人不可避免需要带领部门对业务难题进行攻坚克难，这些业务难题往往需要对业务的底层专业逻辑有一定的了解，部门负责人不一定是最顶尖的专业人员，不具备专业能力却也是不可缺少的。因此，在选拔部门负责人的时候，我们还需关注候选人对专业的把握能力。

2. 非权利性影响力

非权力性影响力主要来源于领导者的人格魅力，来源于领导者与被领导者之间的相互感召和相互信赖。相对于权力性影响力，非权利性影响力范围更广。

非权力性影响力的建设，对部门负责人在经营人际网络、协同增效、影响说服上有极大的帮助。构成非权力性影响力的因素主要有品格因素、才能因素、知识因素、情感因素。作为领导，一要保证自己正

直；二要不断学习拓展个人的知识领域，至少要比下属领域更广，再者，在职场，先是同事再是上下级再是私交，在情感上这三者虽有先后顺序但缺一不可。

我们需要认可一个事实，不能奢望员工都是听话的。**听话的员工有两层含义：一是听得懂；二是愿意听。**面对员工时，首先要统一目标，要不断讲，直至听懂了。第一次听懂还不行，艾宾浩斯遗忘曲线显示，超过 20 分钟记忆量就剩余 58.2%，所以听懂了还要继续讲。尽管是不厌其烦地讲，但如何让对方愿意听你讲，发挥作用的往往是非权力性影响力。

3. 耐烦力

为什么要讲耐烦力？**耐烦力可以理解为耐力的升级版。**首先，我们要理解：做应该做的事情是枯燥乏味的。部门负责人在组织发展这件事情上，在体系搭建阶段会面对很多的挑战与对抗，在体系运营阶段犹如"喝白开水"般枯燥但需要日复一日地坚持。

德鲁克管理中提及无法抵御的两大时间杀手是喜欢做的事情和擅长做的事情。拥有卓越成效的管理者关注的不是我想做什么而是我应该做什么。此观点，大部分管理者表示认可，但大部分管理者中成为优秀管理者的数量锐减，顶尖管理者更是寥寥可数，其中不乏个人综合素质的原因，还有一个细节决定了成败：做应该做的事情其实就是枯燥乏味的。部门负责人开始走出自我，把共享的目标，而非自己置于团队的中心，成为任务的"仆人"。把目标定位在组织需要我做的任务，这个任务也许看起来难以挑战或者烦琐，依然坚守结果导向原则，保证任务的实现，我想这大概就是"仆人"的作用。

当然，更上一个台阶的管理者还应具备将枯燥乏味但需坚持的事情设计为活泼有趣，大家乐于坚持的事情的能力，让更多的干系人成为事情的环节责任人。比如为了推广组织的安全环保文化，就让高管们逐一站上 EHS 讲师舞台，让听到的声音转化为自己的声音；设置全员 EHS

知识比赛，让全员了解 EHS，参与 EHS；建设 EHS 亲情墙，家人的叮咛让员工随时听见，有趣的事情其实也不需复杂设计。很多枯燥乏味但又坚持的事情，不会是一场热情的浇灌，更多是一场应该做的事情的责任感。在努力冲刺的时代，很多时候我们往往忘记了简单的操作，这些简单的操作很重要很关键，更容易思维偷懒忘记了有趣的事情往往开始也可能只是一件应该做但是枯燥乏味的事情。

耐烦力和奉献意识在人性上有时是相互依赖的，耐烦力也是一种情绪管理的修炼科目。

4. 奉献意识

奉献意识是一种大局观，正如树根的存在决定了树干、树枝和树叶的存在，奉献意识尽管是一个虚无缥缈的词语，形态表现千千万，很难去具体定义它，但它也有底层逻辑。A 员工一直在做一些该做的事情，当组织有职位需要他顶上的时候，他就顺理成章地成功了；B 员工是组织给了这个职位，才能开始干这个活，才有可能把事情做好。A 员工对比 B 员工，多的就是奉献意识。组织中总是需要一些人是具有奉献能力的，而不只是给了职位才能干活。具有奉献意识的部门负责人就如 A 员工一般，身处任何职位都会做好自己的事情，所以当他作为一名部门负责人时候，也会在面对质疑、面对改革的阻力时候坚定自己该做的事情，会少一些畏难情绪和不仅仅是做自己喜欢做的事情。

在建构思维模式上，系统性思考、模糊决策能力、决策判断能力、全局思维能力等都是部门负责人需要的能力，但如果缺乏奉献意识，这些能力不一定可以和组织的发展方向更好地融合。换句话说，也就是有这些能力的人，有可能是组织创造成功路上的路人而不是同路人。

二、矩阵式领导素质

一个优秀的组织随着任务的多样性与复杂度增大，一般会采用全面或局部矩阵式的组织模式，一名优秀的部门负责人也不得不做好准备迎接成为矩阵式组织负责人的挑战。

矩阵式领导是怎样的角色？我们可以用家庭分工尝试解释一下。正如家庭中对孩子的教育，父母、爷爷奶奶、外公外婆、三姑六婆都想参与，并努力灌输自己的经验，中间不免有冲突的地方。因此，教育学中强调良好的家庭教育的第一步，是教育方式达成共识。毕竟人多想法也多，绝对的统一往往是无法实现的，所以达成共识的方法往往就是有一个主导地位的领导者，一般为爸爸或者妈妈，但为了保证其他人的参与度和成就感，也需要充分听取大家的意见，保证决策的有效性及家庭的和谐，中间需要各种各样的智慧权衡利弊。**矩阵式领导就是家庭里的爸爸和妈妈**。矩阵式领导就要在组织决策中建立规则、自行遵守并引导成员遵守的同时，让大家的参与度和成就感合适的同时，还要引入新时代的"育儿知识"给予各位"家人"。

矩阵式领导需要具备的素质，可以细化为如下九项：

第一，鼓励并且只接受联合上报，建立组织的决策原则。

第二，将相关人员组织在一起开会或者召开电话会议，注重干系人识别与参与。

第三，听取所有方面的所有数据，保证决策的最大有效性。

第四，鼓励多种解决问题的方案，鼓励组织的创新。

第五，致力于让矛盾的各方达成共识，学会冲突管理，让矛盾带来创新。

第六，当不能达成共识时做出裁定，建立组织的最高决策机制，并勇敢承担组织风险。

第七，打消走后门的想法，维护组织的正义感、公开、公正及相对公平。

第八，将裁定的结果通知所有人，保证相互负责。

第九，解释裁定背后的商业逻辑，以便经理们下次可以自己解决问题,时刻关注组织能力培养,推进组织发展。

第四节 改进组织文化建设

一、组织机制的宣贯不深入

案例 3-4 到底是谁的人

某公司重大战略项目正在如火如荼开展,工期紧、人员配置严重不足,是项目的关键难点。为解决这一问题,公司联合主责部门进行全公司关键人员盘点,并选拔出一批项目候选人员。

在 HR 进一步与候选人员过程中,某部门主管知道这一现象后,给 HR 做了一段严肃的反馈:第一,所有我部门的人员在没有经过我同意时不允许和他做轮岗的沟通,保留向部门上级领导投诉的权利;第二,如果因为这件事情导致部门业绩未达成需由 HR 负责。

HR 回复部门主管:首先,部门利益应服从事业部利益,事业部利益应服从公司利益,请以此为出发点考虑轮岗问题;其次,任何人才都是公司的人才,不是哪个部门的,HR 作为组织的推进者有权利有责任有义务跟任何员工沟通与访谈。

双方的不同观点持续激烈碰撞中。

这个案例体现的关键问题在于当企业内部二级组织的独立性过强时,组织之间的人力资源配置原则、结果目标一致性就会受到冲击。如果二级组织独立性过弱,信息的传递等也会削弱。两者之间,如果组织的选择一致性不足,就会频频出现案例中的现象。

组织不断发展,组织各种机制也在逐步创造或完善,尤其业务快速发展过程中,机制的发展也会被提速。提速过程中,机制宣贯的关键性就容易被大家忽略,结果就出现一部分人在前面跑得飞快,一部分人却像个路人甲看着这部分人跑得飞快。

组织发展工作的要点也是在不断发现组织中机制宣贯不到位的关键人、关键项目，通过文化落地的一系列手段，不断变着花样的叮咛、重申，直至完成宣贯。这是组织发展中连续的"白开水"工作，虽然有点寡淡无味，却每日必须存在。为什么是连续的？从一个家长的角度出发，自家孩子尚不能说一次就听，何况是来自五湖四海的个人组成的组织。为什么是每日必须存在？艾宾浩斯遗忘曲线呈现培训1天后记忆量就下降到33.7%，已发生的不断巩固，新发生的继续总结。

作为人力资源管理者，要做好组织发展工作，一定要关注企业文化的宣贯渠道搭建。

搭建企业文化信息传播与共享平台是人力资源工作者在组织发展宣贯渠道搭建常用的方法，如建立企业文化手册、企业内刊都是传统但不可缺的分享方式。随着信息化的发展，办公软件专门文化门户的建立、微信公众号的搭建、视频号（微信、抖音、微博）等，都是年轻人喜闻乐见的方式。除了组织正式的方式建立，选取组织中有影响力的人员进行个人的公众号、视频号的孕育，**建立组织中非正式文化影响力**。另外，将关键群体集合建立沟通平台，如微信群或定期分享交流会，也是一种组织发展宣贯渠道建立的常用方式。

再者，组建宣贯团队和采用运营的思维运营组织发展宣贯渠道，也是人力资源在组织发展宣贯上的关键措施。比如组织内部可以建立企业文化大使团队，选取一批有一定影响力且价值观与组织企业文化高度匹配的人，将组织的正式文化宣贯落实到底。在宣贯方式上，可以采用连载报道方式打造企业的特色宣贯篇章，如《BOSS私房菜》系列，主要借组织最高领导的影响力对组织存在的一些共享问题和解决思路发声，并赋予它更加活力的展示方式。

二、人力资源的工作手段落后

案例3-5　正态分布绩效考核的显性"倾斜性"

某公司绩效负责人讲述了她的苦恼。强制正态分布是大多数公司使用的以优胜劣汰为原则的绩效考核机制，公司已经使用此方式超过5年，每年在年终绩效考核都是大型辩论集合现场，各种神奇的事情都可以出现。在对近3年绩效考核结果分析统计时发现，有几个工厂整体都满足正态分布要求，但出现绩效结果为优秀和良好的员工基本是中高层员工，绩效结果为待改善的基本是一线员工。经进一步了解，部门负责人解释，因为贡献大的都是核心干部，他们的贡献远超一线员工，所以向他们倾斜，而且一线员工容易出现不合规操作，比较好和员工沟通考核结果原因。绩效负责人听完这番话，认识到了强制正态分布的设计需要发生改变了。

案例这类问题，如果是单个问题，其实属于绩效管理优化的工作，但绩效管理的关键人物还是干部，组织发展的第一责任人是组织的负责人，因此这种问题的解决方案还在于关键干部的认知与行动共识。大家对人力资源部的第一反应是管人的部门，实际上传统人力资源很多时候解决方案还是停留在点对点、"就事解决事"的阶段，我们也称之为"希望低头走路，忘记抬头看路"。组织发展倡导的更是以人为本解决连串问题。这里以人为本有两层意义：一是一般的关注员工的问题；二是关注培养干部解决问题的能力。因此，组织发展的解决问题的方式可以视为一般人力资源手段的升级。

针对案例，作为习惯性从组织发展的角度解决问题的人力资源管理者，将不仅仅是改变绩效管理的手段，而是从组织发展的关键要素——干部的绩效考评习惯着重下手。

第一，我们需要先对绩效考核结果数据进行整合与分析，需要找这类"倾斜性"正态分布的聚集群体，锁定关键二级或三级组织及对象。

第二，对关键二级及三级组织进行盘点，将关键目标进一步细化，如哪些人群会被习惯性评较差绩效，哪些人群会被习惯性好评，从而对人群做分类，根据人群特点设定分类强制分布设置。

第三，对关键组织的负责人进行访谈，了解"因为贡献大的都是核心干部，他们的贡献也远超一线员工，所以向他们倾斜，而且一线员工容易出现不合规操作，比较好和员工沟通考核结果原因"出现的根源，从根源上纠正部门负责人做评估时无法做到"三比"——内部比较、外部比较及自身比较，即在组织内部同级对比，在组织外部同类标杆对比，被考核对象和自我的同比。

第四，针对这种现象，建立绩效考核的"三比"原则，组织干部输出同岗位的任职资格，整合行业同类岗位标杆对任职资格做校准，同时在绩效考核时以员工过往绩效作为参考数据的行为习惯。

第五，设置负激励细则，对于考评过程中被反馈未按此方式进行的干部进行"约谈"管理。

第六，通过公众号推广、绩效考核案例集分享、内部逐级宣贯方式，将"三比"原则作为组织绩效考评的思维方式。

综合以上六步，区别于传统的人力资源工作者，我们从组织思考习惯上改变"倾斜性"正态分布的存在，推动组织绩效考评的相对公平性。

三、干部脱离一线业务

案例3-6 "解决业务痛点"的专员离职了

运营经理Sandy所在的公司这种情况很严重。在公司里，常见的事情是Sandy发现A部门的营运数据有异常，故将此情况反馈给A部门总监Andy，希望能尽快找到原因，以免引起损失。两天后Sandy仍未收到反馈，便联系Andy，Andy回复部门内是有分工的，这件事情Sandy

可以联系部门经理 Sam 处理。事情紧急，故 Sandy 便来不及纠结为何要到现在才反馈这个信息先联系上了 Sam，但 Sam 的回复让 Sandy 忍不住大发雷霆，"这件事情具体数据我不是很清楚，你联系一下我们组的专员 Kitty 吧。"

1 个月后，Kitty 离职了。这时候，HR 招聘负责人也发现，A 部门的专员离职率远高于其他岗位。

这是典型的"总监找经理，经理找主管，主管找专员，专员离职了"的案例，这种情形的原因主要是管理人员容易失去务实的"手感"。**优秀的领导者=有魅力的领导+有魄力的管理者+让人信服的专业人+能上能下的实操人**。很多管理人员需要花大量时间在协调沟通、方向会议，没有目标指引下，就会出现忽略或选择性忽略具体操作事宜。这种情况尤其体现在有较强执行力下属的管理者身上。但是，不躬身入局的管理者，往往也无法成为一名优秀的管理者。优秀的干部不仅看到今天，还能看到前天、昨天、明天和后天，所以不仅培养干部实操的手感，还有授权的手感、战略分解的手感、培养下属的手感等。

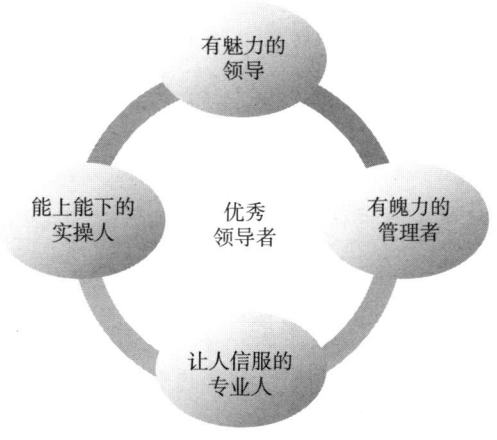

图 3-6　优秀领导者角色

针对上述案例，人力资源管理者可以考虑建立干部任期机制。干部任期机制的建议，前提在于干部的任命不再是只有选拔上任这一道关卡，将会对干部在限定周期内必须完成明确的业绩，是保证干部在过程中持续输出绩效结果的有效办法。为了达成过程中对绩效的连续输出，干部不得不采用各种方式，包括亲身上阵、勇敢授权、关注目标分解、培养一个优秀团队等。这是一种用结果要求反向推动干部自身能力提升的方式。干部任期机制的具体实施流程及关注要点，将在第五章详细展开阐述。

再者，人力资源管理者在培养组织干部的手感这个维度上，还要关注树立勇敢使用年轻人的价值观。使用年轻人，有三个关键要点：一是年轻人犹如一张白纸，如何将一张白纸培养出来是干部搭建团队的关键一环，过程中免不了手把手的教导；二是使用了"鲶鱼效应"的原理，年轻人关键特征是敢尝试、敢失败、敢挑战，并且90后甚至00后年轻人，联系成长的时代环境，在小学时候已经是网络冲浪的佼佼者，因此在信息获取能力上有明显优势，在这个过程中也是反向激励干部的自我成长速度要高于下属的成长速度及组织的成长速度，否则将会被"弯道超车"。使用年轻人是大多数组织都在提倡的文化，但是实际落地差强人意，人力资源管理者在组织发展建设上一定要更多思考如何将此部分内容与组织文化更有深度的挂钩，并且在人才选拔机制上要建立个别"年轻干部标杆"，在薪酬福利、关注度上要有明显差异，真正实现把年轻人"扶上马"，也为组织的未来人才梯队做好铺垫工作。

四、谣言辨识和处理能力弱

案例3-7　组织中的"万事通"

老钟是公司的一名行政，大家都知道他平时干活卖力，还知道他有一个口头禅："你听说公司出大事了吗？"大家戏称老钟是公司里的"万事通"。

小王坐在老钟旁边，有一天忍不住问老钟："万事通，我们天天在一起，怎么就你知道那么多大事件啊？"老钟哈哈大笑道："我是谁啊，我的人缘好，大家都喜欢告诉我呗，我眼观六路，耳听八方，有时候听到一点风声就能把事情串起来，你年纪还小，这种本事学不来的。你看，大家多愿意听我说的消息！"小王问道："你怎么知道这些消息是真的假的？串起来的对不对啊？你告诉了那么多人，万一不是真的怎么办？"老钟说："我可不能保证真假，你愿意相信就相信，不相信就拉倒！我可是每次都和你们说不能往外传，谁传了我可不认是我说的！"小王："敢情谁认真谁就输了！"

每个组织里都有一些"万事通"，这些"万事通"的特长就是什么信息都逃不过他的耳朵，什么信息都从他这里出来，消息真假参半，但是每个都说得有理有据，这让内部信息部分沟通变得无效，传出一个"爆炸性"假消息，一群人在调查原因，结果发现只是夸大虚假的"玩笑"。但是大部分人都乐在其中，甚至在毫无取证之前就捍卫，总觉得打破"玩笑"的人是在尝试掩盖什么。假消息能让人乐在其中主要是假消息让人兴奋，兴奋起来还丧失了基本的判断能力，还有偏见和周围舆论环境的引导。

组织越大越容易出现这类人员，从底层逻辑来说，这只是一个数字概率问题。再者，组织大了，总有员工是关注不到或者觉得自己被忽视了，就像一个坏小孩，很多时候不是因为喜欢做坏事，而是希望大家关注自己。**从把"坏事"变成"好事"的角度出发，也应该善于发现这些"万事通"**，某种时候也是一种风向标，可以发现是哪类人群，以及对假消息的传播路径做一些简易总结，寻找一些共性人群，让组织发展措施针对性落地。

老师记忆最深刻的往往是班里学习最好的和班里最调皮捣蛋的学生，而组织里最容易发现的也正是业绩显著的员工和"刺头"员工。如何让好学生持续考满分，如何让"刺头的刺"促使组织加速，甚至弯道超车，也是组织发展中的一个有趣话题。再者，正确对待组织里的假消息，因为在假消息传播的路上，组织更有利于发现具有正能量、正价值观及强自我判断力的种子选手，为组织的森林增添一些郁郁葱葱。

每个企业的人力资源工作者都无法避免遇到这种"万事通"，我们需要相信的是存在即合理，因此这类"万事通"既然能进入企业并且留下来，一定有他的长处。人力资源的工作，需要坚持发挥人的长处，帮助企业获得更高的利益。面对"万事通"，人力资源工作者首先要看到他的长处，给"万事通"安排合适的岗位，让他的价值放大。放到合适的位置，就能推动"万事通"把更多的时间、精力放在关注能给组织做贡献又能给自己创造成就感的事情上，"谣言"的传播时间自然就缩短了。

其次，谣言终究是谣言，很多时候还要学会利用谣言。如何利用谣言，有两个方向。方向一：和绝对的"谣言"勇敢说不，并广而告之，杀鸡儆猴，用一个谣言遏制其他正在侥幸膨胀的谣言或孕育中的谣言。方向二：正如要学会在半杯水面前看到幸好还有半杯水，在谣言传播途中人力资源工作者还要借机看到正义的种子选手，种子选手的特征就包括在谣言面前有足够的判断能力，甚至是遏制谣言的行为等。

五、精准表达能力不足

案例3-8　讲不出资源需求等于零

和各部门主管、项目负责人确定目标，业绩完成情况不佳的部分基本都会存在以下沟通过程：

HR："这个目标是公司战略拆解下部门/项目承接的目标，如果有困难请反馈所需的资源。"

各部门主管/项目负责人："这个目标太难了，基本不可能实现。"

HR："请问具体卡点是什么，我们可以根据卡点跟进资源协调事宜。"

各部门主管/项目负责人:"你不理解,这是有客观困难的。"

HR:"如果是无法整理出来的困难,就无法配置资源了。或者我们参考一下同样类型的成功案例,是否能借鉴参考。"

各部门主管/项目负责人:"不一样,每个项目情况都不一样,我们没有办法复制。"

HR:"……"

绩效目标的设定就是博弈的过程,博弈的精髓在于有目标、有策略地实现共赢。共赢,双方都要承担一定的不确定性,如果要保证一方100%没有风险,这个目标往往是无法实现的,要么没有挑战性,要么是无法触及的天花板。在这个过程中,我们主张了一种50%可能性评估的测试方式,也就是面对一个挑战时候,穷尽式搜索解决方案下如果目标有50%的可能性,就可以按此设定。目标设计原则采取先紧后松策略,先紧后松换来的是额外获得,先松后紧是扣减。引导细化问题卡点,精准表达具体的资源需求,也是有助于促进共赢的有效办法。总的来说,在目标设定的过程中,如何推动双方思维逻辑的一致性,也是组织发展的工作范围;成功引导干部逐步实现一次性迅速精准表达,是有效的过程根据。

在绩效目标设定上如何帮助组织成员锻炼精准表达的能力,有两个关键点:第一,对讨价还价式目标说不;第二,落实用数据说法,用方案讨论的职业化要求。对讨价还价式目标说不,是要求精准表达的开始信号。如果我们没有把握住底线,在目标设定上缺乏耐烦力,选择了不发声,精准表达的要求就无从说起了。在实际操作中,确实是存在很多不好意思、不想卷入漫长的推进而选择了不发声的误区,是我们要重点关注的。用数据说话、用方案讨论是精准表达的关键过程。用数据说话避免了在沟通时候使用过多的"我觉得""我感觉""应该是"诸如此类的感性阐述方法,还有可能结果往往不是如此的无用功。用数据说话也是帮助引导大家可以看到关键问题，用解决关键问题大幅度改善现状的思考方式进行。用方案讨论是用落地的行动来补充表达，是目标分解的有力说明，从方案中让彼此的认知和计划达成更高幅度的一致性，辅助表达更加精准。在实际的工作中，忽略数据，偷懒不做方案设计，在实际中只达成了都没有错的大方向，却在落地时候走偏，最终远离目标要求，也是职场常见误区，这两项能力的锻炼，是帮助大家精准表达的关键要点，也是提升个人职业化的必备工具。

六、组织文化问题解决措施示例

上述 5 个案例呈现了不同维度的问题，从单个角度出发，对应的业务模块均可以在自己的模块里找到解决方案，但在方案实施里，都有一个共同的问题，**如何让干系人接受并且用同一种思维方式思考问题**。这是一个复杂的问题，可以逐个击破，但从组织发展出发，可以更大程度合并同类项，使得措施重复实施频率降低。

针对以上问题，在和多个公司的沟通交流中，关于在组织文化问题上的具体解决方案整理了以下措施。

1. "几不用原则"

公司调不动的员工不用；不能上能下的员工不用；不迭代改变的员工不用；不爱学习的员工不用；不干实事只务虚的员工不用。

"几不用原则"强调了以下几点：

第一，员工是公司的员工，不是某个领导的"私人财产"，在公司效益最大化前提下，让员工的效用发挥最大，对此带来的轮岗/转岗/任务承接，领导应该给予支持和正确引导。

第二，要做一名持续追求进步、拥抱变化的员工，在面对新挑战的时候，以自主学习为动力，实现思想和措施的不断迭代，为了实现目标，打破阶层观念，以任何角色都能胜任。

第三，作为管理人员，时刻保持"手感"，不做只会下命令的领导。

2. 负责人与担责人的设计

负责人是指当前任务的结果第一责任人，对于任务的过程结果及最终结果负直接责任；担责人是指当前任务负责人的负责人，尽管不需要对任务过程中时刻跟进，但是如果任务出现了问题，负责人无法解决影响任务的结果时，担责人必须协调各方资源及将时间、精力重点放在此任务上。

负责人与担责人的设计一般会放在组织的关键任务上，担责人一般为组织的"第一排领导"。这种设计一是可以帮助"第一排领导"将更多的时间、精力放在探索组织未来机遇和发展上；二是可以帮助组织和组织一把手培养更多未来的第一排成员；三是可以确保在过程中目标的偏差及时被发现及关注，将责任清晰化，帮助任务的资源协调。

3. "前三排领导"的 3 件事

在锻炼管理人员拥有持续"手感"上，在绩效目标设计上，管理人员的绩效 = 公司整体业绩目标 + 部门关键指标 + 个人 3 件事。

前两者相当于组织目标，锻炼的是干部战略分解"手感"的手段，如何从公司整体业绩目标分解到部门关键指标，如何让部门指标有效帮助公司整体业绩目标的实现，是一个需要同步思考的问题。

个人 3 件事的关键要领在于：

第一，个人 3 件事不等于部门指标。

第二，关注部门负责人对部门人员培养的指标。

第三，作为部门负责人，对于组织关键卡点，或者长期无法突破的难点任务，需要发挥负责人的攻坚克难的力量。

开玩笑地说，部门负责人的个人 3 件事往往是让部门负责人睡不着觉的事情，比如因组织成员能力不足导致部门任务频频完成不了，一个关键难题已经换了 2 个或 2 个以上部门负责人都无法完成，公司层面的任务指定了负责人为自己，某项业务需求就算管理人员自己接都没有80%完成任务的把握。

个人3件事的设计，还是一个锻炼干部授权和接受挑战的"手感"。

第一，3件事以外的事项也许不是最重要的，也有可能是不能不喝的白开水，这个白开水需要谁来负责，就需要锻炼干部授权的"手感"了。当然，还有授权下如何把握事件完成的统筹"手感"。

第二，3件事是需要攻坚克难或者是强前瞻性的项目，这对大多数人来说都是一个挑战，人都是趋向稳定的、寻求安全感的，但是弯道超车往往是在具有挑战的不确定中实现的，因为需要设计让干部接受挑战的机制和帮助干部打胜仗的足够资源支持。

4. 重塑文化

重塑文化应该组织发展的中期性项目工作，一般5年/10年需要复盘一次。一是因为业务的发展会带来一些变化，比如组织的中长期目标也可能发生变化，重塑文化也是对组织的使命、愿景、核心价值观等进行回顾；二是重塑文化的过程是全部第一排领导参与的关键事件，这个过程中更多是第一团队的对组织的现状、发展方向、目标等共识的过程，而重塑的内容就是共识的产物，是第一团队共同的产品，在组织中具有天然的优势，可以获得更好的守护和传播资源。

第四章
如何打造核心高管团队

案例 4-1　"拼凑"的高管团队

2018年的一次总经办会议上,人力资源部提出一个议题:成立核心高管团队。目的是在公司的一些重大决策与实施上,核心高管团队能聚焦并提高决策的准确度。此议题得到高票通过,都同意成立核心高管团队。经过对人员的筛选,核心高管团队的成员基本敲定。人力资源部也随即发布"核心高管团队的职责与权力"并开始宣贯。但在一次核心高管团队会议上,高管们的表现让人力资源部总监陷入沉思。

会议上有一个议题是"如何实现公司未来3年组织规划,提前实现目标"。在讨论过程中,高管们提出的问题都较为集中且有局限,思维不发散,甚至对一些具体的目标还持有不同的意见,会议最终"议而不决"、不欢而散。会议上出现此问题,让人力资源部总监始料不及,他认为的核心高管团队是从一定的高度去看待问题,并围绕问题提出一些有建设性意见并且拥抱不同意见、看法,结合实际情况去讨论并得出一致意见的团队。但今天会议上核心高管团队的成员恰恰相反,让他大跌眼镜。

会后他不断地回想会议上大家的表现,他觉得核心高管团队现阶段只是把人凑合起来,大家的凝聚力、目标性、高度还不够,他觉得有必要对核心高管团队来一个系统性的团队训练。于是,他开始对核心高管团队的培训进行策划，从团队成员的领导力、凝聚力、目标性，再到团队的决策力、领导力等进行全方位的培训与提升。

经过系统培训后，核心高管团队在公司的一些重大决策与方案的商讨上，都能得出一个跟公司发展相匹配的结论。

人力资源部总监得出一个结论：核心高管团队也是需要打造的，并不是把高管凑合起来就能发挥作用的。

组织打造中，人力资源是关键的执行团队，而组织打造的成败的关键中的关键，还是核心高管团队。组织在不同的发展阶段需要不同核心高管团队去匹配业务。一个组织中会有不同的业务，我们可以称之为成熟业务、"盐碱地"业务及未来业务，核心高管单人的能力往往不能满足多种业务的需求，或者说具备多种能力但是时间、精力也不一定支持，因此我们主张当组织发展到多种业务形态并存的时候，要着力打造组织的核心高管团队。打造核心高管团队需要从动态选拔、培育共识、持续发展三个维度设计。

第一节 动态选拔

核心高管团队的选拔归根结底是为了业务目标的达成，业务一直都是动态持续的，核心高管团队必然随着业务的变化及时做出相应的调整。在持续迭代过程中，只有过往的成绩支持，且过往的成绩逐渐对现在和未来的业务目标的帮助作用越来越小，这部分成员往往需要被考虑随着业务的迭代不再在核心高管团队中，而是回到组织的运营工作中，合理发挥他的作用。核心高管团队的选拔只是门槛石，但是跨过门槛石并不等于能顺利毕业，每一天都是新的挑战和新的开始，过程中不免存在优胜劣汰的过程。既然有优胜劣汰，自然就需要源源不断的选拔补充。如图4-1所示。

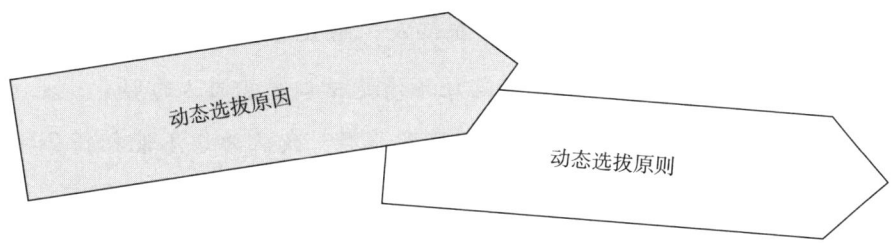

图 4-1　核心高管团队动态选拔

一、坚持动态选拔的主要原因

案例 4-2　过去有功劳的领导能躺平吗

2017 年 1 月，人力资源部发布了"最新的核心高管团队名单"，其中有一名核心高管团队的名字"汤总"不在 2018 年的名单里。于是，汤总找到人力资源部总监要结果。

汤总："我曾经给公司带来了一个新产品，为公司创造了一笔非常大的效益，迄今为止还没有后来者能超越我，为什么 2018 年的核心高管团队要把我踢出来，老板同意了吗？"

人力资源部总监解释道："汤总，您以前的业绩大家都认可，您确实给公司带来了一笔非常大的效益。但自此之后，每年的绩效目标和您这个岗位担负的职责，请问您达到了没有？我们核心高管团队里面的'职责与权力'有一条明确规定：如果高管们的年度目标或部门使命连续 2 年没达到，自第 3 年起需自动退出核心高管团队，公司会从备选人员里挑选合适的人员填补空缺。公司的核心高管团队不是一成不变的，它要求每一位高管都严格要求自己，保持学习，时刻保持对内、对外的敏感性，及时调整自己并调整团队，关注团队的发展。"

汤总："高管也是人，你们也不能一点准备都不给，过程中也不提醒，招呼也不打，悄悄地把人给换了，是不是有点不厚道？"

人力资源部总监："大家都是职场人，而且您已经在核心高管团队待了2年，还需要提醒吗？难道您还不清楚核心高管团队的职责？还不清楚业务目标的重要性？如果这些都不了解，我认为您不能担任2018年核心高管团队成员之一是一个很正确的决策。汤总，我觉得您有必要回去好好想想问题所在，如果还有需要跟我探讨的，我都可以。"

此次谈话，双方不欢而散。

核心高管团队的选拔，我们需要强调动态选拔，主要原因有三点。

（1）价值观的识别

选拔思考维度一般包括过往的成功、现在的业绩，以及未来的潜在业绩作为第一要素综合考虑判断，这是干部从业务支持的角度出发设计的维度，作为核心高管团队的选拔，意味着这群人未来和组织不仅仅是同路人，更是同心人，即是价值观一致的同路人。价值观的识别市场上有各种测试工具，但是测试工具始终有信度及效度的偏差，"路遥知马力，日久见人心"是价值观更好的测试工具。在这个过程中，逐渐识别价值观一致与不一致的成员，为了保证团队的可持续发展，当断则断，需要启动动态选拔机制。

（2）业务的变化和团队补位的融合

业务的变化不仅仅是内力发挥影响，外部市场的影响往往更有冲击力。业务的快速变化，对核心高管团队的能力要求瞬间提高。能力的提升相信对于精挑细选的团队成员来说不是难事，但是面对非常快速的能力提升的时候，补充外部力量往往是最快速的方式。比如一家传统的制造业，大部分流水还在半自动化状态，组织中并无信息化的专业出身人员，对于信息化建设组织也是刚开始关注的阶段，这时候从成熟的信息化企业中物色优秀的信息化高精人才，可以瞬间为企业带来全自动化流水线、信息化供应链系统、信息安全设计等成功经验分享和组织信息化发展方向的思考，带动组织各个模块甚至是职能部门都开始考虑使用类似 RPA、信息共享平台等技术把自己从繁忙的日常重复工作中脱离，带来的可能是整个组织的新思考。

（3）个人能力与组织发展速度的匹配

初步成立的核心高管团队，必然会有带着曾经功绩进入的"曾经老大"。只有过往的业绩是不够的，持续出业绩才是关键。实际情况中，可能这部分"曾经老大"或因年龄问题或因精力问题或因选择问题，在组织持续高速发展时候选择了放缓进步的速度或者躺平，逐渐的个人发展速度明显低于组织发展速度。当然，实际情况中也存在组织发展速度明显低于个人发展速度，良禽择木而栖也是不可避免的。遇到这种情况，一是组织要审视自己的战略规划；二是为了保证组织战略规划的实施，核心高管团队也需要评估是否需要补充具备团队能力短板的人员。

二、动态选拔的三大原则

案例 4-3　高管也是个人

高管张总在一次会议上提出"集成供应链"的概念，并提出在未来一年，集团内要建立"智能化供应链平台"。随即，项目组开始组建，并设立"供应链运营管理部"，同时为实现"智能化供应链平台"的方案应运而生。在项目组成立后的 3 个月，大家的激情很高，但后来项目组成员发现，这个项目的实现并不简单。它涉及面比较广，数据集成程度高、逻辑复杂、实现自动化难度大，经过一段时间的策划与操作后，项目负责人感慨地说："这个项目暂时没办法实现。"

结论一出，大家都说张总当时提出的概念和目标不现实，不可能实现。张总事后带项目成员开项目复盘会时提出："我们在'集成供应链'上迈出了一大步，至少大家已经对集成供应链有概念了，经过一段时间的调研，其实实现的初步方案及我们欠缺的东西已经浮出水面了。我也是一个人，不是神。我提出的论点需要大家一起去操作、去实现、去验证，并不是说我提出的任何一个论点都是对的，只要是经过验证的，我都接受，但前提是大家必须思考过。这次我提出的'集成供应链'概念，大家经过这次项目初期的调研，我相信在未来一定要实现的，'智能化供应链平台'一定要建立，后面我们真正下定决心要做这件事情的时候就变得轻松了。"

核心高管团队的选拔需要考虑三大原则：组织战略导向原则、资源整合原则、自我持续提升原则。

1. 组织战略导向原则

组织战略导向原则是核心高管团队选拔的最终目标与组织目标一致的体现，两者的目标都应为业绩导向。首先，组织要将战略导向地进行组织设计与创造，在组织的不同阶段皆是如此，选拔核心高管团队是战略提出、澄清及落地的关键措施，自然不能例外。比如以技术创新为核心竞争力的企业，如果在核心高管团队的组成中没有负责研发、工艺等技术的成员在内，尽管企业可能靠强大的营销团队可以获得客户及外部环境的强大技术趋势信息，在落地时候创新技术却迟迟不能实现。其次，组织战略导向也意味着核心高管团队选拔也要有负责组织关键短板能力的关键人员。比如企业正在快速复制扩张的阶段，工程项目推进管理是关键环节，核心高管团队中必然要有负责工程管理或者组织中工程管理的最强者。

识别组织的关键短板，也是从组织战略着手。在确定组织战略后，将组织战略目标沿价值链分解，从公司价值链分解至运营层面的价值链，梳理出业务流程，识别出与业务战略和价值链相关的组织能力，从能力对组织战略落地的影响性及能力的复制难度，最终识别出组织的关键能力。关键能力梳理完毕后，则需要对组织能力关联的关键岗位、岗位能力配置（如现有人员、潜在人员）等进行盘点，如关键能力存在组织中无相关能力人员或者人才梯队断层情况，且一时半会无法补充到位，这往往就是组织的关键能力短板。

2. 资源整合原则

资源整合原需从战略落地最快化、最全化角度出发考虑核心高管团队的选拔。核心高管团队本质为总经理服务的第一团队，故人数的配置本质上还是考虑管理幅度问题。一般来说，管理幅度宜设置为6~8人。从这一角度出发，核心高管团队的人数是有一定限制的，如何在这一限制下让核心高管团队达成共识的战略与策略最快最全落地到中层干部、基层干部甚至一线，对组织的目标完成发挥作用，就是组织设计需要思考的问题。

首先，资源整合原则就要求核心高管团队在选拔时候，成员一定在组织中有较大影响力，影响力来源可能是成员曾经的对组织有强大的业绩成绩，或者持续的技术影响力，或者在组织中培养了较多的弟子兵、一起打过仗的"战友"，如果组织有连续的较深厚基础的培训生机制，从培训生走到第一阶梯的管理者，从忠诚度、价值观和影响力角度出发，往往是合适的人选。其次，资源整合原则意味在核心高管团队选拔中，不一定是全部第一阶梯的管理人员都在选拔范围内，这不符合管理幅度的设置，故在选拔时候就要考虑资源整合，即如果有两位候选人的影响力持平，优先选择可以更快扩大影响力的一方。

3. 自我持续提升原则

自我持续提升原则是指关注核心高管团队选拔中候选人自驱力能力。组织追求的持续提升，则要求组织的"同心人"务必和组织的提升速度持平甚至超越，如果候选人的自驱力更多来源于外部的要求，则基本是无持续提升的自我要求的，这属于不合格候选人，应慎重考虑。尽管不得已先纳入团队，后续也要考虑优化。自我持续提升不仅仅是要求持续提升自我的见识、知识、综合能力，也是对组织的发展措施的设计、实施、效果等要求不断提高，包括对自我团队成员的要求提高，在组织的标准上也应如此。如果一把手团队都尚且没有对组织持续提高的要求，组织不可能靠一线或者基层干部自发持续提高要求，从人的惰性角度说，质量的不断提高一定是从上往下传递要求的。因此，核心高管团队一定是敢要求自己、敢对组织提要求、敢把高要求落地的团队。

三、动态选拔的核心过程

核心高管团队的选拔并不是一次性工作，是持续盘点、持续迭代的动态过程，包括持续观察、持续任务挑战、结果导向关键动作。

1. 持续观察

选拔过程中，组织需要对核心高管成员进行价值观匹配性、合作意识、持续提升能力的持续观察。总结盘点是观察的重要手段，观察团一般由总经理、人力资源一把手，以及有时候适当借助外力，如外聘组织培养顾问等，可以更好地观察。价值观匹配性是底线选拔要求。因此，在过程中只有不断观察，才能得出客观的价值观匹配度。价值观匹配度的考察可以结合目前市场上的测评工具，比如 360 测评、PDP 测评等。这类测评工具使用的目的是帮助核心高管团队成员对本我、自我、超我的认知，并帮助观察团进一步观察核心高管团队的互补性和自我持续提升意识。

2. 持续任务挑战

持续任务挑战是对成员能力的观察与考验。对能力的最佳印证就是出业绩，对于核心高管团队成员来说，不仅仅是出业绩，还需在组织存在的卡点上进行攻坚克难。在核心高管团队成立后，会在过程中根据组织的战略规划进行研讨活动，对战略落地的关键措施、关键卡点进行识别，并由核心高管团队成员以个人或小组形式作为任务负责人，接受挑战。持续任务挑战一方面持续锻炼团队成员的手感；另一方面是快速建立和扩大团队成员的影响力，帮助团队成员成长的必要手段。

3. 结果导向

结果导向是对成员考察结论输出的原则。英雄皆以功绩立明，核心高管团队需要多讲功劳，少讲苦劳，一切以业绩结果为导向。在核心高管团队中树立一种冲刺精神，面对目标不做打折沟通，面对困难精准表达困难。如果对于任务，因为困难无法完成的人员，需要慎重考核是否能成为核心高管团队成员。

如果发生迭代，就意味着可能需要补充新鲜血液，因此观察团不能只是观察现有的核心高管团队成员，还要具有前瞻性地考虑 N-1 甚至是 N-2 梯队的潜能人员。通过组织中常规的或者是非常规的人才盘点活动，识别出潜能人群，并对潜能人群实施群体培养机制，为核心高管团队孕育储备新鲜血液。作为产供销一体的制造型企业，潜能人群可能来源于各个序列，如何识别和培养各个序列的潜能人员，就需要人力资源搭建起一套完整的分序列、分层级、可关联交叉的培训体系。

图 4-2 是某化工企业的人才发展体系。可以看到，人力资源的培训体系往往不是多个单门课程的简单叠加，每个培训都应该视为一个项目，培训体系则是一个大项目集，需要有共同的项目目标：为组织及时、准确提供人才需求。每个项目中根据项目对象的特性及关键卡点，设计不同的培训方式。

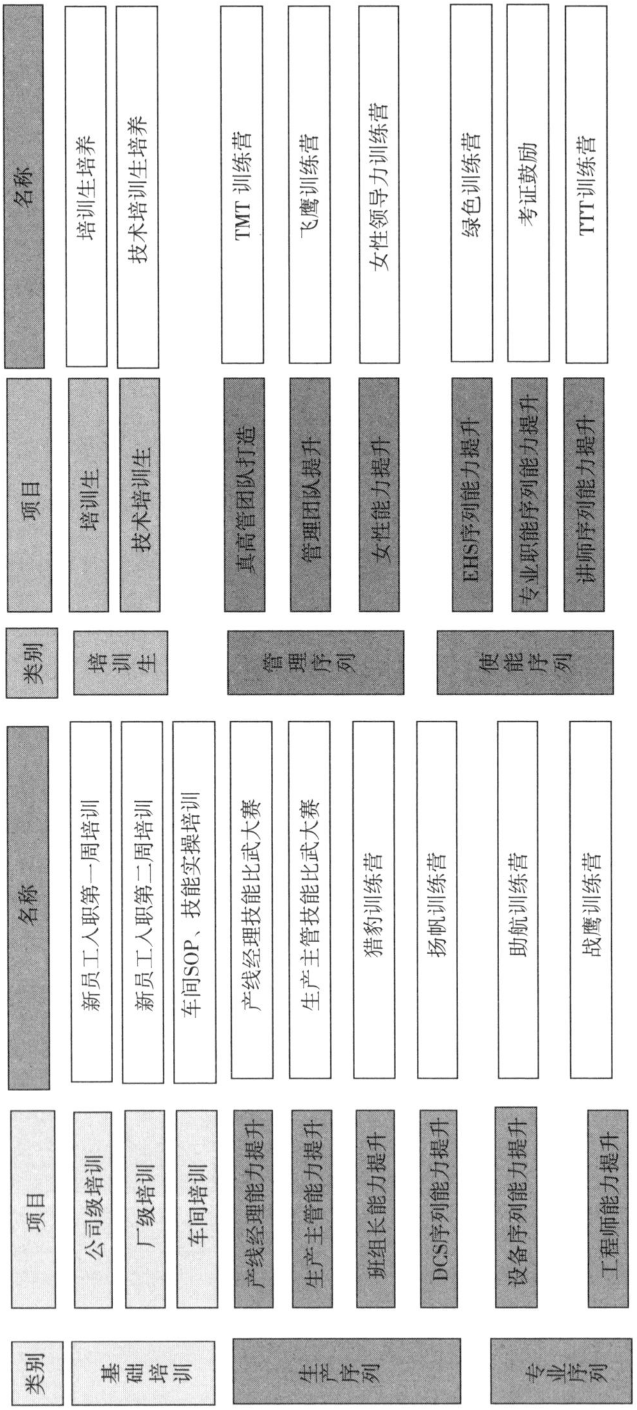

图 4-2 某化工企业的人才发展体系

在动态选拔过程中，有哪些注意事项？

第一，不宜过于频繁。尽管我们强调核心高管团队的选拔是一个持续的动态过程，除非在业务大变革期间，否则不建议过于频繁更换。一是核心高管团队作为中层、基层、一线的关键战略传输环节，过于频繁更换，会有组织是否存在过于动荡的负面影响；二是作为组织的一把手团队，他们往往背负的是战略目标，从绩效周期角度出发，战略目标的实现往往不是一日之功，是需要时间的，一般会以年作为周期。

第二，对于价值观、忠诚度等底线考核标准发现不匹配的，需要当断则断，迅速处理。核心高管团队是组织的"同心人"，价值观、忠诚度等应该为底线考核标准，一旦触及，需要及时调整位置。如果是打仗能力非常强的人，则调整为前线关键中层干部；如果是已经匹配不了组织发展的人员，则需要考虑启动退出机制。

第三，作为观察团，不仅仅是观察团队成员，还需要帮助团队成员成功。核心高管团队的动态选拔不应该成为第一层级的手段，既然能首次选拔进入核心高管团队，观察团应该要坚定相信在进入的时候存在即是合理的。在观察过程中发现个别成员的能力有缺失时，观察团第一层级手段是帮助识别卡点，第二层级手段为团队成员补位帮助，第三层级手段为点对点辅导，如若仍未能成功，再思考是否启动迭代。

四、制造行业的核心高管团队选拔特性

不同行业的企业会有不同的"个性"，考虑天时地利人和，每个行业的企业的核心高管团队都有适合的特性。在接触了制造行业企业的核心高管团队成员，我们总结了制造行业优秀的核心高管们的两大显性特征：具有一线工作经验、善于补位思考。

案例4-4　一线的经验也和高管息息相关

在5月安全会议上，EHS总监向大家公布了一组数据，如表4-1所示。

表4-1 数据

序号	时间	安全事件	发生区域	备注
1	4月2日 8:00	手划破事件	A车间	
2	4月6日 18:00	投错料导致冒烟事件	B车间	
3	4月8日 22:00	升降机坠落事件	C车间	
4	4月12日 2:00	睡岗导致生产温度异常警报事件	D车间	
5	4月18日 5:00	包装间漏料导致人员滑倒事件	E车间	

参会者在安全事件的聚焦点都在事故分析上，事故都采用一般的事故分析方法把事故的根本原因剖析出来，同时制定解决方案。但EHS总监除了重视原因分析与后续纠正预防措施外，还关注一个规律，事故发生频率较高的时间点均出现在晚上，针对此现象，他提出："为什么晚上事故发生概率会比白天大，大家有没有研究过此问题？"

大家沉默了一会儿，先后发表了自己的看法，普遍认为：白天大家的精神和关注度比较集中，白天是领导们上班的时间，稍有问题大家都会第一时间被关注到并且影响比较大。晚上，大家比较放松，而且没有领导在，没有对现场的操作人员造成一定的压力。

就此结论，EHS总监与参会者制定了一项规定：实施夜巡。一是让员工知道，夜班也是有领导关注的；二是让领导对夜班员工的操作有更深一步的了解，对夜班人员的心理更了解，提高夜班操作的安全性与工作效率。

这个机制实施后，夜班的安全事故率明显下降，同时夜巡的领导对夜班的管理提出更有效的管理方案，产能也明显提升。

制造行业的员工构成中，一线员工占比为50%~60%，这意味着一线员工会是组织运营的重中之重。制造企业，EHS的重要性也是道德底线，而一线往往是EHS事故的重要发生场景。因此，管理好一家制造企业，一定要对一线工作有基本的了解并且持续的关注。此外，一线工作经验可以让超过一半的员工觉得高层管理人员与自己的距离更近，也可以帮助个人影响力的夯实和扩大。

产供销高效一体化的实现往往不是靠单打独斗，如果在推进战略目标过程中不善于补位，目标往往很难实现或者高效实现。一个人的精力是有限的，面面俱到意味着不深，产供销实际又有很多日常运营的琐碎事宜，在动态业务中更是有千万种情况出现。因此，制造行业核心高管团队要想把战略落实到最大化，补位思考一定是一个强有力的工具。

第二节　培育共识

共识的状态被定义为：少数持有异议的成员已经完全理解了团队决策，并准备好支持决策执行。这是一种心理状态，大概可以描述为：**"我明白大多数人想做什么，我自己并不会主动选择这么做，但我认为你们也了解了我的想法。我已经尽力让你们改变立场，但很显然我失败了，既然如此，我遵循你们的意见，不遗余力地去支持这项决策。"** 为了达到这种状态，所有成员都应该有足够的时间来陈述反对意见，让其他人完全理解自己的想法。此刻就需要绝对坦率的文化氛围。

核心高管团队选拔只是第一步，尽管存在动态过程，但不是最难操作的环节。为了保证核心高管团队的成立能推动目标更快、更好地实现，就必须要让团队发挥组织战略的决策作用，而战略决策如果是有效的，必然是这个团队共识的结果。因此，核心高管团队真正成功与否，关键在于能否共识输出有效的决策。下面我们将从组织文化引领、目标共识凝聚、拥抱冲突、搭建业务伙伴思维、建立研讨会机制和"喝咖啡"式碰撞六大方面展开描述如何打造核心高管团队的共识机制。

一、组织文化引领

组织文化是影响组织共识结果的氛围基础，从个人到团伙再到团队,就是组织文化进化的过程代表。组织文化真正形成的标准包括团队核心价值观、基本原则的建立,并在团队共同决策时刻影响大家从个体意见、个体间冲突往组织共识形成发展。

在团队初组成的时期,来自不同领域的核心高管个体,往往是带着原有团队文化的,这些团队文化无形间也是组织壁垒,因此在团队组建的第一步,必须要建立共识下的组织核心价值观、基本原则,并且输出具体行动。核心高管团队作为组织中的一把手先锋团队,这个团队的核心价值观、基本原则的意义可以进一步升华,不仅仅是本团队的决策规则底层逻辑,更是整个组织的指引方向,所以核心高管团队在打造文化共识上,可以借助重塑企业的使命、愿景、核心价值观及基本原则等文化关键点作为具体活动。再者,组织的再分工,可以进一步帮助业务更加有效地重整和团队成员能力的发挥。

重塑文化过程包括立法和执法的原则梳理。立法,是一种自上而下输出,是希望团队输出的主要思考方式。也就是说,团队想要公司成为什么样子,基于这个希望组织的使命、愿景、价值观是什么;执法,是一种从下往上解决的思路,是希望团队接下来的执行中修正团队定好的目标输出措施,采用访谈、指标差异分析等手段发现员工的问题。也就是说,从下往上的思路应用在组织的文化落地上。如图4-3所示。

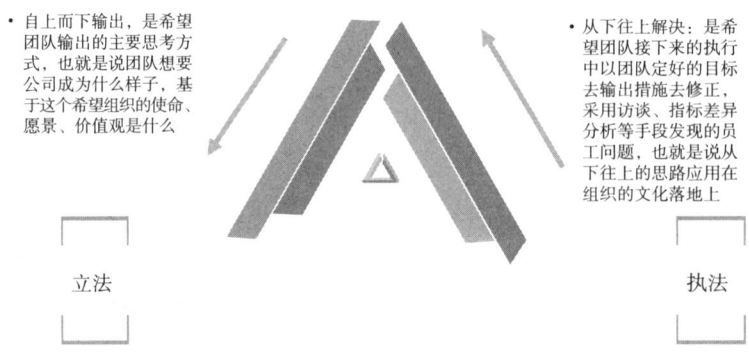

图4-3 重塑企业文化的立法和执法过程

组织文化重塑过程需要关注的关键环节包括：优秀标杆企业的组织文化分享及提取有效点、必要文化理论知识讲述、组织战略回顾、内部访谈分析、现有文化迭代等。

在优秀标杆企业的组织文化分享和提取过程中，需要关注对企业文化进行特色定位。企业文化特色定位需考虑如下因素：团队成员的共性追求与行为特征、外部环境与地域文化、行业演进与企业战略发展的需求、企业成长历史与优秀文化沉淀。团队成员的共性追求与行为特征的考虑可以帮助组织文化更好地在核心高管团队中达成共识，外部环境与地域文化的考虑可以帮助组织文化在企业形象、雇主品牌影响建立上发挥更大作用，行业演进与企业战略发展需求的考虑可以帮助组织文化在推动组织发展、业绩目标达成，企业成长历史与优秀文化沉淀的考虑可以帮助组织文化提升涵义，可以更快速地扩大影响力。如图4-4所示。

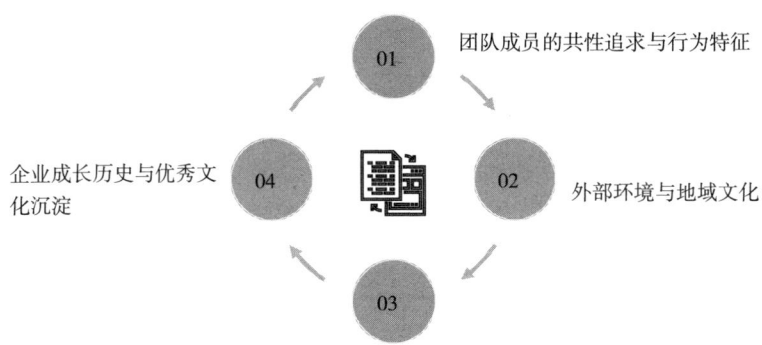

图4-4　如何对企业文化进行特色定位

企业文化可以大致分为四类：个人英雄主义型文化、享受型文化、追求细节型文化、赌博型文化。个人英雄主义型文化中，个人的目标是成为明星，鼓励个人短期成功，贬低花费长时间才能达到巅峰的人，行业高流动率，很难建设一种强有力、富有凝聚力的文化。享受型文化一般在销售取向型公司，强调只有团队才能赢得世界，因为任何个人都无法造就真正的差异。追求细节型文化中，员工对工作生活中的小事十分在意和重视,强调技术的尽善尽美——能够计算出风险,找到解决办法并使过程和具体细节正确可靠。赌博型文化关注未来价值,强调对未来进行投资的重要性。

企业文化理念体系要素之间存在一定的关系,可参考图4-5。在探索符合组织的企业文化理念体系要素的关联中,我们要思考组织中有哪些重要的管理环节?在这些环节中,分别需要坚持什么样的具体做事原则?愿景解答了组织相聚的理由,使命解答了宏伟蓝图目标,核心价值观解答了必须信守的价值标准,并在三者之下,带来经营理念、企业精神、管理理念等实践活动中的二级标准原则。

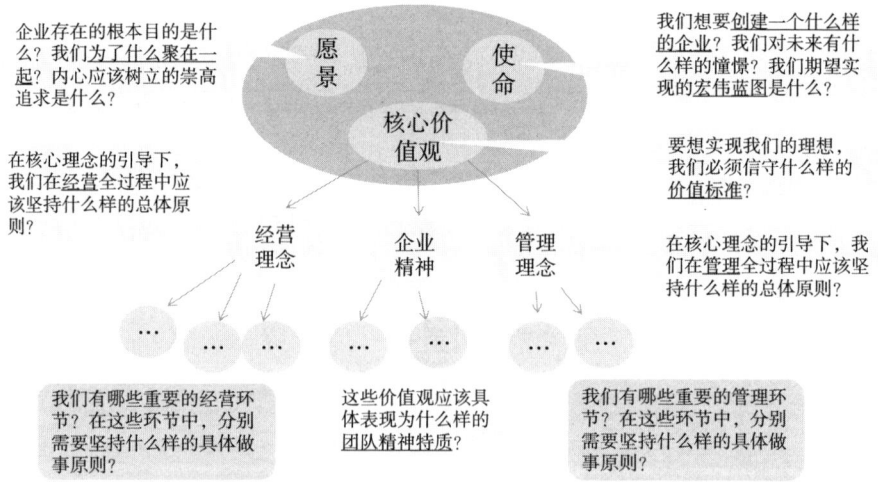

图4-5 企业文化理念体系要素关系图

为了让文化理念表达更有个性,要从三个角度下功夫:团队语言习惯、企业成长历史、行业特点。比如团队强调奋斗精神,在核心价值观中可以研讨是否需要奋斗进取;企业核心业务为新能源及日化洗护业务,在使命中可以有"绿色化学创造美丽生活"之类句子,绿色化学强调新能源,日化洗护又与绿色化学相呼应于美丽生活——节能、清洁、皮肤呵护。

组织文化重塑输出后的关键措施是文化落地。文化落地的最佳体验为"感同身受"或"行为呈现",因此文化落地可以让核心高管团队的成员在自己的影响力范围内将文化理念转化为团队的具体行动,并在员工中挖掘符合文化理念的行为案例。比如可以梳理组织提倡的××条行为和组织反对的××条行为,以视频、公众号等方式进行宣贯;在组织中进行"最美员工"选拔活动,以核心价值观为出发点,选拔最符合单项核心价值观的员工,并对员工进行访谈事迹传播;以企业文化为出发点,在组织中进行视频大赛等活动,让员工自主学习企业文化,并在工作中亲自发现符合文化理念的行为。

二、目标共识凝聚

核心高管团队的存在是为了组织目标的达成,目标共识的统一是帮助核心高管团队思想统一、行动一致的重点。

在实现目标共识上,我们要注重工具选择,建议考虑选取组织中存在关联性但是实际未正在使用过的工具,更能帮助目标统一的实现,如组织习惯使用 KPI,可以尝试使用 OKR 或者 PBC。

在目标工具的培训上,我们可以考虑引入外部资源。一是有更好的经验来源;二是内部吸收意愿更强。一般来说,外部资源是专业研究目标工具的咨询公司,或者现在流行的企业高级管理培训等。在这些团队中,首先在工具理论知识上的专业研究必然是更加集中的;其次,他们可以接触到更多的不同企业的优秀经验和实践难点,可以帮助我们在落地过程中更加顺利。从人性角度说,核心高管团队一般来说已经是代表组织在管理和技术的最高层级人员了,这时候成员担任培训官,或是内部其他员工承担培训官,或多或少存在让核心团队成员信服较弱的问题。对于内部存在的问题,也碍于情面难以充分、直接、有效的表达,这就是我们常说的外来的和尚好念经。

在目标工具的推广上,我们要关注推广对象的层次性规划。一般来说,在涉及多地域、多职能的企业中,目标工具在核心高管团队学习后,并不适宜直接做全员的推广。第一,目标工具在于帮助管理人员推动自己团队的目标以达成组织目标，因此第一批推广重点应该在于管理人员；第二，本身工具刚引入对于组织来说是一个新工具，在组织的顶端设计团队也处在逐步熟悉了解过程中，全面铺开就有可能发生理解不一致而工具变形或变成形式主义，这往往是导致新工具引入失败的原因。

三、拥抱冲突

案例4-5　拒绝玻璃心

在一次核心高管团队会议上，有一个议题是针对每一个核心高管团队所管辖的区域，提出管理的问题。

张总对研发管辖范围的王总说："我觉得王总对研发体系的创建不够完善，研发人员的绩效目标不够明确，公司近年来比较缺乏较具市场竞争力的新项目。"

王总说："我觉得我的研发体系比较完善，哪里不够完善还需要张总明确指示，对于您说的研发人员的绩效目标不够明确，我不认同。我对研发人员有比较明确的目标，并且要求定期对目标进行回顾与差异分析，及时调整与做相应的引导。而您说的'较有竞争力的新项目'，我认为我们输出新项目的频率算高的了，这个有竞争力的新项目是怎样的标准。"

在会议上，两位领导就此问题展开了激烈的争论。最后还是会议组织者把双方拉回会议议题上并重申了会议目的，此争论才平息下来。

会后，王总还找到人力资源部，把他的意见表达出来：还在纠结不能接受张总的评论，觉得大家不认可研发的业绩及他对公司的付出。人力资源部总监只能再次把会议目的搬出来，好说歹说才把他说服，让他正视自己的问题。同时，问题提出来并不是针对个人，而是为了组织更健康。每一个部门都被别人提了问题，问题提出来了并不是在说谁有问题、谁没把团队管好，而是为了能让管理者站在别人的角度看问题、发现问题，有针对性地改进问题。

核心高管团队必须要有较高的拥抱冲突的能力,因为核心高管团队是组织冲突的主要创造者和解决者。首先,常说问题出在前三排,关键还是主席台,核心高管团队在组织的问题上承担非常大的责任,因为大部分的组织问题的负责人都是核心高管团队成员。并不是其他员工不重要,而是一些顶层问题的设计从责任上和对组织产生干涉的手段上来说,只能由核心高管团队自己来做。其次,组织问题不是单纯存在的,一般与战略问题、业务问题结合在一起,只有核心高管团队同时在做战略、做组织,不断动态协调战略和组织的关系,组织问题很重要,但是它和战略问题分不开,只有核心高管团队有能力解决组织问题;核心高管团队也是一个变化的复杂系统,它的变化与复杂来源于对存在问题没有唯一和绝对正确的答案。

假如组织团队之间存在矛盾,原因是有多种可能的,比如团队风格差异,细分下去可能是彼此战略目标不一致,有可能是一号位角色扮演不好,有可能是彼此处理问题的方法存在差异等。对应的解决方案也是多样的,假如两人的关系不好,可以用增加彼此的了解、设计共同经历的方式解决,也可以引入一个共同语言解决,也可以是一号位角色调整的方式解决。问题来源多,解决方式也多,在多对多的关系里,冲突也随之而来。

在选拔阶段,并不是核心高管团队中的成员都是真正优秀的高管,能进入团队中,更关键的是长处而非短板,但是短板也需要客观认可,这是一个实际问题。在这个问题上,简单处理方式可能是成员主动离开或者是被动离开,其实这并不是一种最佳解决方案,会引申一连串问题。比如中层及基层员工的影响,实际上我们还可以有更多的方法改进这个问题,但是要解决的前提是我们要正面核心高管团队在运行过程中的冲突,并学会拥抱它,使得核心高管团队先成为一个真正的团队,再帮助成员成为真正的优秀高管。

推进核心高管团队拥抱冲突的关键措施在于团队决策机制的建立和

有效执行。决策意味要对结果负责，这一过程出于自我保护和对目标达成的追求之间的矛盾，冲突也会随之而来。没有建立核心高管团队决策机制的组织，在面对组织战略、关键问题决策时，往往是组织一号位根据可能齐全可能有限的信息进行决策，如果任务不成功，责任可能就是简单归结于一号位的决策失误。这个过程中，一号位就会存在"孤独决策"，缺乏决策信息的主动传递，其他成员的责任也没有真正落实，最后便成了"躺平人"，也会错失锻炼组织各分职能的一号位的机会。

决策中还会存在逃避冲突而你好我好，不提问题、不表态的现象，最终的结果便是决策机制的无效执行。为了避免这种情况，从情感和实际演练两个设计因素可以纳入考虑。第一，在团队组建中期进行团队破冰，如同心会的设计，进行成员的个人热点分享、成长经历分享、性格测试等，引导成员敞开心扉和相互了解，帮助在日后冲突中更好地使用换位思考等方式面对冲突。第二，需要在核心高管团队活动中设置团队习惯回避问题的研讨会，让成员接触矛盾并突破。一个优秀的团队熵值过低是有隐患的，为了让团队持续充满活力，适当让矛盾呈现、获得关注、推动解决。

四、搭建业务伙伴思维

业务进展好，公司发展才会好，公司核心高管团队必须有业务伙伴思维，这样才能确保谋划工作思路不偏，推进工作重心不偏，才能更好地服务和保障业务增长。业务伙伴思维是指，我们要以帮助业务实现目标为工作出发点，想公司业务之所想，急公司业务之所急，主动了解和洞察公司各业务各方面的诉求，识别影响业务进展的卡点问题，积极从思想上、心理上、行动上与业务群体靠在一起，并肩作战，齐头并进，合作共赢。搭建业务伙伴思维也是我们打造核心高管团队的关键内容，建议主要从培养以下三个习惯入手。

第一，培养核心高管团队与业务领导保持同频共振的习惯。 从沟通法则上看，要和一个人保持顺畅沟通，要与他同频共振。核心高管团队成员要习惯与公司一把手和业务部门负责人进行密切沟通和深入交流，这样才能比较全面、客观地了解企业业务的当前状况及发展形势，以便更好地为业务提供服务和保障。如果只靠平时大会上听一听业务领导的汇报，或者看一看业务的汇报材料，听一听片面的情况分析，那是不可能详细、准确了解业务发展状况的，更谈不上有针对性地开展相关工作。所以，我们要注重培养核心高管团队与业务领导同频共振习惯，如开展"喝咖啡式"碰撞交流，定期组织核心高管团队参加业务领导组织的形势分析会、总结会，安排与业务领导一起实地检查业务工作等，通过各类互动机制来增进他们与业务领导的接触与了解，从而拉进沟通的距离，久而久之，就会养成互动的习惯。

第二，培养核心高管团队主动服务业务的习惯。当一家企业的高管团队服务业务的意识由被动服务转为主动服务时，表明该企业高管团队已经具备了很强的凝聚力和向心力。因此，我们要培养核心高管团队主动关注业务工作的意识，如多关心业务工作中发生的大事要事，平时多去业务现场走一走，多与业务人员聊一聊，从而了解业务工作的现实情况，掌握业务工作的实际困难，从而更好地提供指导、服务与帮助。要制定制度机制，定期组织核心高管团队去业务一线调研指导，开展现场办公，同时对本职分管领域的工作开展质效评估，在一次次的服务实践中逐步提升他们主动服务业务的意识，从而逐步养成习惯。

第三，培养核心高管团队积极参与业务决策的习惯。企业业务的关键决策肯定少不了核心高管团队的参与，但有些核心高管团队会以自己不分管业务工作而走形式、走过场，要么不发表意见，要么说些大话套话，还不如不说，因为他们从不关注业务，也不懂业务，自然不敢信口开河，乱发表意见，毕竟发言是要担责任的，这种情况怎么可能形成高效高质的业务决策。因此，我们要培养核心高管团队积极参与业务决策的习惯，采取项目集体讨论、典型案例学习、任务合并处置等方法，引导他们提高思想意识和工作站位，跳出"个人主义""本位主义"，把自己换位思考为"打工的老板",把思想和精力聚焦到推进业务发展的主线上,真正做到"想公司业务之所想,急公司业务之所急"。最终,我们要通过提升他们参与业务决策的主动性、积极性来提升业务决策的质量,促进业务的快速增长,在集体智慧结晶的感召下,把一群相互熟悉、共同奋斗的事业伙伴凝聚得更紧更密,从而实现"力出一孔"和"上下同欲"。

总之,在核心高管团队打造过程中,搭建他们的业务伙伴思维是提升集体凝聚力、战斗力的核心与关键,也是确保企业能够健康快速发展的思想保证与合力支撑,必须摆在重要位置,结合实际深入研究,采取各种手段持续推进。

五、建立研讨会机制

研讨会是核心高管团队群体决策的重要形式,主要关注组织发展方向、战略澄清相关联的问题。有效的研讨会机制,需要在研讨主题选择、研讨流程、共识决策的输出和会后有效"收作业"上做好设计。

核心高管团队的研讨会的研讨主题要与一般日常业务的研讨主题设置好区分,日常业务的研讨更多是关注已经发生的具体业务问题做应急或优化的过程,核心高管团队的研讨会主题需要最后关联到组织战略,并需要从顶层设计出发输出措施。核心高管团队研讨会的设计从上往下和从下往上两个角度结合出发。从组织战略出发,并通过战略落地的业务价值链进行分解,对组织的业务活动的关键卡点做梳理。一般来说,关键卡点包括组织运营能力及战略人才能力两部分,结合组织的业务活动报表、工作会议、组织财务数据等信息,发现组织在运营现状及人才现状存在的影响战略实现的问题,比如研发体系匹配不上业务需求,或新业务缺乏关键人才支持,或工程项目过程管理不足等。将现状与战略之间的关系通过业务价值链挂钩,整理为核心高管团队的研讨会主题,通过群体智慧做出改善运营的关键策略或适时调整组织战略共识决策,以保证组织的可持续高增速发展。此外,如果发现组织的关键事件已经突破卡点成为日常运营事务，核心高管团队也需快速进行研讨调整决策。

研讨主题的确定是研讨流程的第一步，为了保证研讨在解决组织卡点的同时也能进一步提升核心高管团队的凝聚力、决策力和成员的个人能力，还需要进行设计。为了保证研讨的效果能够切实支持组织战略并且落地，在研讨会设计人员需要先将研讨主题、预设研讨过程与结果输出方案，并与组织一把手做好互动沟通。研讨主题需要有数据支撑，关键数据的呈现、在研讨会之前也要先做"收作业"工作，即提前告知核心高管团队研讨主题、日程，并将设计相关研讨结果输出的文档提前告知，对于需要各位成员提前整理的资料至少进行一个检查修改的往返。在研讨日程设计中，需考虑日程的节奏感。一般来说，建议是在非工作日的整日或者双日的安排，可以让参与者更好地抽离日常运营状态和融入研讨状态。同时，行程的安排不适宜过于轻松，需要有一定的紧凑感，促进团队在研讨中的分工合作。

研讨会需要输出核心高管团队的共识决策。在研讨会每一个主题研讨后，都需要对研讨的结论做现场总结确认，如涉及较多细节，也需在现场对大方向做好确认工作，并在研讨会后尽快输出会议纪要并传达至所有相关方。研讨会的输出往往需要进一步推进的措施，需要在现场对各项措施尽可能细化，并约定各项措施的责任人及完成时间。同时，可以设置其他成员相互间承接"收作业"任务，要求"收作业"任务要求责任人按时"收作业"，并对作业不断提问，不断要求优化，这不仅仅是为了保证会议上的任务有人跟进，更是让成员间对过程的互动配置资源，保证措施落地的质量。

六、"喝咖啡"式碰撞

案例 4-6　互相瞧不上

市场部在会议上向参会的部门都布置了作业，其中 A 部门收到的作业是《公司产品市场策略分析报告》，并约定了交作业的时间。结果到了约定交作业的那天，市场部陆陆续续收到其他部门的作业，唯独没收到 A 部门的作业。负责收作业的小张开始在微信群里跟催。

小张@周主任："周主任，上次会议上布置的作业，今天最后一天了，啥时候能交呢？"

周主任："今天交不出来，我不知道你布置的作业是要我们写什么内容，就一个主题，里面的框架也应该给一个，不然写什么，写出来了又说不符合你们的要求。"

小张："我不管，作业提交的时间是今天，你们自己想办法，不然我只能向上汇报。你们跟这个课题是专业对口的，你们都写不出来，我们更加弄不出来了。"

小张的主管杨主任："你们是最专业的，自己肯定有判断，我相信你们的专业度，一定能做出来的。"

周主任："写不出来就写不出来，你爱怎么汇报怎么汇报。"

这些微信对话，群里面两个部门的总监都在，其中 A 部门的于总监看不下去，直接退群了。

针对 A 部门不及时交作业并催交无果的事情，市场部总监向总找到总经理助理，把事情的来龙去脉说了一遍。

向总道："A 部门非常不配合我们的工作，不会做又不提前说。作为一个专业部门，对于一些专业的课题都给不出一个方向，于总还动不动就退群，首先这态度就不行。专业的部门做专业的事情，他们这么专业，还做不出来一个市场分析报告？更好笑的是连一个框架都搭不出来？"

针对这事，总助给于总打电话沟通："于总，针对上次市场部布置的作业，贵部门是不是有什么疑问啊？"

于总："市场部是这次会议的组织者，也是他们布置的作业。作业模板总要有一个，不能就空嘴说，里面需要包含什么内容他们应该有规划的，不然我们写出来的东西不一定是他们想要的。我们不能为了交作业而交作业，他们应该想到这些问题。我认为他们不会干活，没有把准备工作做好,却反过来说我们不配合。"

人力资源总监了解双方的需求后开始调解,经过2天不断地调解,最终双方都交出了满意的答案。

在工作场合,正式的沟通往往不缺,研讨会、绩效面谈、述职会等都是必不可少的方式,更多关键信息和团队的碰撞,却是在休闲中擦出火花的,我们称之为"喝咖啡"式碰撞,其实也就是非正式沟通。与正式沟通相比,非正式沟通的信息传递速度更快、范围更广,但准确性比较低,有时候会对正式沟通产生很大的负面影响。组织可以通过开诚布公、正本清源、提供事实、驳斥流言、诚信待人、与人为善等方式尽可能降低非正式沟通的负面影响。

"喝咖啡"式文化搭建需要设计和持续的引导,其中沟通方式是关键,在核心高管团队中更要提倡平级沟通、随时沟通、主动沟通、"拒绝沟通"。

平级沟通有两层设计:一是核心高管团队需要就卡点和需求在团队中做平等沟通,在沟通过程中摒弃"傲视"心态;二是核心高管团队成员需要要求管辖团队优先做平级沟通,即不要在跨部门沟通中第一举措便是让领导"要求"或"通知"关联部门的下一层级或多层级执行,既不利于部门间的职能发挥,也不利于下属的沟通锻炼。

随时沟通要求核心高管团队成员在遇到需要多方协助完成任务时候,第一时间进行沟通,以结果导向为主,避免情面困扰或逃避沟通导致资源不及时调整而影响任务进度。

主动沟通要求核心高管团队成员在作为任务责任关联方或资源提供关联方时,不要觉得自己不是主角而选择"躺平",一切需要以组织利益最大化为首要目的,主动沟通关联主要责任方或其他资源关联方,使得资源发挥最大化作用。

"拒绝沟通"与平级沟通相联系,即平级沟通中要求核心高管团队让下属追求平级沟通的同时,自己也要在这些时刻果断"拒绝沟通",

尤其在察觉到下属是在逃避沟通，或者是企图希望用这种方式"快餐式"解决问题的时候，适当"拒绝沟通"尽管问题的解决可能会慢些，但是可以帮助推动组织整体的沟通力，也避免"猴子理论"在自己身上显现，破坏团队的分工机制与决策机制的正常运转。

"喝咖啡"式碰撞的具体方式多种多样，这里简单讲讲常见的餐桌沟通和运动领导力活动。

传统意义上的餐桌沟通是中国社会上常见的互动方式，在餐食甚至酒杯中大家可以把自己的谨慎稍稍放开，可以有更多的沟通交流。餐桌沟通又不仅仅是这类方式，我们强调的餐桌沟通更关注少数人的便餐式的沟通，比如作为部门主管发现员工近期情绪低迷，可以通过午餐的两人沟通了解原因并给出合适建议。这种方式一方面可以帮助员工解决问题；另一方面这种小范围的单独的共餐可以让员工觉得自己更加被关注和尊重，也是一种精神激励方式。在核心高管团队中，组织的一号位用这种方式和成员做沟通也能有这种效果，成员间这种互动方式也可以帮助建立彼此之间的信任和拉近距离。

运动领导力活动也就是日常进行的部门团建活动的一种，只是运动领导力更加注重建立在运动上，并且会在这一场运动中建立一定的共同目标。运动领导力活动比较适合需要团队合作并且有一定挑战性的运动，比如徒步沙漠、攀登雪山。在这类活动中，可以让团队成员比研讨会更好地抽离，同时更容易在困难中建立"革命友情"。当然，此类活动的策划需要非常关注成员的安全设计方案。综合考虑成本与安全性问题，运动领导力活动建议不要太频繁，建议为每年一次即可。

第三节 持续发展

核心高管团队本身是个持续动态选拔过程，搭建团队共识过程也是需要时间的，在业务目标不断提高过程中，为了持续保持核心高管团队的活力，核心高管团队的打造需要考虑持续性。

一、训练营机制

为了保证核心高管团队的持续活力和动态选拔的落地，可以在核心高管团队真正建立的同时设置核心高管团队训练营。核心高管团队训练营的成员包括核心高管团队成员及组织中具有潜力未来成为核心高管团队成员的候选人。训练营的目标包括对核心高管团队正式成员综合能力的持续提升和让正式成员成为候选人的陪练人，帮助候选人提升至未来能加入核心高管团队的能力水平。为了保证对核心高管团队的候选人的陪练效果，在训练营中候选人不得高于所有训练营学员人数的50%。陪练计划的落实保障包括确定正式成员的陪练责任和陪练对象，并且在候选人的任务中作为"担责人"角色。

核心高管团队训练营的策划需要考虑外部陪练团的配置。外部陪练团的资源配置可以帮助发现训练营学员团队存在的问题，并且作为第三方的角色，更方便以客观的角度指出问题，避免学员间的身份及经历限制出现"伪一团和气"现象。外部陪练团的资源配置还可以帮助训练营成员更好地接触外部的优秀案例，找到能力短板的对标目标，从而提高短板能力。

核心高管团队训练营需要解决从个人到团伙再到团队的问题，因此在训练营的课程设计中要包括团队破冰、文化共识、团队原则与决策机制的建立、运动领导力活动（情感突破）、目标工具学习等环节的设计。

核心高管团队训练营需要设置退出机制。训练营中候选人部分培训本身也是一个选拔过程，在训练中我们需要比核心高管团队的选拔更加果断，但训练营的退出机制也需要"温柔处理"，因为他们仅仅退出训练营，仍需保护他们对组织原有管辖范围的热情与冲劲。

二、有效时间管理

核心高管团队的成员都无法完全撇开日常运营业务，也不应该撇开，日常运营业务是生活中的白开水，不得不喝，但是只喝白开水也会缺乏刺激和活力，所以我们强调可持续的核心高管团队一定要提出并培养合理的时间分配能力。

核心高管团队成员的工作内容可以分为战略与日常运营，两者的时间占比应为4∶6。为什么战略的占比才四成？主要原因为战略的工作为设计及重要但不紧急事情的落地，这是需要一个较长的时间段来实现的，在每天的时间分配中尽管只占四成，但是可能需要三五年才能达成。日常运营是由战略拆分下来的数十条、数百条甚至更多的具体业务活动，是保证企业正常运转的基础，这些具体业务活动更容易受到环境的影响，更加快速地出现变化需要应对处理，也需要在每天的时间分配中占比较高。

在核心高管团队的培养中，时间分配管理往往会因为成员的兴趣偏向及成就感导向，两者的时间分配有可能是五五开，或者是大部分时间放在战略上而失去业务的手感，所以我们需要在各个环节中做相关的设置。比如在公司层面的关键任务上，提倡"关键三件事"，即同一时间段解决的关键卡点集中在不多于三个上，集中精力更快更好地解决问题。这一时间分配管理同样需要在核心高管团队培养上做活动频次的考虑，不适宜过于频繁，如隔三岔五开设研讨会，每个月都举行运动领导力活动，诸如此类。

三、培育一支能打胜仗的队伍

可持续发展的核心高管团队一定是一支能打仗并且是能打胜仗的队伍，只有这样的团队才能充满斗志去奋斗，带领整个组织完成业绩目标，因此在核心高管团队的陪练过程需要关注帮助成员打造成功项目经验。帮助核心高管团队打造成功项目经验需要配置合适任务责任人、积极过程辅导、集中精力帮助卡点通关。

在选定任务责任人时可以考虑团队内组建三人小组方式突破，三人小组组成需是任务的关键关联人、重要资源提供方、团队能力短板补充方。比如任务是某事业部的关键产品突破，事业部总经理必须是三人小组一员且需要担任组长的角色；通过详尽分析，发现该项产品突破的关键卡点为中试放大转化问题，则技术负责人也需进入三人小组。另外，事业部总经理和技术负责人都是偏工科出身，对于资源获取、协调能力有所不足，团队中刚好人力资源一把手擅长此点，就将人力资源一把手作为三人小组的最后一员。用这种方式搭建的三人小组以任务分析清晰为出发点配置资源，可以有效帮助任务推进。此外，也形成一种互相监督的方式，在核心高管团队中搭建任务进度的信息通道。

积极过程辅导需要从识别任务的关键卡点开始。比如生产基地快速扩张，产能迅速提升是组织目前的关键三件事之一，而组织的弱项为工程建设能力，则需约定在此项任务中立项、设计、工程建设、试产为重要里程碑；第二步需进行里程碑决策外，其中的工程建设则采用按双周汇报的方式做进度跟进、关键卡点识别和解决措施沟通；在工程建设中发现某几个定制设备在以往同类型项目中频繁导致项目延期，则需进一步对定制设备的选型、请购、厂家生产、运输跟进、质量验收、安装等环节采用周汇报方式跟进，并将过程问题列为项目的红色警告问题。关键卡点的识别有可能来源于以往经验，也可以在项目预警机制中对于屡屡触及警戒线的问题着重关注。

集中精力帮助卡点通关是培养打胜仗的队伍最关键的环节。前两项配置都是为了实现这一步的铺垫之作，在面对个人无法解决甚至三人小组都难以消化的卡点，正是核心高管团队可以发挥优势的时候。核心高管团队可以采用总经理办公会、研讨会等方式实现集中精力通关卡点。如果确实是无法通关的卡点，核心高管团队也可以迅速做决策，及时调整方向，保证组织目标的达成。在这个过程中，陪练需要建立核心高管团队彼此之间必须帮助对方树立打胜仗的信念与决心。

四、利益共同体打造

为了保障核心高管团队的可持续发展，利益共同体的打造是强大基石。

利益共同体打造需要薪酬体系的搭载实现，常用方式主要为中长期激励设计，包括公司利润分成、限制性股票配置、股权配置、合伙人机制和公司利润挂钩奖金体系等。为了保证共同体的关联度、参与者可以拥护共同体、思考从组织利益与目标达成出发，首先中长期激励的回报需要足够有吸引力，至少应为固定收入的 3 倍及以上，另外目标务必与组织财务目标高度挂钩，比如核心高管团队的限制性股票的解禁要求必须是组织的净利润目标或增长目标达成。

利益共同体需考虑高目标设计的风险挑战设计。能进入核心高管团队的成员已经不仅仅是对财富的追求，更喜欢做突破性挑战。反过来说，不能接受风险挑战的成员不一定是合适的成员。在设计风险挑战时，需要留意风险的设置人为的影响需要高于非人为影响，因此需要充分考虑并引导成员充分分析市场环境。

利益共同体关注非物质激励，比如打造社会地位。一个人的成就感一部分来源于财务自由的支持，而社会地位的建立不容小觑。社会地位的建立需要组织的影响力，可以在组织发展过程中主动推动核心高管团队成员承担对外代表企业的角色，当企业在社区、城市、行业中成为龙头企业时，组织的荣誉便与个人的荣誉实现捆绑。

利益共同体可以考虑核心高管团队成员在工作之外的生活配置的升级。比如定制化私人高端家庭体检、量身定制工作餐饮、孩子教育资源协调、伴侣节日礼物定制、购房基金、身材管理计划等配置，将成员从生活琐事中解脱，以更好的状态融入工作。

第五章
如何打造活力人才体系

拥有一个富有活力的人才管理和发展体系的组织，必定是一个富有激情和创造力的组织，这样的人才体系，我将其称之为"活力人才体系"。一个组织没有活力的人才体系，正如没有活水的池塘终究缺少波澜，没有波澜就没有机会，没有机会就无法实现"弯道超车"。本章将重点和大家分享我们对如何打造活力人才体系的观点。

第一节 活力人才体系搭建的核心机制

活力人才管理体系搭建与运行的目标是通过建立组织的人才发展机制、创造成长机会、为人才配置完善激励体系实现持续激活组织，为实现组织的目标达成配置一支能上能下、敢于挑战、持续输出业绩的优质人才队伍。如图5-1所示。

图5-1 持续激活组织三大工具

一、人才发展机制

人才发展机制的建立就是为组织搭建一套日常人才运维的流程体系，包括人才规划、人才选拔、人才任用、人才培养、人才评价、人才激励、人才退出流程，并将人才盘点贯穿全程。如图5-2所示。

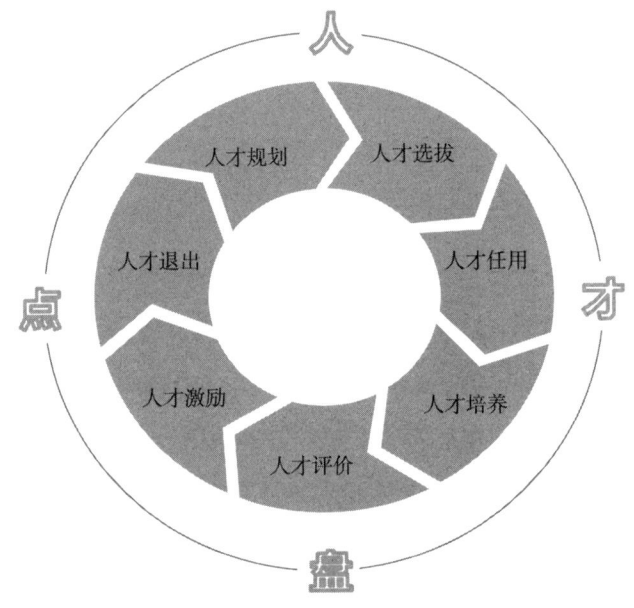

图5-2 人才发展体系

人才规划是结合组织各阶段的业务需求，对人才队伍的数量、质量、能力要求、结构的设计过程，一般结合组织的531战略规划紧跟其后，并且随着业务的变化进行动态调整，以满足业务需求为第一要务。

人才选拔需要关注组织的用人标准，并且配合人才盘点结果，实现"选择比努力更重要"的结果。

人才任用为了使得组织持续活力，应选择任期制管理，真正地让管理权力成为组织公权而非个人私权，从传统的人身依附关系走向忠于组织忠于事业，从人情关系走向契约关系，从计划经济下的指令性分配走向市场化配置。

人才培养需要留意差异化培养，对人才进行分序列、分层级的精细化培养，并且搭配"以考带训""积分挑战""荣誉感打造"等方式，将被动培养转化为自主学习，打造学习型组织。

人才评价需要结合人才标准出发，以价值观为底线，以业绩成果为核心要素，打造专业与职能相结合的评价体系，搭建业务部门和人力资源部共同作战的组织层面的横向评价管理团队，推动评价的相对公平和公正。

人才激励要考虑及时激励、全面激励，横向上考虑物质激励、机会激励、荣誉激励结合，纵向上考虑短期、中长期激励结合，将个人激励与组织目标达成紧密结合，实现共创共赢。

人才退出机制是帮助组织不断盘活的关键手段，作为组织设计的参与者，更需要关注如何识别需要退出的干部和如何二次发挥退出干部价值，简单粗暴地劝退员工离开组织不一定是最优方式。

人才盘点是贯穿整个人才发展体系的关键活动，人才盘点结合其他人才管理活动可以根据需要对全员的数量、质量、结构进行盘点或是特定人才队伍的盘点，整体而言，人才盘点的目标就是为了给业务提供需要的人和更合适的人。

二、激励机制

案例 5-1　昨天、今天、明天的激励

每年年度薪酬普调、半年度的升职调薪、年度的升职调薪，都是冲突爆发的集中时间点。同样，今年半年度升职调薪也不例外。

集团基地部门主管朱部长手下有 3 名员工通过了半年度升职考核，并完成述职。人力资源部根据考核及述职结果，结合公司的薪酬标准给升职员工定义了调薪额度。当朱部长从下属口中得知调薪额度后，她并不满意，认为自己下属的工作能力完全达到她的要求，调薪额度明显偏低。于是她打电话给人力资源部薪酬主管，向薪酬主管索要标准及提高调薪额度。

朱部长："我觉得今年半年度升职的3名员工已经超越了岗位所承担的职责，专业能力也有明显的提升与优势，这次调薪的额度是不是偏低？"

薪酬主管："所有调薪的标准都是遵守公司规定的，都是有依据及评分标准的，不存在您感觉、您觉得的问题，我们都是客观评估的。"

朱部长："为什么同一个级别的调薪，总部会比基地多呢？我听说有好几个升职的都来为自己争取了，最终你们妥协了？这个你们怎么解释？"

薪酬主管带着朱部长一起找到总部部门负责人于总，于总问朱部长："你从哪里知道总部比基地调薪额度高？谁通过争取拿到了更高的高薪额度？你可以如实跟我说，如果查明确有此事，我可以让人力资源部修改调薪额度。"

朱部长："我是为了帮下属争取瞎说的，我确实觉得根据现在手下3名员工的表现，这个调薪额度低了。"

人力资源部部长："调薪都是有标准的，如果您有任何疑问，我可以把标准及述职结果给您看。另外，我们薪酬原则是不让任何一个干活者吃亏，同时激励要更有效地运用于目标的达成上、人的能力的提升上。激励昨天的贡献，但更要着眼于未来，激励员工要有目标性，目标应该有引领性，要理智地评判他能否为未来创造价值，不是仅看当下。"

在一番解释下，朱部长才真正理解她该争取的激励是怎样的，这个升职调薪纷争才"和平解决"。

激励的基本原则是基于目标，不让奋斗者吃亏，因此激励的重点关注对象应该是关键人才的差异化激励设计，而不是全部的全员激励设计。

物质激励除了固定工资、绩效奖金，福利的配置和中长期激励的配置也是需要对关键人才纳入设计的。福利的配置更需要关注的是差异化福利设置，比如对应一般员工的体检，关键人才的体检可以纳入家人关怀计划。中长期激励的配置是让关键人才的个人成功与组织的成功深入捆绑，比如股权激励、利润分享、分红等设置。

但仅仅是物质激励远远不够，从马斯洛需求来说，尊重和自我实现的需求在精英人才队伍中是更看重的需求，机会激励、荣誉激励可以获得人才更高的热情。机会激励可以通过竞聘机制、任期机制、退出机制带来的人才流动中创造，同时搭建员工多通道的职业发展体系，可以让员工持续看到往上的机会。对于关键人才，还可以为其量身定制个性化职业发展通道，充分考虑关键人才的长板。荣誉激励是对关键人才的成功形成影响，比如在组织文化宣传中的模范人物访谈专篇，给关键人才开启"造星之路"，打造关键人才在组织内甚至是行业中的影响力。

三、机会机制

在工作中我们常常遇到一些人比之前不但在行动上而且在脑回路上更积极，也就是说工作的招数多了，思维非常活跃。比如小李是技术部门的一位员工，技术实力在团队里数一数二，但是这么多年来还是在工程师岗位，原因是大家感觉他不愿意承担更多的责任，只愿意做本职工作，对于跨部门跨团队合作表现一般。后来，小李的直接上级在外部找到了更好的工作机会，向公司提出离职申请。在得知直接上级提出离职的消息，小李一反常态，对于部门里大家都束手束脚的任务居然主动提出尝试；在跨部门的合作中也表现积极，不仅仅对自己的任务做好计划，并且积极和团队成员提出自己的建议，还鼓励团队聚焦项目目标。同事都好奇他的变化，小李说："希望来了呗。"

我们常说一句话：**机会是最大的激励**。这里所说的激励是人才对于自我发展带来希望和得到满足而获得的成就感，机会牵引能力的成长是重要支持因素。一个人获得成功，一是需要能力，二是需要机会。如何让有能力的人才可以最大限度的在组织中把握住机会，需要设置机制，比如竞聘机制、任期机制、退出机制。除了在现有职位需求中搭建人才流动机制来创造机会，业务持续扩张也能带来更多机会。组织在目标设置上一定是富有挑战性的，有挑战性的目标意味着业务需要扩张，也就为人才带来更多的机会。不一定是要在不同岗位上才有机会，将同一个岗位的职责丰富化、要求持续提高，从而要求人才不断拥有更综合的能力而获得报酬、影响力的持续提升，也是机会创造。

第二节 活力人才体系的标准

活力人才体系的标准包括很多内容，这里主要论述两个最关键的标准，即活力干部标准和干部盘点标准。

一、活力干部标准

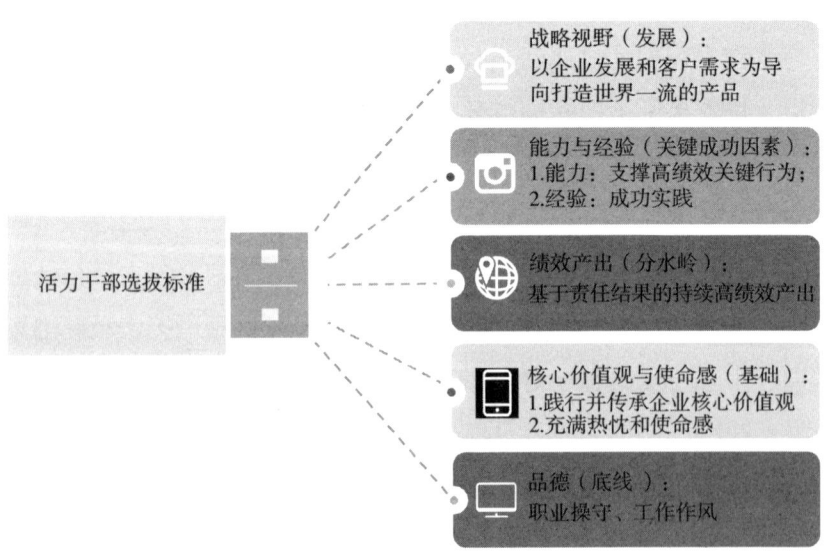

图 5-3 活力干部选拔标准

活力干部打造规划需要抓住三步：抬头看未来、低头做计划、坚定抓执行。干部的选拔标准可以分为五个模块：

（1）品德标准

品德标准是干部选拔标准的底线，关注干部的职业操守、工作作风，拥有不良职业操作和工作作风的干部，就算是有绩效贡献，也是作为一颗组织的定时炸弹，"有才无德是危险品"。因此，达不到底线标准的干部不作为培养干部选择。

（2）核心价值观与使命感

核心价值观与使命感是干部选拔标准的基础。组织投入资源培养的干部一定是认可组织价值观的"同心人"，因此需要践行并传承企业核心价值观，并且充满热忱和使命感。

（3）绩效产出

绩效产出是优秀干部与普通干部的分水岭。优秀的干部必然是实现基于责任结果的持续高绩效产出。

（4）能力与经验

能力与经验是干部选拔的关键成功因素，能力是支撑高绩效的关键行为，经验是成功实践的结果，两者相辅相成，仅有能力没有成功实践或有成功经验但并不具备可以复制成功的能力，都是无法打造一支打胜仗的干部队伍的。

（5）战略视野

战略视野是干部选拔标准中评估发展的因素，是评估高潜力干部的重要指标，拥有战略视野的干部需要具备以企业发展和客户需求为导向打造行业领先产品的能力。

干部的能力与经验要求可以分为业务经验、管理经验、区域经验和特殊经验。业务经验包括特定业务经验、基层经验、跨区域经验、培训客户关系经验等；管理经验包括人员管理经验、项目经营经验、担当盈亏经验等；区域经验包括特定区域经验，比如海外经验等；特殊经验包括开创性经验、扭转劣势经验、业务变革经验等。

二、干部盘点标准

干部盘点是在干部培养中贯穿全程的关键人才发展活动，包括周期性的干部盘点和不定期的干部盘点，目的都是给业务匹配最合适的人才。为了给业务匹配最合适的人才，盘点的标准也会因业务的需求动态调整。

对于周期性的干部盘点的标准，我们可以结合组织战略三曲线进行确定。如图5-4所示。

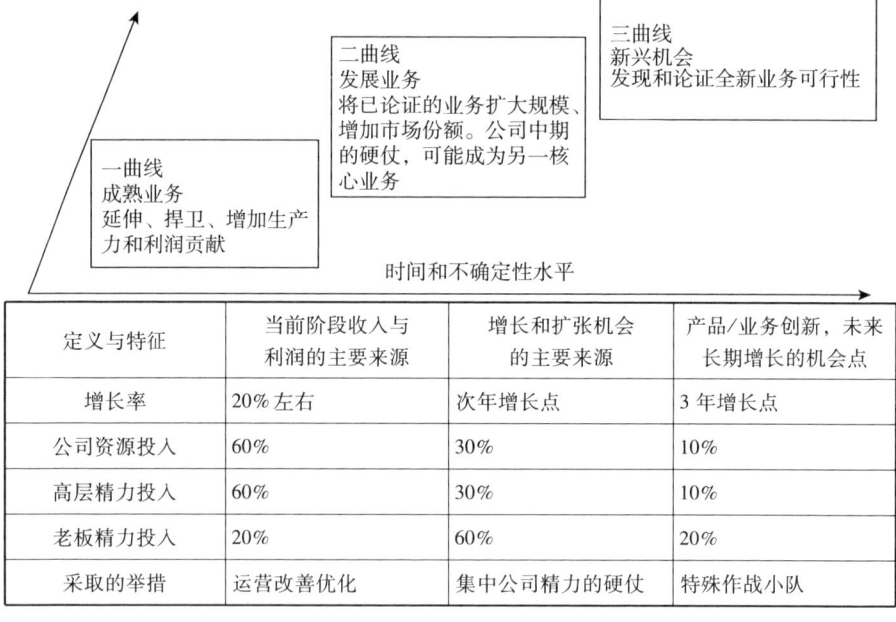

图5-4 组织战略三曲线

当业务在第一曲线时，主营业务是成熟业务，本阶段更需要持续的"喝白水式"的优化。对于组织来说，本阶段业务最需要的是忠诚度，因此这时候的人才盘点重点在于盘出业绩高忠诚度高、业绩低忠诚度高、业绩高忠诚度低、业绩低忠诚度低的员工，将业绩高忠诚度高的员工优先安排在核心业务中，资源向其倾斜，帮助其快速、持续地成长；将业绩低忠诚度高的员工安排在不可或缺但技术含量偏低的岗位，保持资源给予达到组织的平均水平；对于业绩高忠诚度低的员工慎用，不建议放在成熟业务中，考虑新兴机会的位置；业绩低忠诚度低的员工果断采取退出机制。此时，人才盘点的工具可以在对组织认可度测试及业绩数据收集上。

当业务在第二曲线时，关注的是发展业务，要快速识别市场增长和扩张的机会，组织需要避免"一招鲜吃一世"的方式，要有不断突破的精神和勇气，破旧出新，奋斗进取，这时候的人才盘点可以在创新意识和业绩两个维度做重点评估，盘出业绩高创新意识高、业绩低创新意识高、业绩高创新意识低、业绩低创新意识低的员工。对于业绩高创新意识高的员工作为第二曲线业务的核心干部，作为公司硬仗的关键前锋，资源要在增量业绩上做大激励，与其他人员有明显差异；对于业绩低创新意识高的员工，这类员工大部分是执行力较弱，要搭配能够补位的团队成员，帮助创意落地为组织加分；对于业绩高创新意识低的员工一般是擅长在已经成熟的产品上出业绩，考虑往成熟业务配置合适岗位；对于业绩低创新意识低的员工，组织需要对这部分员工制订能力提升陪练计划，如若仍未能达到目标，则需考虑启动退出机制。此时人才盘点工具可以在员工潜力评估及业绩数据收集上。

当业务在第三曲线时，组织需要对可能预知50%甚至更低的新兴业务进行尝试，寻求未来的关键突破点，这类业务需要具有"匪气"的干部，即敢于挑战、敢于尝试的员工。这类员工，宜精准对标不宜大面铺开，一是因为这部分业务更关注的是未来的趋势，是需时间的考验的，并不会快速呈现利润，对组织来说，过多的成本投入是不合适的；二是因为这部分业务的成功率是不能要求过高的，因此要做好失败的准备，如果过大铺开，组织内都是在失败中会影响士气；三是能在这类业务中的干部，一定是耐得住的精干，这类人员本身也是偏少的。此时，人才盘点需要在所有盘点活动中5%的明星员工基础上再做盘点，选出和新兴业务符合的干部。另外，对于第三曲线业务的人才盘点，有时候还需要拓展到组织外部进行人才的搜索。

第三节　活力干部培养

活力干部要关注单个干部富有活力，同时关注整体干部团队富有活力，因此干部活力的培养需要流程打造和精细化训练相结合，任期制、轮岗机制作为基石基础上分序列、分层级，甚至针对单个新入职干部或者潜力干部设计陪练计划。

一、干部任期制

干部任期机制包括任期周期、任期目标制定、任期过程管理、任期后管理，只有完整的干部任期机制才能让干部管理得到推进。

任期周期的设置可以分为可连任和不连任，在同一组织中，选择一种即可。连任式的任期制可以让组织的管理体系保持一定的稳定性。管理风格因人而异，对于业绩呈现所需周期长的职务还是需要设置连任机制，在这过程中可以把最终的组织要求甚至分期目标。连任式的任期机制需要关注连任评估。不连任式的任期制相对来说更适合狼性文化的团队，干部对目标要求富有挑战追求和高执行力。不连任如果应用在了较为平稳业务发展的团队，可以进一步打造干部的紧迫感，配合组织的持续增速发展。在实际应用中，组织一般选择"N+N"的连任机制综合连任式和不连任式的优点。"N"的选择会根据职能特点、职位重要性来做一定差异设计，表5-1为某行业龙头企业任期制的设计便是这种差异设计。

表5-1　任期制周期设计示例

职位	任期周期	职位	任期周期
事业部总经理	4+4	总部职能部门负责人	4+4
二级机构负责人	3+3	基层主管	不设任期

任期目标需要在任期前确定,并在任期结束或连任考核时作为关键影响指标。任期如果不设定目标,设定任期周期是没有意义的,因为无法做业绩验收或者是业绩验收时候加入很多要求而导致结果失真。在任命前确定任期目标意味着在前期需要对任命岗位的要求进行详细的整理和具体的明确,使之与组织目标紧密关联,最终成为组织目标达成的"贡献者"。此外,在明确任期要求后才能更好地分析取胜关键能力,进一步任命候选人能力优势、能力劣势及互补方法,用于任命评估候选人是否合适及后期的帮助新任干部和组织的双向成功。如表5-2所示。

表5-2 关键岗位任命评估

组织目标及取胜关键能力			
组织目标		取胜关键能力	
任命候选人能力优势、能力劣势及互补			
能力优势	能力劣势	组织能否互补	互补人员及方式

任期过程管理是任期目标分解、分解任务跟进与纠偏的过程。在任期过程中,尤其是关键岗位,建议可以组织设计高管担任的"陪练员"和定期跟进机制,及时帮助干部在任期内按目标甚至超目标完成任务。"陪练员"的选择一般考虑能为干部能力劣势补位的高管,或者在任期目标有过往成功经验和复制能力的高管。为了保证"陪练员"的角色发挥作用,组织也需定期对"陪练员"进行访谈,了解陪练效果。

任期后管理是根据任期目标评估结果与组织人力资源体系中的晋升机制和轮岗机制相结合的过程。为了保持干部团队的持续活力,对于在任期过程中取得优异成绩的干部需要配套激励机制，一般包括接受更重大的任命和在职称、薪资方面的配套，常用的手段包括晋升、轮岗。

二、建立轮岗机制

轮岗机制的实现需要关注以下方面：

1. 轮岗人数比例的合理设置

轮岗管理包括轮岗需求确认、轮岗人员匹配、轮岗过程管理、轮岗结果评价与应用，管理时间较长，如果只是单纯地把人放到一个岗位，或者没有与业务需求紧密结合，为了号召轮岗而轮岗，最终轮岗就会变成一种形式，还有可能因为太多干部对岗位业务不熟悉反而阻碍业务的正常流转，最后并不能实现为解决业务需求和为组织输出综合型人才的目的。因此，为了保证轮岗的效果和业务的平稳过渡，在同一时间内要控制轮岗人数的比例。一般来说，10%～20%为优。

2. 轮岗过程的跟踪

正如前面所说，轮岗过程管理是保证轮岗效果的重要措施。轮岗过程管理的目的是帮助轮岗干部在新岗位中成功转型。轮岗干部在轮岗初期遇到的困难：一是自己对业务不熟悉；二是给轮岗部门团队带来了一定的危机感。为了解决这两个问题，需要从业务管理和情感关联上做设计。业务管理上，设计高层领导作为轮岗干部的陪练导师，采用定期汇报、定期访谈的方式帮助轮岗干部发现问题和获取工作资源，推动业绩的实现；情感关联上可以安排轮岗部门中有影响力的员工作为轮岗干部的陪练导师或者组成作战小组，将目标捆绑为共同业绩要求，快速建立轮岗干部的内部关系网。

3. 轮岗结果评价

轮岗结果评价需要分为两部分：轮岗目标是否完成的评价和轮岗后的评价。轮岗目标是否完成的评价是建立在组织需要梳理轮岗，原则上轮岗成功了才能换下一个岗位或者回到轮岗前岗位。这个评价是避免轮岗干部一开始就"躺平"。每一场轮岗都应该是带着目标的轮岗，应该以目标是否完成评价轮岗是否完成。轮岗的后评价是对轮岗管理的复盘，包括轮岗的流程、轮岗导师的评估、轮岗干部的综合能力提升情况，以及轮岗过程中发现的团队问题与解决方案等，将成功经验做传播，将待改善问题持续优化。

4. 与晋升机制结合

与晋升机制结合有两个维度：一是轮岗后的晋升设计；二是晋升前轮岗要求。轮岗后的晋升设计是指对于完成轮岗，并从轮岗中实现综合能力提升的干部，应该要考虑给予晋升的机会激励，既是对轮岗干部的认可和任用，也是让组织成员看到轮岗的好处，推动优秀干部主动关注轮岗机会实现综合能力的提升。晋升前的轮岗要求是指对于特殊岗位，应该将轮岗设置为晋升的必要条件，从而保证晋升人员的能力达标。比如化工企业的厂长不仅需要关注产品的交付与成本，安全环保也是重中之重，因此在晋升机制中可以要求晋升厂长人员必须有 1 年以上的安全环保岗位的轮岗经验。

5. 设置符合组织特色的轮岗路径

人力资源部门也需要总结出组织需要的关键人才能力，以及获得这些能力的途径设计，形成符合组织特色的轮岗路径，培养出更适合组织的人才。比如化工企业的研发、工艺、生产是串联的业务，而对于组织的综合管理岗，比如总经理、厂长等，往往需要综合掌握研发原理、工艺难点重点和生产交付、成本、安全、人员管理，从而更好地在最终的产品输出中对各种异常有更好的前置管理和应届处理能力，但往往单纯从这三项中单项出身或者外招人员中，都很难具备综合的能力。另外，在做校园招聘中，愿意从生产序列开始的潜力人员也少之又少。综合上述情况，该组织就可以考虑设置"研发—工艺—

生产—综合型高层管理人员"的轮岗路径，对于高潜力人员的职业发展路径设置融合按照轮岗路径进行设计，从而精准满足组织的人才需求。

三、像星探一样发现干部

案例5-2　会议星探

对于一个从小发展壮大的公司，一路走来不乏一些忠诚的老员工。部门A的员工"老龄化"很严重，工龄10年以上的员工占比30%，已严重出现新老员工断层的情况。为了改善此局面，提高组织活力，部门A主管向总对部门人员进行分析，并向人力资源部提出补员申请。短短3个月，部门A招进了很多90后甚至00后，组织活力通过一次次的部门团建活动、知识竞赛、生日会等有了明显的提高。

向总在新活力注入后的3个月，组织了一次与年轻人的交谈，主题为：入职3个月里对身边年长者的工作感受。刚开始大家还放不开，但在交谈过程中提到组织活力时，顿时气氛就起来了。向总开始跟大家谈工作感受，期间5名年轻人有了不同的反应，有2名不怎么表达，另外一名叫小梁的比较主动、敢于表达，把自己这3个月里面的所见所闻及自己的一些建议都说出来了。还有2名中规中矩，表示自己还处于学习阶段，还是边做边学。

通过这次交谈，发现小梁的想法比较多，普遍觉得老员工比较死板、缺乏活力，工作按部就班，没有一点创新性，比如数据记录方式原始——手抄。这种工作效率让他很不适应。而对于系统的使用，老员工都是一个程序用到底，不会设置新报表或探索其他程序来解决手头上的数据收集分析等问题，使整个工作比较乏味，没有创新与挑战。期间他还把自己总结的系统使用方法向大家展现。顿时，向总觉得小梁是个好苗子，可以重点培养，当即给他布置了一个课题：设置××数据分析标准模板，并通过系统实现一键出分析报表。

经过1个月的努力，小梁给向总交出了一份满意的答案。接着，向总对组织内的人员规划做了相应的调整。

一般来说，某个组织出现问题，如果是个别普通成员的问题，基本很快纠正问题且不再重现，如果是干部出现问题，问题重现概率极高。组织管理的核心归结到底是干部的管理。干部管理是组织发展的重头戏，市场上流行各种操作方法，琳琅满目，都是对的也都是好的，需要关注的方式往往需要组合取得更佳效果。

某个方法是极好的，能达到60%的效果，距离100%的差距需要配合其他方式来实现。不同阶段需要不同的方式，组织的大小及组织的灵活性等决定了用什么手法，"走动考察"都是一个通用手法。

如何走动呢？随时随地可以发现和考察干部，汇报也是一种走动，现场观察也是一种走动，访谈也是一种走动，吃饭聊天的个体关怀更是，这不是一成不变的，不同对象，不同状态下，组合方式、优先顺序都会发生变化。走动考察过程其实是绩效监督和绩效改进的有效手段，了解现状，发现问题，及时警示或指导纠正，保证结果的实现。当然，过程中不可避免发现无法修正的，这时候该采取淘汰手段。"星探"在这个过程中，是发现"明星"也是甄选"明星"。

走动考察中，现场观察和访谈一般人都会用，这些是正式的考察方式。这些用时间和无数成功证明了的方式任取一个都可实现上述提及的60%的效果，而这次提出一个容易忽略的"非正式"考察方式——吃饭聊天。在这个环节里，放松的情况下会了解更多信息，再度收获40%的效果。吃饭聊天提倡的是营造氛围，不仅仅的常规理解的轻松和关怀氛围，更是营造一种盼头。"约饭"的意义重在"约"，"饭"在其次，在工作环境中，饭堂约饭就是可以轻易实现的办法。

还有一种"非正式"考察方式供借鉴：制造机会让员工主动让你发现他的优势——让优秀的人站上台成为教练。这个方式会挑战你的信心和勇气，也往往会给你意外惊喜。"星探"们需要在茫茫人海中识别"潜质明星"——这是挖掘人才；为他寻觅合适的"通告"——这是发展人才；在亮相之前还需要给"明星"进行适当的"梳妆打扮"——这是陪练人才；让他在舞台上展现自己——这是展示人才；最后"明星"走上一线，"星探"成为顶尖经纪人，吸引更多"未来明星"——这是人才发展的共赢。

四、培养干部"赋能的能力"

干部的培养中需要关注赋能能力的培养。中高层干部是否优秀，不仅看业务维度的 KPI 完成结果，还必须看带团队的表现：用对了哪些人才？培养人才有哪些独特做法？炒掉了哪些不胜任人才？下属中是否有骨干柱子？

团队中只有一个人优秀，不一定能带领团队成功，即使一时半刻能带领团队成功，也很难承接更大的任务并持续成功，一个人的精力毕竟是有限的。一个人可以走得很快，一群人才能走得更远，正是印证了这个道理。优秀的干部一定能为组织输出人才，在输出人才之前必然要具备培养人才、赋能下属的环节。

培养干部的赋能能力，需要将团队人员培养指标落实到干部的业务指标。业务指标是指引干部工作重点的关键影响因素，而干部的赋能一定是理论学习到业务实操过程中螺旋提升的。作为部门负责人，放置在团队人员培养中的时间应该不少于 30%，作为资深技术干部，也需要有 10%~20% 的时间用于徒弟培养。

培养干部的赋能能力，需要在业务规划内容与人才发展强挂钩。业务指标是结果导向，而将业务规划内容与人才发展紧密关联，是从过程中帮助干部建立赋能团队的意识。比如在做战略制定时，思路是"市场需求—战略规划—业务活动—关键组织能力—组织人才配置需求"，实现从战略分解到具体的人才发展关键点，从而让干部找到人才的重要性及对团队成员赋能的方向。

赋能是从高要求开始的，高要求才能训练出优秀的骨干。因此，需要提醒干部要对团队成员持续提出更高的要求，为了达成更高的要求就能发现团队成员中的能力差距，并针对能力差距进行点对点赋能，实现赋能不仅仅是满足基本要求，而是让团队整体具有持续提升的能力。

干部的赋能还需进一步打开格局。如果单纯为了自己的业绩而做赋能，这个团队的发展还是有限的。优秀的干部思考的是如何为组织的人才队伍赋能。对人才的赋能方式不仅仅是授课讲解、手把手教学，有时候"放手"也是一种优秀的赋能方式。比如在合适的机会让团队成员去轮岗，让成员的个人的成长速度超越业务成长的速度，为组织培养更优秀的人才。

五、精细化培养

有效的培养一定是对需求有精细管理和转被动培养为主动学习成长的。

对需求的精细管理是指对培训的对象和培养需求有分序列、分层级、分目的的开展培养，并在细分下采用小班授课方式，进行点对点关注。小班授课适用于关键人才的培养，比如在生产经理中选拔高潜力人才进行厂长候选人培训。一般来说，小班授课每班次人数控制在20人左右，如若人数过多，可以选择多班次并行或者顺次开展方式进行。小班授课的组成中，可以选择高关联序列人员组合培训，通过学员组队方式就实际业务解决方案取得更好的效果，比如工艺序列的训练，可以加入部分生产、质量人员，一般来说可以是3:1:1的比例配置。为了保证小班授课的培养面积能实现大型组织的需求，可以设计小班授课传承制，即第一届小班学员成为第二届小班讲师，第二届小班学员成为第三届小班讲师，以此类推，既解决了讲师不足的问题，也为学员提供了荣誉激励，同时也成为对培训效果的检验方式之一。

"以考带训"是为了进一步提高学员积极性及对培训输出结果的关注度，以考试推动员工自主学习，并固化培训结果。这里的考试不仅仅是指笔试，还可以是课题实战、实操、文件筐等方式。"以考带训"有四个关键点。第一，需要整理输出各序列各职级理论题库、必要技能、经典案例，作为能进行考试的知识库；第二，为了避免形式的单一乏味，一般会同时组织关键"两考"：理论考、实践考大纲（技能比武）；第三，考试的目的是让大家把知识学习到位，不可本末倒置，因此在考试实施前需要根据考试内容提供线上、线下培训资源，并且留下一定的时间让员工自主学习；第四，为了保证自主学习效果，还需结合正负激励，正激励包括奖金、出国旅游、评优等方式，负激励包括评优、调薪、晋升等机会的一定限制。

六、打造学习型组织

学习型组织从核心高管团队做起。核心高管团队不仅是组织的关键决策团队，更是组织各类行动的榜样和推广者，想要打造学习型组织，如果核心高管团队都没有付诸行动，只是一味地要求员工执行，最后只会成为形式主义。核心高管团队不仅仅要自己广泛的学习，还要承担指导员工学习的职能，具体的操作包括定期书籍推荐、读书笔记发布等。

将要求学习转化为主动学习，并将学习输出实体化。要求学习是被动学习，转化吸收率一般都比较低，如何将组织中要求员工的学习转化为员工自主学习，需要设计引导机制，比如前面所提及的"以考带训"，将培训知识点以题库方式转化为员工竞技比赛的获胜筹码。**学习型组织不止在于"知"更在于"行"**。仅仅是"知道了知识"而没有"应用知识"，对组织的业绩目标不一定有帮助，所以对于学习结果的应用可以和工作课题制关联，切实将学习的知识与业务的解决方案结合，帮助组织攻破难题。此外，还可以通过学习的知识结合组织的实际业务，输出具有组织个性化的定制模型，并实际应用到业务中，帮助组织决策与发展。

广泛学习。如果学习只是关注自己的专业方向，难免是片面的。世间的事物都是相通的，知识来源于实践，必然也是相通的，因此学习型组织不仅仅是鼓励员工只对专业方向知识的猎取，更要广泛的学习，拓宽综合知识面，提高思考境界和沟通广度。比如学习心理学的知识可以帮助个体在组织中更好地了解组织行为，从而给出更高效的解决方案；学习理财的知识不仅可以帮助我们赚取财富，还可以帮助我们更好地理解金融的规律知识，对合作业务的换位思考也有一定的帮助。

第四节　活力干部退出机制

干部退出机制的正确应用，是组织和员工双方的共赢。**活力干部退出机制不是简单的辞退、解聘和免职，不一定要淘汰员工，它更关注如何将员工配置到合适的岗位上，帮助组织实现业绩目标**。如果员工确实与组织匹配度不高，员工的退出也是帮助员工在外部找到更适合自己的位置，最大化地发挥自己的价值。考核罚退、问责强退、到期轮换、价值观/红线退出、自愿选退、到龄转退等是干部退出机制的常用方式，而作为组织设计的参与者，更需要关注如何识别需要退出的干部和如何二次发挥退出干部的价值。

一、关注持续业绩输出

干部是否需要退出现岗位唯一的评价标准为是否有在现岗位上持续输出业绩。关键词有两个：持续、输出业绩。实际上，可能会出现两种不满足条件的情况：一是只是连续坚持在这个岗位上但始终未出业绩；二是曾经出过业绩但是没有持续输出。

第一种情况，干部尽管可能有很多苦劳，但是没有出结果，本质上对组织的贡献是不足的，毕竟检验干部能力的终究是业绩。面对这类干部，如若不适合现有的岗位，无法发挥个人特长，则需要考虑转岗，配置到合适位置；如若能力不够，则需要考虑配置陪练，帮助提升个人能力，提升后仍无法输出业绩，需要考虑个人与组织的匹配度。

第二种情况，干部有可能在曾经的业绩上选择了"躺平"，或者曾经获得的业绩属于偶然事件。对于前者，证明干部是有能力实现业绩的，只是选择了懈怠，此时组织需要对干部提出更高的目标要求，并且明确配置达不成指标的负激励，以此刺激干部拒绝"躺平"，或者引入竞争机制，让员工自主激发胜负欲。对于后者，需要进一步复盘曾经业绩的根本原因，并且设计短期的高挑战目标，测试干部的最大"弹性"，根据测试结果对照第一类干部处理方式。

二、老人办新事

案例 5-3　辞退不一定是最佳退出方式

人力资源部在进行 2020 年人才盘点，并就盘点结果向各部门负责人输出盘点结果，并要求各部门就人员结构进行剖析，制定各部门组织发展方案。

部门 A 负责人于总看着人才盘点结果发愁，因为他本来就很清楚部门人员结构问题，同一岗位超过 5 年甚至 10 年的员工不少，随着信息化系统在公司陆续上线，他们的接受能力明显比别人弱，效率也明显比别人低。但这些老员工有一个优势：业务能力很强，了解市场动态，敏感度比较高。这点，新人是比不上老员工的。面对这种新人接人接不上，老员工能力跟不上的问题，于总与人力资源部部长做了沟通。

于总："我们部门当前老员工比较多，部门活力也明显下降，随着年轻员工的加入，现在开始变得活跃起来，但总体来讲，气氛带动还是比较慢。加上他们对新系统接受度有限，整体效率还不是很高。但是，把老员工都辞掉也不合适，毕竟他们在这个行业这么久了，行业动态还是比较了解的，业务能力还行。"

人力资源部部长："辞掉肯定不合适，毕竟都为公司奉献过，他们的业务能力是长处，不能因为跟不上系统就换掉。我们是不是可以考虑一下把业务拆分呢？或者是针对他们的长处设置跟他们的能力更匹配的岗位？既能发挥他们的业务长处，也能让他们的长处继续在公司发挥作用。

"比如小张对行业市场很了解，可以设立一个市场调研中心，专职调研市场，输出市场分析报告，以便为接下来的决策做依据；也可以指导年轻人的系统工作，提高工作准确度和决策效率。一方面发挥了他们的所长；另一方面通过他们的业务所长培养新人，也可以设置一些让这些老员工能发挥所长的岗位。"

根据人力资源部部长的建议，于总重塑了部门架构，设立了市场调研小组，让老员工发挥他们的业务能力，专职做市场调研，为部门提供更准确的市场数据，提高市场决策能力。

干部退出机制不一定是离开组织，可以结合个人所长，退出当前职位，并配置到合适岗位，我们称之为"老人办新事"。

要实行"老人办新事"，首先要先树立"就事论事"的组织原则。当员工要从原来的职位退出，必然和持续输出业绩的组织要求相违背，从而在员工的职业发展史中有了"不及格"的痕迹。如果一直盯着"老人"的不及格，很难在有新机会的时候平等地评价"老人"的合适度，从而错失一位匹配合适岗位的良才。"老人"如若适合空缺岗位，对组织来说是一件高效率的事——省下了"老人"的离职成本和重新物色外聘人员的招聘成本和机会成本。在一个习惯"就事论事"的组织文化里，才能发现每一个员工的长板，所有的长板集合在各自合适的岗位上，才能帮助组织更快更好地达成业绩目标。

"老人办新事"不怕有短板，就怕长板不够长。能走得长远的企业，一定是一个包容性强的组织，不惧怕员工的短板，更欣赏员工的长板。组织在吸引每个人才进入组织时候，一定关注的是人才能为组织创造效益的长处。"老人"也许天生喜欢做技术，但曾经某个时间里组织需要一位技术团队的管理人员，便尝试将"老人"放置在了这个岗位，但随着时间的见证，发现"老人"在管理上无法胜任，但却是组织内数一数二的技术专家、稀缺人才，此时组织当然是考虑让"老人"再回到技术岗位上发挥特长，而不应选择让他离开组织。

实行"老人办新事"，要做好员工职业生涯管理。要真正让"老人"能够在"新事"上发挥所长，人力资源部门一定要做好员工的职业生涯管理，及时提供合适决策信息供组织决策。做好员工的职业生涯管理，包括对员工的成长经历做好准确、及时的记录，并且对过程中对员工做的各类测试结果，包括性格测试、职业偏好等，做好集中个人档案管理。同时，员工的个人热键、360评价、家庭情况等都可以作为员工职业生涯管理的辅助信息。各类信息的管理可以借助电子平台进行管理，如OA平台员工档案管理模块、各类人力资源专业平台等，实现关联人的及时互动，包括自主更新、及时纠偏、快速查询、大数据分析等。关联人包括团队负责人、人力资源团队和员工本人。

第六章
如何培育"组织习惯"

什么是习惯？习惯是一种重复性的、无意识的日常行为规律，它往往透过对某种行为的不断重复而获得。而人是一种习惯性的动物，我们每一天高达 90% 的行为是出于习惯。也可以说，每一天做的每一件事，都是习惯使然。对于个人是如此，对于组织亦是如此。组织习惯是组织发展工作在实践中固定和形成的科学规律和做法，其影响在企业发展中无处不在，是推动企业科学高效发展的重要因素。组织习惯可以分为组织思维习惯和组织行为习惯。

第一节　组织思维习惯

组织思维习惯是组织发展各类理念的汇集，这些理念都是在工作实践中历经考验的。组织思想习惯在企业发展进程中具有很强的指引性和指导性，核心内容主要有聚焦企业战略目标习惯、服务业务习惯、问题导向习惯和自我迭代习惯。如图 6-1 所示。

一、聚焦企业战略目标习惯

企业战略目标是企业发展的核心，是企业一切工作的出发点和根本点。在企业发展中，时刻围绕企业战略目标开展工作，养成将组织发展工作注意力聚焦战略目标的良好习惯，这样才能确保我们的组织发展工

图 6-1 组织思维习惯

作方向不偏,定位精确。否则,偏离了战略目标方向,组织工作就一定会走弯路、走冤枉路,甚至会走上歧路。

二、服务业务习惯

虽说企业发展包括的领域很多,涉及方方面面,如组织、业务(研发、生产、销售等)、安全、管理、财务及后勤保障等工作,但最重要的是业务工作。业务工作是企业战略目标实现的核心工作,是企业发展的生存基础,没有业务,企业也就没有存在的价值。因此,我们开展组织发展工作,要紧贴业务工作谋思路、定政策、育人才,从内心深处养成服务业务的良好习惯,从而促进业务快速增长,为企业生存发展间接贡献力量。

三、问题导向习惯

问题导向习惯是指组织发展要养成紧盯问题和解决问题习惯。组织发展工作中,我们要把解决问题作为关键,以当前存在的矛盾问题为牵引,在解决问题中推动组织更好地发展。

四、自我迭代习惯

自我迭代习惯是在组织发展的进程中,不断进行自我否定、自我改进、自我完善的习惯。组织发展工作是一项持续性工作,随着企业的日益发展和业务的做大做强,组织发展必须要主动自我提升、自我迭代,确保能够适应企业的发展对组织发展的新要求。如果没有自觉形成自我迭代的习惯,组织发展就会故步自封、骄傲自满、停滞不前,这种形态下的组织发展必定被企业淘汰，被时代淘汰。

第二节　组织行为习惯

组织行为习惯是组织发展中各类工作实践经验的汇集，这些实践经验在企业发展中发挥了重要作用。企业的组织行为习惯主要包括愿景驱动的习惯、建章立制习惯、人才持续培育习惯、复盘提升习惯。如图6-2所示。

图6-2　组织行为习惯

一、愿景驱动习惯

此习惯是指在组织发展工作实践中，要养成用目标、使命、文化等企业愿景来统一思想、凝聚力量的习惯。要注重企业愿景的宣传贯彻，营造共同为实现美好的企业愿景团结奋进的良好氛围，包括目标引领思想、文化凝聚力量、使命催化责任等。

二、建章立制习惯

企业发展壮大，组织发展工作日趋繁杂，问题也层出不穷，这就要求我们在做工作时要善于区分个性问题与共性问题、一般问题与倾向性问题，养成用制度机制来规范工作流程、解决问题的好习惯。在开展工作和处理问题时，就不会出现标准不一、流程杂乱、效率低下的问题；在建章立制的过程中，组织发展工作的科学化、正规化、标准化水平也会不断提升。

三、人才持续培育习惯

人才持续培训习惯是指在组织发展工作中，我们对人才的培育要有持续性，除了要扶上马、送一程，还要做好全过程跟踪培育，做到人尽其才、才尽其力，确保企业人才资源利用效益最大化。

四、复盘提升习惯

这个习惯至关重要，也是温故而知新的道理。组织发展过程中，我们要定期对之前做过的事情、完成的任务及处理矛盾等问题进行复盘回顾，从中总结经验、吸取教训，防止穿新鞋走老路、重复犯错失误等，从而推动组织向更高层创新发展。

第三节 组织习惯案例

下面主要结合 4 个具体实践案例来和大家分享交流以上组织习惯的运用方法，沉浸式感受组织习惯的运用效果。

案例 6-1　EHS 高层训练营

2010 年，总经理给新上任的 EHS 总监设定的目标是：事故下降率≥80%。

当大家都看到这个目标后，对新任总监说："这个目标有点高，我们已经很小心了，但不知道为什么，还会存在这么多事故，而且屡屡再犯，就看你用什么方法帮我们把事故率往下降了。"

新上任的 EHS 总监不说话，心想：难道这么难吗？他们到底有没有把安环措施落实到位？还是没把安环的重点找出来呢？于是他向下属 EHS 部门主管拿到了前 3 年集团公司的安全环保事故清单、集团公司的 EHS 实施方案/政策、前 3 年事故率。对数据研究一番后，他得出的结论是：安全环保事故都有一个共性，集团公司的安环团队配置、体系流程还算可以的前提下，事故率高、重复性强，对事故重视度普遍不高。根据他的经验，大家对安环还停留在口号上，还不能真正知道安环应该做什么，标杆是怎么做的，从高层抓起，在公司里树立好榜样，让大家把安全放在心上，要做到"我要安全"，而不是"要我安全"。

于是，EHS总监针对分析的数据，开始策划与他目标匹配的实施方案。首先让高层意识到安环工作对业务的重要性及高层对安环上的重要性。每次高层会议上，安环问题是必讨论的课题，把过去一个周期内的安环问题摆上桌面，并且把安环问题对业务造成的影响（包括产量、交付及时性等）数据化呈现出来，让高层有冲击感；每天在高层管理群轮流分享安环知识；向高层发放安环学习资料，要求每月进行一次安环培训学习，贯彻有学必考的政策，每位高层必须通过安环考试，总经理也不例外；每月组织高层生产现场审核，发现并更加贴近感受了解安环问题；高层领导责任制，分区域管理，奖罚共存等。

通过一段时间的训练，高层领导对安环知识已植入心底。在一次总结会议上，分管高总对生产部门汇报的内容反馈，全都与安环有关，用安环的角度去解读、用安环的角度去提问、用安环的角度去引导，每一个事故（无论大小）都能让高层领导重视并毫不犹豫地去了解、去分析、去解决。在高层讨论更新组织愿景时，一致提出并同意将营造员工安全工作环境纳入愿景的一部分。

在高层领导对EHS的关注下，大家都有压力。在整个EHS知识或信息的传达下，整个公司对安环的态度与文化能明显地感受到一个转变，每一个岗位每一刻的工作都在关注着与安环相关的知识，自然而然地，人的工作就与安环结下关系，工作过程中就会习惯性地去考虑安环的问题，用与安环相匹配的方法或手段去解决问题。

这个案例告诉我们，只要坚持运用聚焦企业战略目标习惯、服务业务习惯和愿景驱动习惯，就能有效统一管理者和员工的思想，激发大家团结奋进的活力与激情，营造大家创业的浓厚氛围。ESH 作为安全工作负责部门，积极将安全管理纳入企业战略目标，并融入链接到各个业务部门，全面将"我要安全，而不是要我安全"的共同愿景渗透到企业各个方面，真正实现了全员安全、全过程安全和本质安全，从源头解决了安全问题，从而能够更好地为业务增长服务，为企业战略目标实现保驾护航。

案例 6-2　PMC 的建立

"货又交不出来了，你们是怎么搞的？说自己产能有多大，说自己产品有多好，结果一下单就说没货。"业务员小张在生产主任办公室喊道。

"之前产能一直没发挥出来，跟你们说了好几次都没单。现在来单了就扎堆，生产转不过来，怎么能一下子满足你们这么多的订单需求呢？"A 车间主任叶主任无奈地说道。

"我不管，我好不容易拿到的这个单，你们想办法给我把货弄出来，否则公司的丢单损失你们负责。"小张放下狠话就走出办公室。

事后，生产总监组织了车间主任、生产主管及车间班长召开紧急会议，商讨如何满足订单的生产方案，经过全员的努力，对生产做了大的调整，勉强满足了交付，个个事后都感觉心力交瘁。

过去一周，这一幕又在生产车间主任办公室重演。业务员亲自去催交、生产总监组织会议，组织调整生产方案，心力交瘁地满足交付。这一幕如演戏般无数次重演：业务员交不上货，习惯性地去车间主任办公室找麻烦；生产总监同一套路无数次使用勉强满足交付。

直到有一天，新任总经理在一次营销会议上，提到销售订单准时交付率这个问题时，生产总监和销售双方一番唇枪舌剑，互不让步，纷纷指出对方的问题。听到销售汇报的数据及生产总监的对话，新任总经理"盯"上了生产系统与销售系统对接上的问题。会上总经理叫停了他们的互相指责,并会上决策他亲自负责"生产系统的标准流程化,提高订单交付率"这一课题。

接下来总经理把至少 30% 的精力放在了生产系统的标准流程化建设上。他仔细研究了销售与生产的矛盾,发现销售一出问题,就只能出现在生产主任办公室才能知道怎么回事儿;订单交不上,就要花很多临时协调时间来组建临时会议沟通解决,这样销售总算满足了交付,而生产虽然能满足交付却是疲于交付。长此以往,双方形成了默契,都习惯性地用此方法解决交付问题,尽管累但是没有人提出其他方式。

总经理从专业的角度看,这是一个缺乏合理流程造成的低效率问题,深层含义是大家对生产的产能严重不了解,临时措施尽管痛苦但是还算能解决即时问题的前提下,没有从源头梳理流程从而解决问题的动力。考虑到后面公司的发展,也为了能更轻松地解决交付的问题,总经理提议成立"PMC 部门"。当这个意见提出来后,大家都纷纷在讨论:这个岗位做什么的?谁适合做这个岗位?这个岗位要怎么建立?一系列数据从何而来、如何整理,怎么用于生产与交付?甚至有人说:"干吗要搞这么复杂,按以前的方法不也能满足交付,为什么一定要成立一个新部门来解决这个问题?本来就很忙了,还要弄这个东西。"

尽管质疑声不断,但总经理依旧从 PMC 职能出发,坚持在组织内外部物色合适人选。经过一段时间的筹划,PMC 团队终于建立起来了。总经理在接下来一段时间都在辅导 PMC 的工作,产能如何收集、生产工时如何统计、产线是如何布局的、排产是如何做的、库存应该如何建立、分货如何进行、产供销会议如何召开、销售预测如何实现高准确率、销售预测数据准确率如何分析、如何推动销售等,手把手地教。总经理尽心尽力,但是对于刚成立的 PMC 团队,刚开始数据给出来的有点敷衍,甚至能看出有问题,抵抗情绪加上 PMC 专业能力较弱,缺乏分辨的能力、照数上报,毫不验证,导致错漏百出。

总经理整理总结了错漏的类型、原因,PMC 团队开了一场会议。

会议上，总经理把各类数据问题逐一呈现，指出哪些是态度问题，哪些是技术问题，并且把解决思路和检查思路和大家达成共识和确定优化负责人。会议上，总经理和告诉 PMC 团队："现在是你们创造公司历史的时候，你们想不想摆脱天天只能被销售指责的现状？想不想获得大家的认可？想不想得到升职加薪的机会？你们只要认真，这些都是可以实现的，能不能取决于想不想，我现在就是这个团队的一员，这是我们共同的目标！当然，如果做不好，这也是我们共同的责任。也就是说，我们现在没有退路，只能把这件事情做成功！"

之后，团队开始重视了，把历年生产的数据做统计，结合工艺一起对产能的真实数据进行研究，经过一段时间的积累，PMC 收集了产线的信息并且开始总结规律，发现各种问题，总经理也在那段时间继续教授 PMC 关于排产与分货的技巧。随着熟练，PMC 掌握了对订单的处理技巧，不仅仅能大幅度提高订单的交付准时率，还开始前置地对销售端发出库存和排产信息，让销售和客户沟通前就做好与公司产能相匹配的销售策略，客户满意度也逐步提高，实现双方共赢。

当订单出现交付问题时都是 PMC 第一时间出面协调，慢慢地 PMC 的身影越来越多地出现在了销售部，订单交付的问题越来越少，即便遇到了问题，也能快速解决。PMC 团队也开始主动思考不仅仅对销售端做协调，利用手上的数据开始反向对产线的产能提升给出建议，成了销售和生产的润滑剂，帮助达成组织目标。

该案例中，总经理运用了问题导向习惯和建章立制习惯，以解决具体订单交付问题为牵引，有效化解部门间的矛盾，明确了各方责任，提升了工作的协同度。同时，在解决问题后，对订单交付工作进行了系统分析，运用建章立制习惯将订单交付流程化、制度化，大大提升了订单交付的协同性。

案例6-3 薪酬绩效审核

每月第五个工作日是发工资的日子,在发工资后的第一个工作日,薪酬绩效专员的电话就会响到让她抓狂。一天下来,薪酬专员小文向人力资源部部长汇报员工反馈的问题及她的调查结果:上月少发工资的是××人;多发工资的是××人;少发的主要原因是××;多发的主要原因是××。一连串数字汇报下来,人力资源部部长叹了一口气:"为什么每个月都有这么多问题?不能利用一些工具,有效地避免吗?"事后,人力资源部部长只好接受小文犯下的错误,并下令让小文想避免重犯错误的方法。同时,他也在想如何制定能快速、有效地审核薪酬的表格。

他让小文给他拉了随机抽取的100人的前一年的工资发放清单,他发现工资发放的波动是有规律的。首先,工资不会有大幅变动,有大幅变动的一定是薪酬做过调整的(这是按照公司薪酬政策调整的);小幅变动是一些跟政策与福利相关的。其次,每月较上一个月波动的数据需要重点关注。最后,关注一些重点人员。

通过分析,人力资源部部长让小文对工资审核表格做了调整:每月需重点关注的人员放在前面并做备注;表格增加一栏:上月与本月发放差异;表格设定与政策相关的项目并批注发放时间与标准(如高温补贴、工龄补贴等)。表格通过改革,与薪酬相关的项目都写进去了,还有对相应项目的备注,薪酬每月的变动因素一目了然。加上与上月薪酬差异的对比,通过排序对大差异的数据再次验证,实现了有效降低工资发放的错误率。

此案例中,人力资源部部长运用了自我迭代习惯和复盘提升习惯。他注重对当前存在的问题进行全面分析,并将之前同样或类似的问题拿出来系统复盘,综合分析问题存在的本质原因,研究制定整改措施,从而使问题得到有效解决。同时,人力资源部部长举一反三,对效率不高、自动化程度落后等问题进行深入研究，并上线了薪酬绩效管理系统，提升了工作质量及效率，这也是自我迭代习惯的优良表现。

案例 6-4 物料到货计划表的制定

"明天工厂会到什么物料、分别是多少？是按我的计划到料的吗？" PMC 小张电话问采购小丁。

"稍等，我统计一下发你。"小丁回复后马上翻开厚厚的笔记本记录：昨天安排了供应商 A 发出 1 车 X 物料；安排了供应商 B 发出了 2 车 X 物料和 1 车 Y 物料；供应商 C 发出了……统计出来后再跟供应商一一电话确认。

小张从早上等到中午，从中午等到下午，快下班还没等到数据，期间催了小丁多次也是无果。经过大半天的折腾，小丁终于有准确的数据回复 PMC 小张了。小张拿到数据时候忍不住吐槽了一句："你这速度都能比上乌龟了！"

原来，小丁在处理物料采购过程中，每天都记录着一大堆数据，A 供应商发 1 号工厂多少吨什么物料、发 2 号工厂多少吨什么物料；B 供应商发 1 号工厂多少吨什么物料、发 2 号工厂多少吨什么物料；C 供应商发 1 号工厂多少吨什么物料、发 2 号工厂多少吨什么物料，但是都是单独的记录，并没有形成规范的统计报表。每当 PMC 问物料到货计划时，数据的不统一、不集中使得他不得不重复地去确认、去核对。这是小丁日常工作的习惯之一，虽然烦琐、比较慢，但也算是能满足需求，且每次经确认的数据都不会有太大误差。总是听到小张多次吐槽，小丁还是觉得很失落，也尝试多次找直接上级宋主管沟通，希望能得到指点，但是宋主管每次都是和他说："你速度快点就好了，人家都可以那么快，你也可以的，你想想办法吧，实在不行不出错就好了。"慢慢地，小丁也放弃了挣扎，就这样每天痛苦地坚持着。

直到有一天，部门内实施轮岗政策，凌主管轮到了宋主管的岗位，小丁看到了希望。在一段时间工作交接后，凌主管开始观察小丁的工作方式，并尝试亲自实操了一下。了解过后，凌主管发现过程中有大量、没有任何意义的工作内容：长长的流水账，花费时间的同时也不能创造效益。于是，凌主管开始带着小丁研究新的解决方案。

通过采购的专业特点，凌主管教会小丁重新设计记录表格，对表格记录内容进行标准化定义。然后两人先把所有产品进行分类，对同类产品匹配相对应的供应商、对相对应的供应商通过发货时长匹配发货数量，最后利用分类总和的方式，管理和记录供应商每天的发货与到货情况。一番操作下来，小丁发现这个表格既能很清晰地呈现每个供应商每天到货的情况，也能很好地管控供应商的发货，实现到货与生产供应平衡，还能匹配供应链的高效与成本控制。

经过这番优化，小丁如释重负，工作效率大大提升，小张也一改之前的态度，称赞小丁厉害。小丁获得认可，工作越干越有劲，并且获得了提升的机会，凌主管也获得了一名得力助手，顺利完成部门业绩。

这是建章立制习惯、人才持续培育习惯坚持不好的案例，宋主管是一个反面例子，而凌主管是正面例子。该企业组织发展过程中，不注重人力的培育方式，如像宋主管一样，对小丁的工作放任不管，任其在低层次、低效率的工作状态中游荡，天天"井底之蛙"，视野得不到拓展，能力得不到提升，缺乏对本职工作的总结创新能力，造成的后果是团队能力跟不上，也没办法传承好的经验和做法，直接影响企业的工作效率。很多时候，管理干部都是比较能干的，但是这群人还有一个更重要的任务，就是把能力体系化，也就是可以复制出更多的干部，如何更有效地带出高绩效团队是要不断深度思考的话题。一个"眼神"过去就能懂你的下属是"可遇不可求的"，唯有先完成第一步"指哪里打哪里"，但是这个"指"恰恰是最难的，如何更好地"指"就是回答如何复制出更多的优秀干部这个问题。

同时，该问题发生也与企业建章立制工作做得不好有直接关系，如果企业对小丁从事的岗位有清楚的制度及规程，即便小丁能力弱，也不至于过度影响工作的质效，因为规范的制度及规程会很大程度上弥补员工能力上的局限性。

第七章
如何落实新干部转身90天陪练计划

案例 7-1　烦恼的凡凡

轮岗是公司当前的人事政策之一，在一轮人才盘点后，人力资源部组织部门 A 的凡凡轮岗到部门 B。虽然凡凡在部门 A 如鱼得水，处理事情得心应手，但刚到部门 B 的凡凡，工作流程不熟悉、人事关系没建立、工作重点未了解、系统操作流程陌生，感觉到了一个新公司，一切要从头做起。每周的例会上，凡凡听不懂同事讨论的问题；面对系统处理工作，不知道从何处入手；遇到问题时，不知道找谁处理；与同事沟通事情时，听不懂术语……

某天，凡凡接到领导的工作指令，让他操作一个付款。结果 3 天过去了，流程还没到财务。领导询问凡凡为什么流程还没到财务，凡凡说他手上申请付款的资料不全，经过一番指导后，他找到对应的人要齐了资料。又过去 3 天，财务还是没接到付款流程，领导又找到凡凡问："为什么流程还没走完？"凡凡说："财务说我提供的资料还差一个，我还没要到，那个人不理我。"领导又出面协调了，这次资料全了。

经过一番长时间的折腾，付款流程终于走下来了，结果到最后，发现付款金额不对，小数点往前移了一个位。此时，领导再也压不住怒火了，对凡凡说："这么简单的付款，你都来了 2 个月了，还不会吗？这么低级的错误都能犯？"

凡凡很委屈地说："抱歉！我以后会注意的。"

在随后的时间里，凡凡还是犯一些很低级的错误，对待事情的态度很随意，对待工作一点压迫感都没有，效率十分低下；不懂的事情，前一秒问完，后一秒就不记得了，反复问；工作要不断地被人跟进，从不主动反馈。

领导实在看不下去了，他找凡凡做了一次深入的沟通。

领导："来部门3个月了，感觉你还没进入状态？以前在部门A的工作魄力去哪儿了？"

凡凡："我也不知道怎么了，我很想把工作做好，但到处出错，我感觉理不清思路。我分析很大一部分原因是还没调整过来，还留恋上一个工作环境。"

领导："都是有经验的职场人，更应该快速调整，公司不可能给那么长的适应期、调整期。就拿反馈来讲，你以前的工作不需要反馈吗？你不知道反馈是工作很重要的一部分吗？就拿上次付款的事情来说，流程操作不下去，你不反馈，问你才说，你不反馈我们也不知道你的困难在哪里？如果是决心在现在这个部门发展，就应该尽快调整过来，你可以想想需要我们怎么协助？"

凡凡："其实我也在烦恼为什么在这个岗位上那么累还得不到认可。我感觉哪儿都有问题，但不知道怎么做。面对频繁出错，我也很愧疚，希望领导帮我走出来。"

此刻，领导也在反思：是对转岗人员关心不到位？是没有对他们做系统的培训？是在流程打结时，没有及时帮他们梳理……

一个持续超越的组织，一定是组织和员工的成长速度同频的组织。但是员工的成长不能仅仅依靠个人的天赋、主观能动性和努力的内推因素，有时候组织提供合适的外推因素，如培训机会、赋能机会、成长机会等，才能帮助员工更加快速地发展。新任干部在初上任的90天里，是士气激昂但又有认知脆弱的阶段,认知脆弱的来源是对新职责、新团队的不了解,组织如何从机制上帮助新任干部成功便是本章我们对新任干部陪练的分享。新任干部包括新任干部和轮岗或晋升到新职位的干部,陪练的目的就是帮助干部融入或者转身,尤其是从非管理到管理干部的转变。

第一节 转身90天陪练的价值

一、新任干部的转身期

从转身的盈亏平衡曲线可以看出,新任干部转身期一般为6个月,转身转折点平均为3.2个月,在转身期对关键岗位的新任干部进行跟踪和使能,能够帮助新任干部从价值消耗到价值创造更快的转变。

转身期的关键点有五个:第一,熟悉环境、了解运作;第二,建立目标、扩展关系;第三,实现速赢、提升能力;第四,展示绩效;第五,实现转身平衡点。对转身期成功与否的评价只有唯一判断标准——最终贡献值。如图7-1所示。

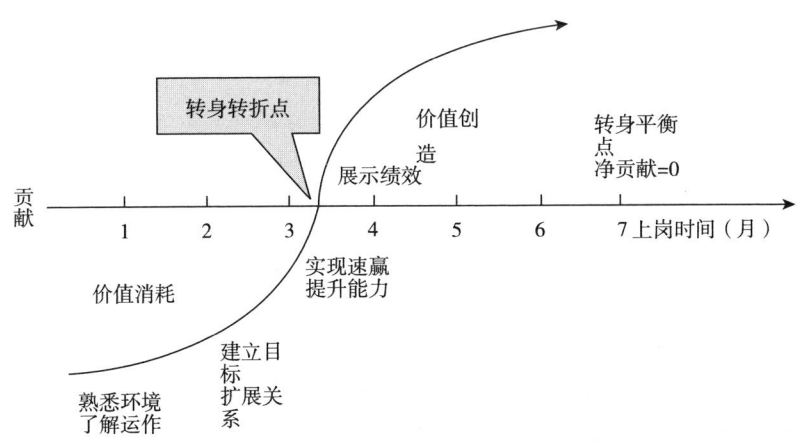

图7-1 干部转身盈亏平衡曲线

成功转身与未成功转身的新任干部有明显的行为差异。成功转身的新任干部能迅速分清主次、成功建立人际网络、会使用愿景激励下属、能明确领导期望,以及对团队有效传递变革信心;未能成功转身的新任干部只关注工作任务、追求太多无法聚焦、任务初期耗时太长、未能有效沟通领导期望、忽视团队建设。

二、新任干部成功转身对企业的价值

新任干部的加速转身带来的价值是多方面的,除个人能力会提升外,企业工作效率、业务发展也会从中获益。

1. 激发高潜干部的潜能

综合型干部往往比一般的干部走上组织更高层级的岗位概率大,而综合型干部的培养一定是在责任重大的关键岗位上流动和磨炼的,转身计划可以让优秀干部在责任重大的关键岗位上流动时,为人才过渡发展保驾护航,减少过渡成本。

2. 降低企业满意度耗损

干部长期在一个岗位上离职风险更高,缺乏挑战性的同时容易降低干部满意度,影响组织敬业度。加速转身可以帮助干部在成长中顺利从一个岗位切换到另一个岗位,在干部的职业生涯中可以接受并且能成功面对更多的挑战,使得干部成就感的满意度更高,对组织的敬业度也更高,实现组织和个人的双赢。

3. 加速外聘人才融入企业

外聘是组织人才发展不可或缺的部分,尤其是在补充组织人力资源短板上。转身计划可以降低外聘高端人才因组织文化和结构不熟悉而流失的成本,帮助组织持续引进新血液。

4. 促进干部职业生涯顺利发展

转身计划采用通用的过渡模式可以帮助干部扩宽职业宽度,从而找到适合自己的工作,同时培养多业务视角通才,降低人员流失率。

三、成功转身对新任干部的价值

在新任干部陪练转身期，我们要重点关注 4 个方面，从而为他们的华丽转身保驾护航。

1. 审时度势

处于过渡期的干部没意识到环境的基本需求，缺乏适应环境的灵活性和适应性将导致转身失败，制订陪练计划要考虑环境融入的设计，比如部门团建、跨部门的沟通交流等。

2. 求同存异

如果专注细节，每个过渡期都是独一无二的，但从更高层次看，每一阶段转身都存在共同特征和规则，在实施陪练计划时候也需要关注共性问题，并及时覆盖同类型，同时要留意在实施过程中个体的差异，及时做进度或内容的调整，而不是一味地要求保持一致。

3. 良性循环

新管理者的成功需要调动组织内部其他员工的力量，前期需要培育良性循环，而非扩大负面影响最终被驱逐，在制订陪练计划中一定要关注组织内部其他员工的参与，并鼓励他们融入陪练官的角色，持续发挥正面影响。

4. 鉴知往来

转身成功需要诸多重要经历，有效的加速过渡技巧加速员工过渡将给组织带来巨大回报，比如对于技术型干部更重要的是建立起个人在组织中的技术影响力，因此在转身 90 天中参与技术沙龙分享、技术交流会是有效措施；对于管理型干部更重要的是与所辖团队的融入和跨部门干系人建立顺畅沟通渠道，因此在转身 90 天中要选择合适难度和重要性的团队卡点帮助新任干部带领团队突破，并且设计高级管理人员作为新任干部的陪练官之一，帮助打通跨部门干系人的沟通渠道。

第二节　90天陪练计划的4个重要环节

90天陪练计划的顺利实施分为前期准备、获取早期成功、增强影响力、带领团队实现创新发展4个环重要环节。

一、环节1：为转换新角色做好前期准备

很多员工在角色转换的过渡期中误以为坚持原先工作的做法就能在新岗位上取得成功，很多转身员工的上级也误以为员工在此前岗位获得优秀成绩就可以不需陪练，也能在新岗位上获得成功。这两种情形的员工转身中的常见误区可以总结概括为如下7点：

- 落后于正常学习曲线；
- 没有建立人际网络；
- 先入为主不听意见；
- 设定不切实际的期望；
- 贪多图快目标不聚焦；
- 拘泥团队绩效；
- 偏听偏信错误决策。

转换新角色中实现快速转身需要从思想上、时间上、技能上多维度设计。思想上要实现转身，找一个特定时间梳理新旧岗位的差别，从旧工作模式中抽离，不要沉浸在旧岗位的工作思维中。时间上要实现转身，设定一个新岗位工作融入计划，从一周、一个月、两个月制定里程碑目标，帮助瞄准方向。技能上要实现转身，要正确评价个体的强弱项，有助于了解自己的盲区，尽早形成弥补新岗位技能弱项的策略，同时在过往领域取得成功的员工到了新领域发现缺失的知识太多，如何顶住压力再学习也是挑战。

对于评估转身员工的优劣势，可以使用问题偏好测评法。问题偏好测评法是指从岗位的职责出发识别关键业务活动，如财务风险管

理、团队激励设计、组织顾客导向分析,并将业务活动转化为员工评分指标,最后根据员工评分结果得出员工解决问题的偏好,进一步匹配到现有岗位员工所需的技能哪些是要做快速提升,以及在将来决策时需要警惕的。如图7-2所示,对于一个综合型岗位,我们在问题偏好上从人力资源、财务、市场营销、运营管理、研发五个业务活动中分别就技术、政治、文化上分别设置了偏好测评指标,并从测评结果中发现测评员工在团队人力资源管理的技术手段及文化打造中亟须提升,且在顾客联系、财务风险管理上关注度不足,在未来决策中需要重点关注。

新任干部能快速融入新环境中,对负责业务的信息了解是关键前提,因此陪练计划的前提是需要构建组织的全面信息库。组织的全面信息库要考虑三个维度:过去的信息、现在的信息、未来的信息。如图7-3所示。

过去的信息包括组织以往的成绩、获得成绩的原因、重要突破的历史。过去的信息的了解,有助于新任干部了解组织的历史、能力强项及过往的成功经验,在业务决策中可以快速选择与组织能力长板相匹配的方向,提高决策的有效性。

现在的信息包括组织的531规划、工作流程支撑、现有人员能力、现阶段组织面临的问题和最能突破的机会等。现在的信息的了解,有助于新任干部的行动计划与组织的目标要求和目标最有可能实现的途径保持一致性。

未来的信息包括组织可能的挑战和机遇,把这些定义为未来的信息是因为这些信息当前不一定发挥作用或直接影响,但是未来有可能会作为组织发展的关键突破口。未来的信息的了解,有助于新任干部在处理当前业务的时候逐步做前置思考,将部分有潜力的现有短期业务延伸为长期发展性业务,让业务结果对组织发挥更大的作用。

/管理就是管组织：用组织建设破解管理难题/

	技术	政治	文化	总和
人力资源	1	9	0	10
财务	3	4	5	12
市场营销	4	1	6	11
运营管理	10	7	4	21
研发	2	6	8	16
总和	20	27	23	?

表扬和奖励系统的设计	员工的士气	公平
财务风险的管理		
1	9	0
	预算	成本意识
3	4	5
产品定位	联系顾客	组织中的顾客导向
4	1	6
产品或服务质量	联系分销商和供给商	持续的改进
10	7	4
项目管理体系	研发部门、市场部门和运营部门的联系工作	跨部门的合作
2	6	8

图 7 - 2　问题偏好测评法示例

第七章 / 如何落实新干部转身90天陪练计划

01 关于过去的信息

成就
- 你所在部门过去的表现如何？
- 团队成员认为他的表现如何？过去怎么确立目标？
- 目标是否适用于当下情况？
- 曾经使用过内部或外部标准吗？
- 连续聘用员工的标准是什么？
- 员工哪些行为受到鼓励，哪些行为未受奖励？
- 如果目标没达到会怎样？

根本原因
- 取得好成绩的原因是什么？
- 组织战略、结构、能力、文化及其政治的相关贡献是什么？
- 如果没有取得好成绩，根本原因是什么？是战略、结构、能力、技能力，文化还是政治？

变革性突破
- 曾经对组织的改变做过什么努力？结果如何？组织的重新，谁起过作用？

02 关于现在的信息

规划和战略（531战略）
- 组织的愿景和使命是什么？
- 团队其他的在做这个战略努力吗？如果不是，为什么？
- 如果是这个战略是否能引领未来成功？

团队成员
- 团队中谁是现任的谁不是？
- 谁是可以信任的谁不是？
- 谁是有影响力的谁不是？

工作流程
- 组织中的关键流程是什么？
- 这些流程在质量、稳定性和适用性上都有可接受的表现吗？如果没有，为什么？

隐患
- 有什么潜在的突发危险会爆发使你脱离轨道？
- 哪些潜在的破坏性文化或行政上的错误必须避免的？

早期成就
- 在什么领域（人员、关系、程序或产品）你可以获得早期成功？

03 关于未来的信息

挑战和机遇
- 未来哪些领域业务面临挑战？
- 现在可以做什么以对此作好准备？
- 什么是有潜力但未被开发的领域，需要做些什么来了解潜在机遇？

障碍和资源
- 在进行改变的过程中，什么是最大的障碍？技术上的、文化上的、行政上的？
- 是否存在优秀或高质量的资源可供你利用，需要开发或获取哪些技能？

组织文化
- 文化中需要保护的要素是什么？
- 需要改变的要素是什么？

图 7-3 早期指导性问题示例

新任干部了解团队成员也是快速在新岗位上出业绩的关键辅助措施。一致性访谈是了解团队成员的措施。通过几个相同问题对团队内不同成员进行提问，能够在融入组织初期帮助新任干部了解自己的团队成员情况及政治，发现员工反应的相同点与不同点，迅速对组织关键问题作出反应。比如在不远的将来组织正面临的最大挑战是什么？为什么组织正面临这些挑战？成长过程中最有潜力的未开发的机遇是什么？为了开发这些潜在的机遇，需要对组织做些什么？如果你是我，关注点在什么地方？

通过以上几项内容的梳理和准备，90天陪练计划可以梳理出第一阶段（第一个30天）的要项：了解公司与团队的业务、文化并初步工作接入。表7-1是为新任高管设计的第一阶段计划示例。

二、环节2：帮助新任干部获取早期成功

90天干部陪练计划最终的目标还是帮助新任干部出业绩，其中第二步计划就是规划早期速赢，帮助新任干部在组织内树立影响力和个人成就感。在新任早期速赢需要聚焦目标并完成目标，所以需要根据组织形势判断输出确定优先任务并且巩固任务早期的成功。如图7-4所示。

1. 判断现阶段组织形势

判断现阶段组织形势，以及是否存在多种情况组合，并与上级讨论达成共识，这是判断组织形势的第一步，也是建立与上级一致目标的第一步。明确组织的挑战和机遇，沟通上级期望以及资源需求，这是量化目标要求的关键步骤，确定了组织及上级的期望目标，并根据目标匹配相应的资源需求为任务的达成创造条件。了解组织主导地位的情绪，在以往成功的基础上根据组织的资源分配情况采取措施。此外，毕竟为一项崭新的业务，不可避免需要新知识、新技能的学习，还需根据前面三步骤的判断结果进一步判断自己在学习、行动上应该花费的时间，做好协调工作。

表 7-1 新任高管设计的第一阶段计划示例

时间	入职前一周	Day1 入职日	1week 了解组织及文化	2week 了解业务	3week 了解业务	4week 工作接入
关键事项	提前了解公司文化，浏览相关材料	入职日	了解组织及文化	了解业务	了解业务	工作接入
新高管	1. 准备入职材料 2. 阅读公司材料，了解公司文化	1. 办理入职手续 2. 了解组织架构，认识同事，熟悉环境	1. 参加新员工培训，了解公司应知应会的内容 2. 参加企业价值观培训，了解企业发展历程及价值观体系内涵 3. 了解业务情况，制订早期学习计划，利用早期指导性问题列表指引学习方向	1. 业务实习，熟悉运营流程 2. 关键岗位体验（轮岗） 3. 参与业务关键会议观察组织成员角色 4. 与下属进行1V1访谈，利用一致性访谈进行比较	1. 业务实习，熟悉运营流程 2. 关键岗位体验（轮岗） 3. 参与业务关键会议	1. 总结输出学习观察报告（包括对核心业务、关键流程、运营模式、成员、挑战与机遇的认知） 2. 制定试用期的关键任务，并与核心高管团队、CEO充分沟通
人力资源	1. 发送给新高管欢迎信、入职培训邀请函及公司对外宣讲材料 2. 提醒该部门及核心高管团队有新员工加入 3. 发送材料信息给当日接待人	1. 提供一份N-1的人员背景介绍（涵盖工作职责及内容、背景经历、兴趣爱好等） 2. 安排办公位，配备办公用品及设置相关权限	1. 安排培训 2. 安排新高管与核心高管团队成员一对一 3. 安排新高管与影响力地图关键人员一对一	1. 关心了解学习体验 2. 安排新高管与影响力地图关键人员一对一		1. 反馈新高管融入情况 2. 协调

续表

时间	入职前一周	Day1	1week	2week	3week	4week
人力资源	4. 行政需求询问与沟通	3. 介绍位置周围的同事相互认识，与核心高管团队成员信息 4. 开一个欢迎会或聚餐，介绍给部门里的每一人				
核心高管团队	了解新高管背景	1. 欢迎新高管加入 2. Buddy 会面	一对一沟通（午餐会）	业务安排	业务安排	与新高管充分沟通试用期的关键任务，确认共识资源及协助项目挑战与机遇
CEO	指定一个核心高管团队成员作为入职日欢迎伙伴	1. 一对一沟通，约定沟通的方式、频率、习惯等，明确第一周的工作内容 2. 安排一位 Buddy（榜样、老师、朋友）在试用期间陪伴	1. 一对一沟通，了解新高管融入情况 2. 制定融入实施路径图，沟通期望 3. 组织核心高管团队聚餐	一对一沟通，了解新高管融入情况，指导新高管首要学习计划	一对一沟通，了解新高管融入情况	1. 与新高管充分沟通关键任务，了解协助资源的重要性及协助资源 2. 安排每周一对一工作进展反馈回顾

/ 第七章 / 如何落实新干部转身 90 天陪练计划

判断组织形势（30~35天）

1. 判断现阶段组织形势，以及是否存在多种情况组合，并与上级讨论达成共识。
2. 明确组织的挑战和机遇，沟通上级期望及资源需求。
3. 了解组织主导地位的情况，采取措施改变。
4. 判断自己在学习及行动上应该花费的时间占比。

确定优先任务（36~40天）

1. 明确组织现阶段的核心问题，以及改变什么可以让组织业绩显著增长。
2. 在早期业绩提升过程中，聚焦最有前途的焦点，例如：技术/服务流程⋯⋯
3. 写下你的2~3个首要任务，确保可以重复进行及调整，例如：加快产品生产、新货品上市时间过比过去提升x%。
4. 检查首要任务是否服务于你任期的长期目标。

巩固早期成功（41~70天）

1. 快速开展你的首要任务，通过启动实验项目等方式开始行动。
2. 通过绩效评估示范标杆时刻提拔变革者等方式推广你希望组织应有的行为。
3. 创建良好的伙伴关系，明确组织中非权力关系的影响，找出组织意见领袖并影响他。
4. 评估你的早期成功和上级沟通下一阶段目标期望。

图 7-4 90天干部转身

判断组织业务形势判断可以采用 STARS 循环模型。STARS 涵盖了员工进入新组织时可能面临的 5 种情境：组织新创（start-up）、扭转颓势（turnaround）、加速成长（accelerated）、组织重组（realignment）和维持成功（sustaining success），不同时期决定了在过渡期采用的策略，其中加速成长常常伴随其他四种情境的关联情境发生。理解所管理的组织处于什么状况，以及是如何到达目前的状况，才能知道面临的状况是什么，所有商业形势的目的都是：一个成功且并不断增长的业务目标。如图 7-5 所示。

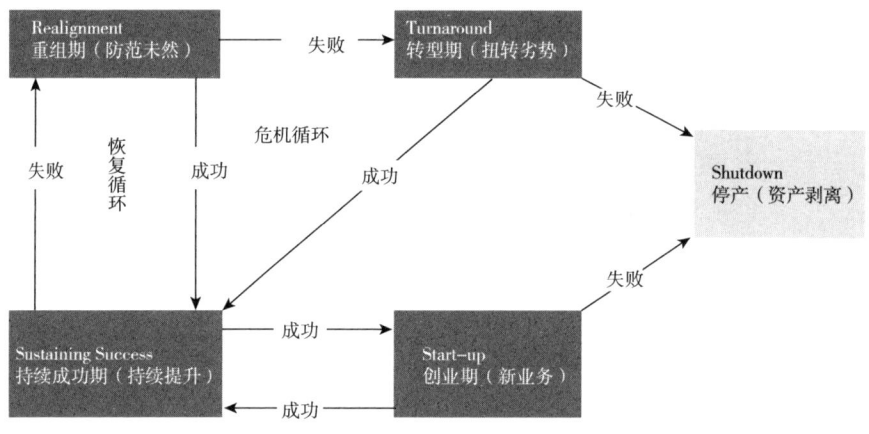

图 7-5　STARS 循环模型

组织新创、扭转颓势、组织重组、维持成功四种 STARS 业务形势下的挑战与机遇是不相同的，需要正确判断组织的现有业务形势及下一步发展形势，才能做好组织业务形势判断。如表 7-2 所示。

表 7-2　STARS 业务形势下的挑战与机遇

业务形势	扮演角色	挑战	机遇
组织新创	调集人员、资金、技术创建新业务板块	◇从零开始制定战略、 ◇创建结构、设定制度 ◇组建一个出色的团队 ◇克服资源有限的困难	◇一开始制定好规则 ◇美好的前景让员工斗志昂扬 ◇不受成见束缚，组织未僵化

续表

业务形势	扮演角色	挑战	机遇
扭转颓势	将陷入困境的团队拉回正轨	◇激励士气低落的团队 ◇形势危急，需当机立断 ◇机构精简及人员优化	◇认可变革的必要性 ◇利益相关者会提供重要的外部支持 ◇小的成功会产生深远的影响
组织重组	让原本成功但遇到困难的组织重新焕发活力	◇说服员工相信公司亟须变革 ◇谨慎地调整高级管理层，转移公司重心	◇组织实力雄厚 ◇人们希望继续谱写辉煌业绩
维持成功	接替成绩斐然、备受好评的领导者继续运营	◇活在前任领导者的影子里，管理着前任创建的团队 ◇设法让企业再上台阶	◇团队也许本身就很强大 ◇人们希望保持辉煌的战绩 ◇可能具备维持成功的基础（比如有丰富的产品类型）

2. 采取应对措施

在对组织业务形势有了基本判断后，为了实现目标，在不同形势下需要采取不同的应对措施。对于采取的措施，我们可以分为两组关系：学习和行动、进攻和防御。学习包括深化对组织文化、政治的了解等，行动包括制定决策、变革、招聘新员工等；进攻措施包括新市场的开拓、新产品的研发、新技术的开发等，防御措施包括维持现有市场份额、地位、产品等。重组期关注的是改革，需要有新的发展方向的探讨和行动，更关注进攻和学习。维持成功期一般来说企业在行业的前沿，会有较多正在以自己为目标的竞争对手，因此需要关注保持市场份额或产品领先，这类业务形势下更关注防御与学习。创业期需要把握一切机会和快速出击，更关注进攻和行动。转身期为了保证顺利过渡，一边原有主要现金流业务需要保持，一边要积极布局和出击新业务，更关注防御及快速行动。如图7-6所示。

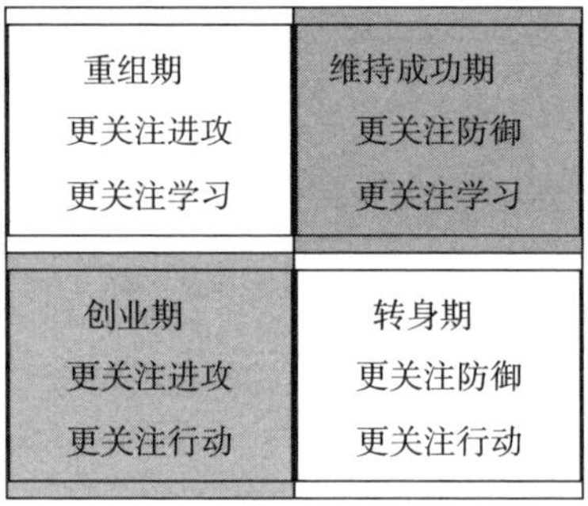

重组期	维持成功期
更关注进攻	更关注防御
更关注学习	更关注学习
创业期	转身期
更关注进攻	更关注防御
更关注行动	更关注行动

图 7-6　四种业务形势精力集中分配图

3. 首要事项的正确选择

对优先任务，即首要事项的正确选择，需要同时把握组织现阶段核心问题、个人愿景导向、目标可重复量化、方向明确且灵活。使用上述的组织业务形势分析方法进行分析后，就需要识别组织现阶段的核心问题。识别组织现阶段的核心问题还需要留意组织现在急需关注的重要领域和能够提供更多成功机会的领域，领域的正确选择对早期成功的实现事半功倍。同时，倡导结合个人愿景导向，是因为个人愿景导向能够指引长期目标成功，引领组织成员的想法、行为、感受，是主观能动性的源泉。目标的选择切记不可太具体或太宽泛，不聚焦的目标一来精力分散导致行动延长；二来需要更强大的资源倾斜，对追求早期成功来说是相冲突的，新任干部的资源往往也不是完备的。在实现过程中设定多个里程碑目标，第一里程碑目标为标杆实现，第二里程碑目标为区域推广，第三里程碑为全组织推广，或根据目标的广度继续细分，选择可重复量化的目标，既可以快速实现早期成功，建立新任干部成就感及组织影响力，也可以后续快速复制到全组织，实现组织的能力提升。优先任务方向需要明确且灵活，乍一看似乎是矛盾的，其实并不矛盾。业务是动态的，很多决策可能在提出时候是带有一定不确定性的，但是如果在实际落地时还是不确定其实是一种对业务不负责的态度。有效的任务在确定了目标之后一定还会存在动态调整的，即需要足以支撑在了解时进行调整，在"测试—完善—调整—随时校准"中持续动态前进。

早期目标速赢规划需要考虑目标选择标准和避免误区。早期目标选择标准包括所选任务具备非常重要、有显著改进的潜力、能明显提高组织绩效、能在合理时间内利用可用资源实现、实施过程能作为将来的榜样、可以巩固你的地位。常见误区包括缺乏聚焦未识别最有希望的机会、没有审视不同组织业务情况而贸然行动、没有在领导关注领域取得成功、没有提前了解组织文化而无法适应、为了结果忽略过程而没有以身作则实施团队接受的行动。

优先任务的速赢首先树立组织信誉，然后再引导行为变化，具体可分为建立组织中信任度、巩固早期取得的成功、引导组织行为变化、避免可预见风险四个步骤。建立组织中信任度需要建立组织共性认知：新任干部是谁、他的主张是什么、他的目标是什么、他的价值观是什么。人对未知总是恐惧的，因此共识是促进团队前进的关键步骤。巩固早期取得的成功的关键思想和事件包括坚持组织长期目标、识别并关注最能提升业绩的焦点、利用早期试点项目规范新行为、提拔变革的行动者等。在前面两项动作的支持下，要真正实现引导组织行为的变化，还需要引导新任干部识别自己支持的价值观和行为，在组织中及时表明所支持的行为并善于利用"示范时刻"，让示范行为在组织中发挥杠杆作用。在任务攻关过程中需要在外部环境、客户、市场、竞争对手、内部能力、组织策略中敏感发现可以预见的风险，并提前做好应急方案。

通过以上几项内容的梳理和准备，90天陪练计划可以梳理出第二阶段（30~70天）的要项：早期目标设定、开展优先任务工作、推进早期目标达成（业务重整、开拓/关键流程打通等）、规范组织行为变化（小范围）。

表7-3是以新任高管为例设计的第二阶段计划。

表 7-3 新任高管的第二阶段计划示例

时间	30~35 天	36~40 天	41~60 天	60~70 天
关键事项	早期目标设定	开展优先任务工作	推进早期目标达成（业务重整、开拓/关键流程打通等）	规范组织行为变化（小范围）
新高管	1. 识别整个试用期目标的长期规划 2. 根据整个试用期任务目标，拆分出最紧急最有机会创造业绩的早期目标。比如提速25%新产品上市时间或较以往提速25%的早期目标可以是研发周期缩短30%（关键指标拆解）	1. 围绕早期目标确定工作任务优先顺序，并逐一开展 2. 及时汇报进度，以及和上级澄清双方的期望和目标是否一致 3. 拟定实现早期目标的行动计划策略及资源需求	1. 采取行动策略：快速行动（搭建新业务流程、开展试点项目，研发新产品）或防御策略（巩固现有市场份额、客户服务改善） 2. 整合早期目标所需资源配置并召开项目会议，协调推动目标达成 3. 定期复盘早期目标行动计划，确保目标与上级期望一致	1. 在完成早期任务的同时，服务整个任期所需的行为变革 2. 通过行为示范，进行组织行为变革（比如表扬鼓励你希望看到的组织行为创新，客户至上，速度等） 3. 支持/提拔行为倡导者 4. 构建横向（同级之间）友好的联盟关系，避免被排挤
人力资源	1. 关心高管业务进度 2. 安排早期关键业务开展关键资源方、高影响人物与新高管会面	1. 组织上下级每周沟通会谈 2. 协助组织相关业务开展沟通会议 3. 配置业务开展关键成员（内外招聘），配合召开新团队成立会议	1. 协助开展组织、团队共识会及关键业务启动会 2. 组织业务开展所需部门项目会议 3. 组织新高管与核心高管团队午餐会	1. 组织团队定期内部会议 2. 组织团队意见领袖与新高管会面

续表

时间	30~35天	36~40天	41~60天	60~70天
核心高管团队	1. 与新高管共识探讨早期目标的瞄准方向 2. 帮助提供资源及给出风险预警	1. 提供业务开展必需的资源 2. 评估业务开展的一致性目标（利益共同点）	1. 提醒新高管早期目标开展可能出现的风险点 2. 核心高管团队午餐会（增进互动交流）	提醒影响任期目标达成的有害行为
CEO	帮助员工寻找最有机会的早期目标，明确告诉员工自己的期待（希望快速占领的市场、待解决的业务问题、关键业务流程打通等）	1. 定期沟通交流业务进展情况，是否有难题 2. 及时共识业务目标并调整目标 3. 提供项目开展所需的资源（资金、人手、技术等） 4. 鼓动新高管可以带领一部分得力下属共同开展新业务	1. 共识早期目标的行动计划（策略重心） 2. 帮助新高管提供一份早期目标必须接触的10人名单 3. 进行阶段性目标评估（GROW绩效访谈）及下一步工作指导	1. 帮助新高管辨别组织中的意见领袖（元老员工、掌握资源权力成员……），商讨影响策略 2. 把控文化行为改变不背离企业核心价值观

161

三、环节3：帮助新任干部增强影响力

增强新任干部的团队影响力需要帮助新任干部与新领导建立有效关系和在组织创建联盟，整体而言就是在组织中建立有效的人际关系。

与新领导建立有效关系是在组织中建立纵向有效人际网络的过程，需要留意有5个应该做和5个不应该做。与新领导建立有效关系需要与新领导共识现阶段业务形势、主动探讨与上级有效的沟通方式、明确领导期望和关注的领域、积极寻求资源表明效益和个人发展反馈。5个应该做的事情其实也是向上管理的过程，也是沟通的白金法则——"以对方需要的方式对待他"的体现。与新领导建立有效关系还需要避免贬低前任、隐瞒工作问题、对上级期望没澄清、只提出问题、试图改变上级。5个不应该做的事情其实也是自我管理的过程，坚守指出问题和解决方案必然是想配套的过程，避免只做一个"吐槽"但没业绩贡献的人；同时需要认可过去存在的总是在时间上是合理的，因此不要急于否定过往的事情，而应该追求更好的未来。这十个注意事项是做好规划和新领导先成为"同路人"再成为"同心人"的过程。

进入新组织中，新任干部不仅仅是需要"搞定"直接上级，业务往往还有多方横向关联，需要高效完成任务干系人管理是一项有力工具，绘制组织横向影响图是帮助做好干系人管理的方法之一。绘制组织横向影响图从了解业务同时对新任干部有目标要求的直接上级或者指定导师开始，提供横向关键人物名单，考虑业务的拓展性，建议在10人左右。

横向关键人物分为三类：支持者、可以说服者及反对者。对于三者要有差异管理策略。对于支持者，选择共享未来愿景、奖励或提拔变革行动者和寻找组织意见领导。可以说服者是存在不确定性的，因此还是主要从了解动机、化被动为主动参与活动、小承诺转化为大承诺策略开展。在实际的操作中，人的趋利避害倾向，极其容易让新任干部忽略了反对者的横向影响，在全力冲刺的关键环节功亏一篑。反对者不仅仅指因个人情感估计持相反意见的对象，更需要关注持中立态度，以组织利

益为主要判断标准的部分对象。面对反对者，要有策略弥补改变现状的潜在损失、消灭现状可选的机会、利用逻辑数据（利益）或道德或组织心理状态设计有说服力观点。总之，纵然不能改变反对者，也需要让反对者不做偏激反对行为。如图7-7所示。

以上动作在纵向及横向关系上行动后，为了保证效果，还需要定期回顾，并及时调整策略。定期回顾我们可以使用建立有效人际网络的自检清单进行检查。如表7-4所示。

表7-4 有效人际网络的自检清单

纵向关系（管理上级）	横向关系（创建联盟）
◇上级认为哪个领域最重要？对你的期望是什么	◇谁是你的支持者、反对者、可以说服者？你如何检验
◇你上级喜欢何种交流形式、汇报频率，参与何种决策	◇组织中的意见领导是谁？你如何获取他的支持
◇寻求资源时你的解决方案是什么	◇对于反对者和可以说服者，你采用什么策略/手段影响他们
◇对于你的个人发展/优缺点/软技能提升，上级给了什么反馈？你如何提升	◇组织中的影响关系如何？他们的服从模式是什么？有你可利用的吗

四、环节4：助推带领团队创新发展

建立影响力是过程的关键环节，但是考评的依据依旧是业绩结果，因此如何带领团队创新发展是重中之重，这也是帮助新任干部成功转身后期阶段的重点内容。这个环节，采取组织策略变革调整是比较好的陪练方法。组织策略变革调整的步骤分为三步：审视现有组织、组织架构调整、组建新团队。需要说明一点，组织架构调整强调在对现有组织审视后对团队成员的分工、组织的流程、组织评估方式等做调整，而不是为了调整架构而调整架构。**一切行动都是为了更好地实现业绩**。因此，如果现有组织分工、流程、评估方式等已经满足业务需求，就不必做"硬性调整"。如图7-8所示。

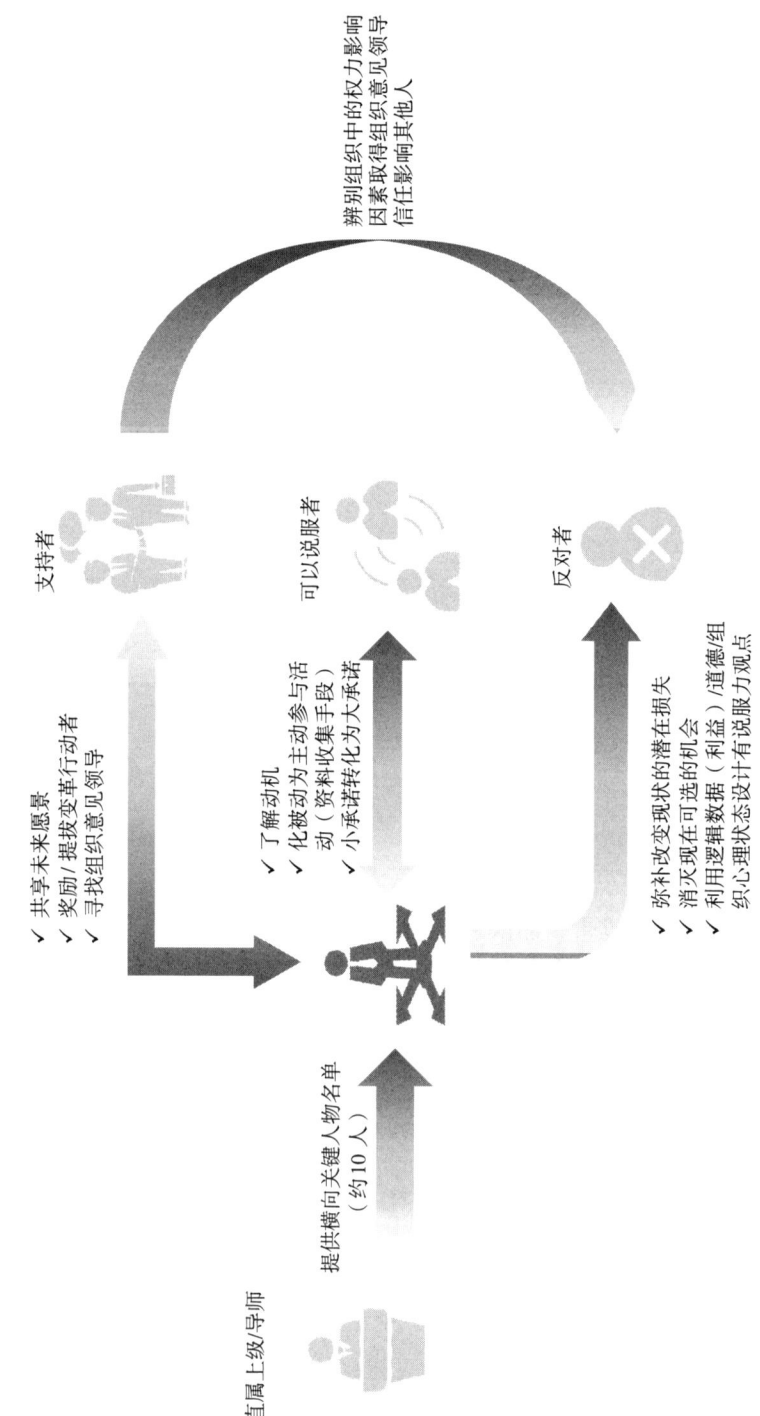

图 7-7 横向关键人物管理

第七章 / 如何落实新干部转身90天陪练计划

审视现有组织（71~75天）

1. 为达成长远目标审视现有策略、结构、技能、流程与文化是否存在失调并验证你的判断
2. 明确为支持目标应进行的客户、资金、能力与承诺的决策调整，以及何时调整
3. 分析组织种的关键流程，判断是否满足生产能力、及时性、稳定性、质量的要求，关注流程交界点

组织架构调整（76~85天）

1. 调整组织结构以确保人员职能、决策及信息共享系统能够充分支持策略目标
2. 评价组织的绩效评估方式，以及激励方式能否推动人员有效率工作
3. 让负责核心程序的人员绘制整个流程图，找到的职责不明的交接点并完善它
4. 注意不要在同时进行多组核心程序调整以免团队无法应对突然变革

巩固早期成功（86~90天）

1. 根据你的新策略得出的评估标准并对团队成员重新评估，将他们放至到合适岗位工作或增减（和组织结构调整同步）
2. 对组织的能力差距进行分析，明确哪些能力通过什么方式提升，以及哪些能力能被快速提升
3. 设计团队激励方程式，按照策略目标实现需要确定个人激励和团队激励比重

图 7-8 转身干部建立影响力三步曲

1. 审视现有组织

在新任干部在接手新团队时候，会因为过渡将以往经验简单复制、先入为主、对新环境无从下手等原因陷入误区以下误区：维持现团队太久、看到问题不解决、组织及团队未同步调整、没有留住优秀人才、过早建立团队等，具体表现为明确当前团队成员能力不足情况下仍维持不变、90天末期应该决定好去留问题、在进行人员调整时忘了向高业绩人员传递认可、核心成员未就位前建立团队与制定关键决策，缺乏明确的策略、工作流程、技能导致人员放至不正确岗位等。为了避免这些错误的措施实施，在陪练的第三阶段的第一个步骤一定是审视现有组织，从组织策略出发。

审视现有组织过程有三个目标。一是为达成长远目标审视现有策略、结构、技能、流程与文化是否存在失调并验证判断；二是明确为支持目标应进行的客户、资金、能力与承诺的决策调整，以及何时调整；三是分析组织种的关键流程，判断是否满足生产能力、及时性、稳定性、质量的要求，关注流程交界点。审视现有组织是组织架构调整和组建新团队的必要前提，没有审视现有组织单凭曾经的经验简单复制进行组织架构调整和新团队的组建极容易出现"水土不服"而失败或加倍坎坷。

审视现有组织的五要素：策略、结构、流程、技能、文化。组织策略是组织的核心要素，作为结构、流程、技能及文化的基石，结构、流程和技能往往会随着策略的变化而发生变化。文化作为链接策略与其他三个因素，它的组成相对复杂，但是也不可以质疑的是策略会影响它在不同时期突出不同的部分。在结构、技能、流程的实际落地中，难免有组织成员的主观意识导致策略变形，文化就是过程的指引官，避免重大变形和尽量减少小型变形。结构的具体表现是根据策略调整组织架构，是策略在组织中实现协同的工具。技能是指团队中个人能力组成的总体能力，尤其需要关注组织的关键能力，而组织的关键能力需要来源于策略分解下的业务活动。流程是增加价值的过程，是策略目标实现过程中的重要管控手段。在审视现有组织时候需要从五要素进行审视，一是发现各因素的是否有效执行；二是发现各因素间的关系是否有短板。如图7-9所示。

图7-9　了解组织的五要素

识别组织失调状态的关键原因是审视现有组织的关键。因素缺失、碎片化实施等容易造成组织失调。组织失调状态主要可以分为技能与策略失调、流程与策略失调、结构与流程失调。技能与策略失调具体表现为团队成员技能不足以支撑策略；流程与策略失调具体表现为没有相关工作流程达成策略目标；结构与流程失调具体表现为结构与流程不匹配，使得团队无法协同增效取得理想业绩。识别组织失调的主要原因，进一步识别组织的关键能力短板，并在架构调整和组建新团队中充分考虑如果提升组织的关键能力短板。

组合评估团队的一致性与整体性。组织审视在组织五要素下识别出失调状态后，还需要结合业务形势从团队的能力、判断力、活力、专注、关系、信任六个维度，根据实际需要组合评估团队的一致性与整体性。具体的评估方式可以参考表7-5、表7-6。

表7-5 评估团队的标准

标准	释义	标准	释义
能力	完成工作的技能和经验	专注	设定优先任务并坚持的能力
判断力	压力面前判断能力	关系	团队合作支持的能力
活力	工作的活力	信任	信守并履行承诺的能力

表7-6 团队一致性与整体性评估方式参考

一致性评估方式	整体性评估方式
查看员工历史评估资料及个人技能	阅读团队早期会议纪要及报告
进行一致性访谈	对比一致性访谈结果
观察非言辞线索（表情/肢体/情绪）	了解早期团队互动情况
用你的评估标准评估下属	其他渠道了解团队发展历程

2. 组织架构调整

组织架构调整六步法。实施组织调整时候需要在审视策略下执行，步骤包括：

- 审视现有策略：审视市场定位、投资规划、技能优劣、资源承诺等；

- 精心策划策略：关注产品、市场、技术、计划相互支持的一致性，支撑未来 2~3 年工作及更高成功的充足性；
- 重塑团队结构：设计职能划分、决策范围、工作标准及奖惩机制、资源共享机制；
- 调整关键流程：梳理程序范围和种类，对关键程序进行分析和失误归因；
- 发展团队技能：盘点团队的技能基础，包括专长、核心技术、整合能力及知识来源，识别团队的能力差距，通过标杆示范、集体学习的方式实现能力提升；
- 塑造组织文化：根据策略和组织文化输出团队的规则及价值观，并赋予具体的行为、态度与期望要求，结合绩效考评、鲶鱼效应等方式对不合适文化进行调整，增强组织的一致性。

组织架构调整的误区及 4 个注意事项。组织架构调整是组织审视结果的应用，但是不正确的组织调整往往带来更坏的结果。组织调整的误区包括试图通过重组躲避更深层次的问题、建立过于复杂的组织结构、利用自动化程序试图解决所有问题、未了解组织历史为了改变而改变、高估团队接受策略性变革的能力等。

- 调整组织结构以确保人员职能、决策及信息共享系统能够充分支持策略目标；
- 评价组织的绩效评估方式，以及激励方式能否推动人员有效率工作；
- 让负责核心程序的人员绘制整个流程图，找到职责不明的交接点并完善它；
- 注意不要同时进行多组核心程序调整以免团队无法应对突然变革。在过程中，要避免陷入误区，必须坚持与策略审视结果相结合。

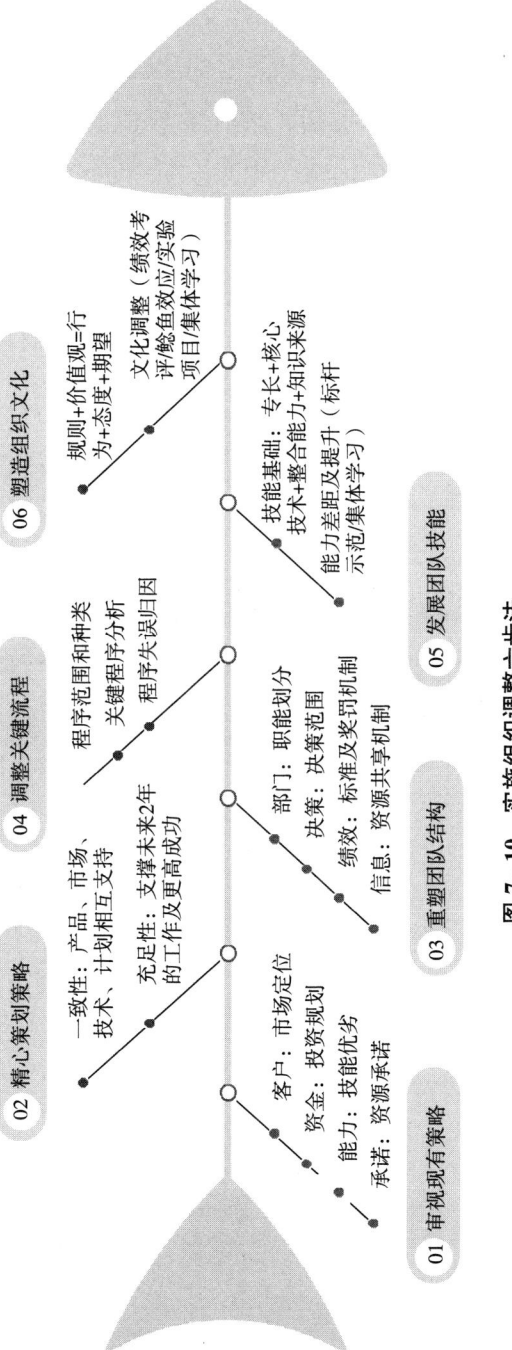

图 7-10 实施组织调整六步法

3. 组建新团队

组织新团队是组织调整的结果，是根据新策略得出的评估结果进行分析，找准问题原因和组织症结，进行科学论证并调整后的组织结果。组建高绩效团队的方法可分为六个步骤，即"六步法"。

- 评估现有团队：具体措施包括明确商业形势、采用一致性访谈、聚焦关键员工等；
- 成员重组归位：采用保持、发展、调岗、观察、替换等方式重组团队，并构建人才后备梯队，在成员重组归位过程中，必须树立尊敬员工的原则，否则将会出现更多反对者；
- 拆解目标，重设激励标准：新策略和新组织下，必须重新、正确地拆解目标，重新分配任务，并配合任务设置激励标准；
- 平衡激励方程：需要将激励方程量化至数字或者是可见的行为、态度，充分平衡个人与群体的激励（如设置"企业—部门—个人"三层考核），推动目标的实现；
- 建立团队工作秩序：团队工作秩序的重建不一定否定前者的所有，否则执行层面全面的变革往往对团队来说是超过可承受能力的，反而使团队变得混乱，重点关注决策机制的修订即可；
- 启动新团队：转身的盈亏平衡点是成功组建新团队的重要标志。

综合上述的方法论，表 7-7 是以新任高管为例设计的第三阶段计划。

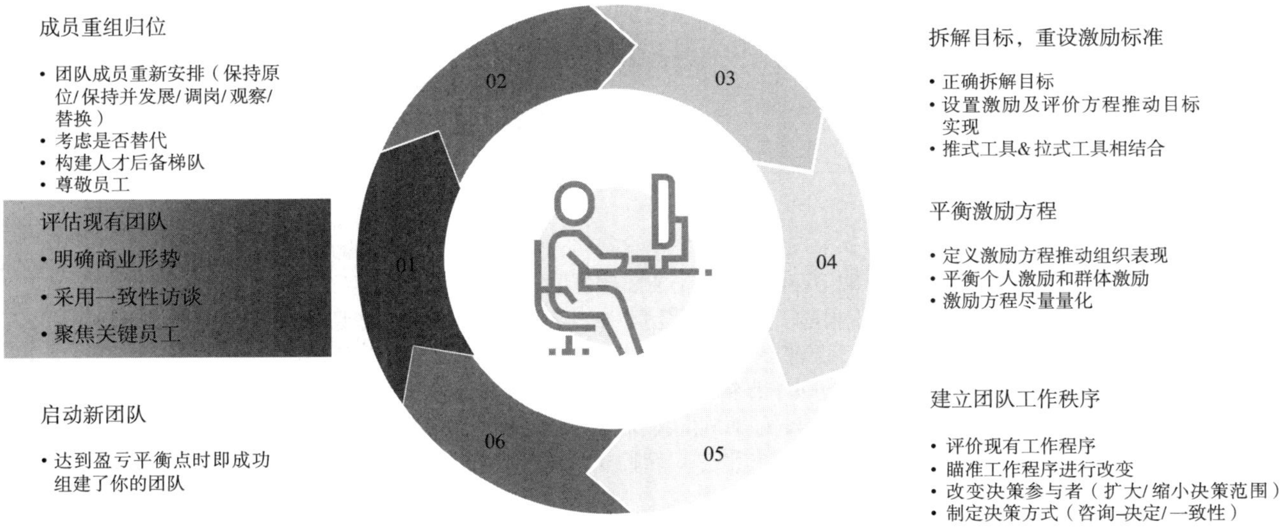
成员重组归位
• 团队成员重新安排（保持原位/保持并发展/调岗/观察/替换）
• 考虑是否替代
• 构建人才后备梯队
• 尊敬员工
评估现有团队
• 明确商业形势
• 采用一致性访谈
• 聚焦关键员工
启动新团队
• 达到盈亏平衡点时即成功组建了你的团队
01
02
03
04
05
06
拆解目标，重设激励标准
• 正确拆解目标
• 设置激励及评价方程推动目标实现
• 推式工具&拉式工具相结合
平衡激励方程
• 定义激励方程推动组织表现
• 平衡个人激励和群体激励
• 激励方程尽量量化
建立团队工作秩序
• 评价现有工作程序
• 瞄准工作程序进行改变
• 改变决策参与者（扩大/缩小决策范围）
• 制定决策方式（咨询-决定/一致性）

图 7 - 11　组建高绩效团队六步法

表7-7 新任高管的第三阶段计划示例

时间	71~75天	76~80天	81~85天	86~90天
关键事项 新高管	审视当下策略及工作流程	评估组织能力差距	能力、资源整合	组建新团队再出发
	1. 评估当下策略是否能够支撑整个任期的长期目标，是否存在失调状态（比如追求完美品质而未有品质的规范和管理流程） 2. 绘制业务开展所假设/已有的关键流程图（1~2个），评估关键流程（效率、质量、交付、稳定） 3. 辨别现有的组织结构和业务开展是否能够互相配合（职责分工、决策范围等）	1. 通过访谈评估现有团队成员的综合能力（知识技能、团队协作能力、组织能力）匹配策略目标，看是否存在差距 2. 瞄准关键能力的差距，制定提升方案（比如内外招聘/现有人员技能培训等）	1. 根据员工能力进行岗位匹配 2. 发展团队能力，比如将具备未来业务发展能力的团队（作为标杆，面向其他团队推广学习 3. 利用实验小组、项目小组调整合资源，迅速启动业务	1. 为推动任期长期目标实现，设计相应的绩效考评及差错品质激励方考核合格率，追求速度考核合格率、追求速度考核交付及时率） 2. 提交一份最终的人员清单，请调整所需的核心成员，不合适的人（调岗）开展所需的核心成员，补足业务和上级复盘整个90天阶段性目标进展并共识下一阶段的目标
人力资源				
	1. 安排新高管评估工作流程所需会面干系人（流程关键节点成员，原流程设计方） 2. 提供组织结构设计专业指导，并整理记录组织变更信息	1. 进行新高管人才访谈初步培训及提供测评工具 2. 组织安排新高管与团队访谈工作 3. 合理快速协助启动学习工作，减少招聘及培训学习能力差距	1. 员工岗位调动发生的调整及员工关系管理 2. 跨部门项目小组组织召开	1. 配合新高管进行人员调配 2. 提供绩效考评工具及奖励方案设计专业指导意见 3. 组织新高管与上级工作会谈 4. 组织新高管与核心高管建设活动（比如组织户外拓展等活动提升新高管与核心高管团队的信任度、共识度和协作能力）

续表

时间	71~75 天	76~80 天	81~85 天	86~90 天
核心高管团队	给出组织结构调整设计、工作流程调整设计意见	支持新高管内部人才调动决策	支持新高管跨部门资源协调工作，提供资源支持	1. 业务指导交流 2. 参加新高管融入团队建设活动
CEO	1. 评估重设策略，以及工作流程是否能够支撑未来业务发展（市场、客户、组织） 2. 共识未来业务规划期望	为新高管关键流程设计及能力资源需求提供支持和指导	帮助新高管提供团队建设指导	1. 了解新高管对组织文化、团队建设、业务发展的融入和推动情况 2. 进行任期目标回顾、评估阶段性业务进展（GROW 绩效访谈）

第三节　GROW 绩效访谈法

在 90 天陪练计划中，新任干部转身成功与否的体现便是绩效目标的达成，新任干部的直属上级务必在过程中进行定期绩效回顾，及时纠偏。直属上级定期绩效回顾推荐使用 GROW 绩效访谈法。

GROW 绩效访谈法的关键步骤是确定目标（Goal）、了解现状（Reality）、探索行动方案（Options）、强化意愿（Will）。确定目标并在每次回顾中都先对目标复盘，保证在落地过程中目标的一致性。了解现状并且为偏差探索行动方案是纠偏的重点。强化意愿重点关注下一步计划的困难与资源需求，是帮助持续推进的行动。图 7 - 12 是在适用 GROW 绩效访谈法时根据四个步骤设计的提问示范。

（确定目标）Goal
你的目标是什么？
用什么量化目标是否达成？标准是什么？
实现目标的价值是什么？
规划什么时候可以实现目标？

Reality（了解现状）
目前进展如何？
为了实现目标你做了什么？
什么问题阻止你达成目标？
自身原因有哪些？客观原因有哪些？

（探索行动方案）Options
为改变目前状况你能做些什么？
哪种选择你认为最有可能成功？
这些选择/行动的优缺点是什么？
调整哪个指标可以提高行动的有效性？

Will（强化意愿）
下一步你会怎么做？
何时是采取下一步计划的最好时机？
可能遇到的障碍是什么？谁可能对此有帮助？
你需要什么支持？

图 7 - 12　GROW 绩效访谈提纲

在实施 GROW 绩效访谈法时，注意不要跳步，否则容易出现面面俱到而不聚焦目标，导致行动方案很多但与目标不强挂钩的局面。组织中很多事件都不是独立的，但是不同的问题有不同的解决最佳时机，而一般认为目标是目前拥有最佳时机解决的问题，因此强调在绩效面谈时要把确定目标作为第一步。同时，需要更多关注新任干部的资源需求，毕竟在陪练中，直属上级的目标是帮助新任干部成功。

第八章
不同群体的培育方法

第一节 制造业培训生培育

案例8-1 电话取经

随着同行业交流越来越多,公司间相互交流与学习的机会也越来越多。在一次企业到访学习过程中,人力资源部姚总向来交流学习的企业介绍公司,PPT里面有公司介绍、培训生体系介绍、组织发展体系介绍等。在现场的企业纷纷对PPT里面提到的内容十分感兴趣,并表示后续有时间一定耐心请教。有一天,姚总接到同行企业方总的电话。

方总:"姚总,您好!上一次到访,您在跟我们简单介绍的PPT里面有提到管理培训生。据我了解,贵公司很早就开始招管理培训生,现在公司的中高层大部分是从管理培训生出来的。近几年,我们公司也在招管理培训生,这些管理培训生要么留不住,要么达不到我们的预期,起不到中流砥柱的作用。我想请教您,贵公司的管理培训生体系是怎样的?为什么管理培训生如此优秀,能承担起公司的管理重任?"

姚总:"其实,我们公司招管理培训生的时间超过10年了,我们在这10年里不断地完善培训生体系,真正打造了一套跟我们公司实际业务相符的培训体系。这些培训生经过系统的培训,到部门就能实现:坐下能写、俯身能干、站起能说的实干型人才。"

方总:"姚总能不能把创建培训生体系的关键点简单跟我说一下呢?"

姚总:"可以。我问您几个问题。

"第一,你招聘管理培训生有标准、有技巧吗?

"第二,领导层重视培训生的培养吗?

"第三,培训生入职后,要经历什么培训?

"第四,培训课程是基于什么业务考虑来设置的?

"第五,到岗的培训生,有设置'带人'模式吗?

"第六,有对'带人'的师傅做过约定或要求定期反馈吗?

"第七,有对培训生制定在训期间的课题吗?

"第八,有给培训生展示成果的舞台吗?

"第九,有定期回访培训生的在岗状态吗?

"第十,有组织培训生的团队活动吗?

"其实,您通过这10个问题,基本可以对标贵司的培训生体系了,在这些问题上去扩散,基本能抓到重点。"

方总:"这么看来,我们确实是对管理培训生的重视程度不够,认为自学成才的因素会在里面占有比较大的百分比,忽略了他们也只是刚走出学校的大学生。非常感谢姚总今天的指导,对于您给的提示,我们会好好研究。后续有不懂的地方,还请姚总多指教。"

通话结束后,姚总召集培训生管理小组开了一个复盘会议,对管理培训生体系做了进一步完善。

培训生管理是针对应届毕业生培养的体系,基于应届毕业生的社会经验缺少、新生代特征明显等特点设置的体系,重点在于帮助学生迅速转化为合格职场人、快速融入组织输出业绩。培训生体系通过系统化的培训和实践式的轮岗训练,提升培训生的业务知识和专业技能水平,向组织各模块输送具备专业技术能力的营运人才,形成组织价值链上的运营人才达到既具备所从事工作的专业能力，又懂得专业技术的能力包配置，并成功输送了一批批优秀人才，成为各个关键岗位的中流砥柱，为组织的快速发展发挥重要作用。本节结合制造行业多家企业的培训生管理体系提取精华部分，示例讲解制造业培训生管理的具体实操。

应届生的培养目标是打造企业专属的弟子兵队伍，具有忠诚度高、高度认可组织文化、综合型潜力人才等特色。在制造行业，这支弟子兵队伍打造完毕应该"坐下能写、站起能说、俯身能干"，对比其他行业，更是强调了"俯身能干"的差异要求。制造业的大部分业务、人员都是在生产运营管理中，致力于成为未来企业中高层骨干的培训生必然是不能缺少和企业高度相符的一线经验。制造业培训生培养体系基本流程分为选拔、第一阶段培养、可持续培育三个环节，对培养的关键痛点逐个击破，从追求培训生与企业共赢的角度出发，并以发展的眼光看待培训生的培养计划，从而促进培训生在制造业企业中能够真正地可持续发展。

一、制造业培训生的选拔

制造业培训生的选拔与一般员工选拔不同，在选拔流程上要做区别设置。一般的员工面试设置多为专业部门主管面试、人力资源面试，综合两方的面试结果做决策。培训生招聘有几个特点：招聘周期集中、招聘学校众多、非工作经验较少、面试安排紧凑等。为了解决上述问题，可以考虑如下几个措施。

第一，在培训生招聘环节可以采取校园招聘项目制方式开展，将业务部门充分融入校招，保证校招的人员力量。

第二，分序列固定专业面试官，并前置做好面试官选拔及培训工作，这一动作是出于"熟能生巧""减少确定面试官安排沟通"和"最大程度同水平面试评价"，有利于加快面试安排、面试结果输出与应用。

1. 制造业培训生的选拔标准首先关注夯实

应届学生的招聘，常用的方式包括笔试、无领导小组、性格测试等，和其他行业招聘方式差异不大，但在评估上有一定的差异。制造业作为实业型行业，很多时候工作内容在创新的同时要坚持"喝白开水"般运营，同时业绩的达成也会更耗时间，如一个工厂的建立一般需要18个月，一项化学物质的研发可能要数年等。而在制造业能够做出大成绩的人，更是需要拥有耐得住寂寞的夯实本质。

2. 制造业培训生的选拔标准还需关注敢于"斜杠"的候选人

"斜杠"是指敢于挑战角色的转换，接受不同业务的行为。实际操作中不难发现，在制造业尤其是化工行业中，"研发—工艺—生产管理—综合管理"是一条有效的综合型人才职业发展路径之一，能有效推进产品从研发到产出的上下高效链接。这个过程中，尽管技术背景的衔接可以帮助干部顺利过渡，但是实际情况还是需要组织的机制配置及员工的敢于挑战"斜杠"的精神，其实这也是一种敢于挑战的奋斗精神。另外，在外部环境快速变化的时代里，企业的业务也会随着外部环境迅速调整，支撑业务迅速调整的人才必然是一个敢于拥抱变化、挑战自我的角色。

3. 制造业培训生的选拔数量设计结合前端的高进高出考虑

现阶段的新生代出生在比以往都好的年代，大部分已经是小康家庭出来的孩子，成长的生活环境、经济基础往往是优越的，制造业的环境还是会劝退一部分尝试者。正如前面所说，制造业的大才都是需要耐得住寂寞的人才，加上制造业的工作环境相对来说没那么友善，因此在制造业培训生的培养前期较高的离职率是正常现象。

毕竟面试只是一个有限时间内通过提问的技巧对人员的符合度进行评估的方式，实际上面试候选人不可避免在面试阶段，也是会对自己做适度的包装和在面试过程中为真正考虑清楚的回答等因素，尽管组织可以在前端用各种方式提高面试的效度，包括现在推行的数字化招聘（融入大数据分析），但在不同环境的变化下还是相当有限的，因此时间会帮助组织更加准确地判断候选人的符合度，随之带来了组织对应届生在前端的主动淘汰。

为了满足组织的人才需求，对于这种可预见的离职状况，招聘工作需要前置管理，采用高进高出的方式，在组织的历史数据中找出离职比例数据反推录用人数，并且在培养前期加入持续的选拔，结合主动淘汰与被动淘汰双方式，实现高进高出，最后既能满足组织人才需求，也能保证人才的质量。

二、制造业培训生的第一阶段培养

制造业培训生的第一阶段培养定义为培训生入职一年内的培养，这一阶段的培养重点包括帮助培训生融入组织文化、熟悉业务、挖掘培训生特长、初步建立组织干系人关系，具体的活动包括培养导师团队配置、军训活动、课题制、顶岗设置，并在中间持续穿插过程评估、干系人关系建立和相关联的趣味活动。如图8-1所示。

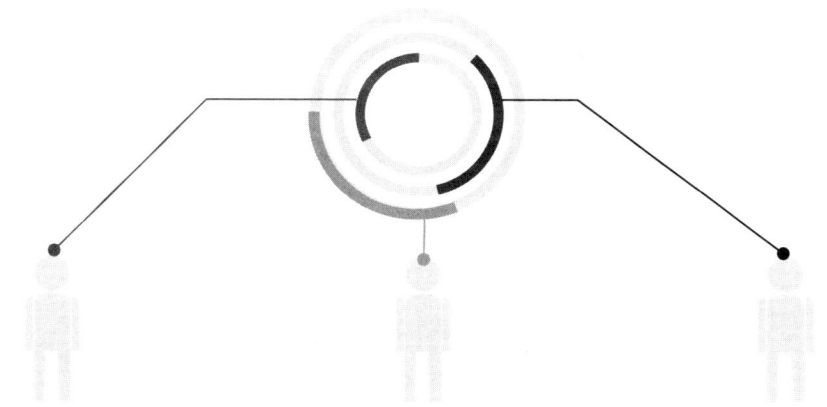

轮岗工作
3个月新兵营训练
6~9个月部门岗位训练
岗位业务知识学习
参与项目工作
完成工作课题任务

工作导师团
部门长作为导师全程跟进
主管负责每个轮岗岗位的指导
提供明确的工作任务和工作目标
提供鼓励和职业引导
关注全面发展进程
前辈分享
新生入职欢迎会
导师组进行培训和指导
往届师兄师姐定期生活和工作关怀

课程培训
入职培训
产线工作实训
月度工作汇报
指定课题任务
能力提升培训课程
思维训练
人际沟通
时间管理

图8-1 培训生第一阶段培养计划一览表

1. 采用集中式培养

培训生的来源为应届毕业生,他们对于职场更像一张白纸,对于职场文化、冲突管理的认知还不足,如果直接放置到各个部门,对培养结果的保证力就削弱许多。集中式培养一是更好地协调培训资源,保证培训生群体在资源享受上的一致性;二是可以培养出组织所需的未来干部,对组织的价值观认可度更高;三是集中式培养一般采取脱产培训,可以避免部门放养式培养,或者"操作工"式培养,无法让培训生的长处得到更好的配置与发展,带来人才退化或人才流失的问题。

2. 从军训开始

为什么培训生的培养选择了从军训开始?革命的友谊是最珍贵的,因为经历了磨砺,培训生培养的第一课设计为军训,就是先建立起培训生团队的友谊。一个单独的个体能在一个组织中坚持下去,在这个组织中一定有同事之上的朋友存在,尽管这个朋友可能只是个位数的。因此,首先建立起培训生团队的友谊,因为初入职场建立的友谊是珍贵的,这份友谊在新入职前期可以提高培训生团队的留存率,在未来的业务开展中,也可以成为帮助双方打破沟通壁垒的前提。再者,第一步培养选择了军训,也是和上述所提及的培训生选拔标准相呼应的第一个入职后评估环节,如果军训期间就已经觉得太辛苦无法坚持下来的培训生,需要考虑是否启动主动淘汰程序。

3. 导师的设置

导师团队设置关键词有两个:导师、团队。导师的设置不仅是新员工前期帮助员工快速融入的好措施,更是组织对人员评估的好工具。

一是为新员工配置了干系人资源,可以快速帮助新员工联系组织内部的人和事。

二是在情感上为新员工配置了职场的"帮手",可以关注新员工的融入情况，并给予及时的帮助。

三是新员工的融入期也是一个组织和新员工相互的考察期，导师也可以在过程中帮助组织对新员工的价值观、业务能力等核心标准做更深入的判断，并提供给组织决策。

四是担任导师可以帮助老员工营造成就感，在"师徒"中让老员工不断提出提升自我的要求。

五是在导师的带队过程中的表现，也可以体现导师的责任心、管理水平等，帮助组织评估导师的能力及挖掘潜力管理人员。

培训生的培养体系中，为了更加精准地关注培训生的发展并为其配置更好的干系人关系，导师团队的设置诞生。培训生导师团队中，第一导师为所属部门的部门长，第二导师为部门内课题的指导导师，第三导师为培训生训练营的校长，第四导师为实训期间的实训部门主管。四层导师制在资源配置上既关注了培训生在不同的任务中的直接指导关系，让培训生在空间上获得最近、最紧密的资源，还在部门长导师的配置为培训生的资源获取提供了高层领导的推动，使得在跨部门资源调配上有优势；在情感关怀上设置了校长角色，可以更好地关注培训生的共性的行政需求和成长需求，从公司角度配置相应资源。

4. 培训课程设计关注通用课程与专业课程相结合

犹如白纸般的应届生，入职培训是他们真正接触职场的第一堂课，而入职培训课程实际上应该分为专业课程与通用课程两类，并做不同的设置。通用课程上，主要包括组织规章制度、流程及文化的培训。针对培训生，需要增设学生向职场人过渡的职场基本技能训练，比如沟通技巧、冲突管理、商务礼仪等。此外，还可以设置一些职场外但是合理处理可以对工作有正向作用的技能类培训，如财务管理等。专业课程上，因为培训生涉及各个序列人员，为了让专业培训更有针对性，一般采取分序列小班培训方式，使得培训效果更佳。表 8-1 为某化工企业针对培训生设计的培训课程清单。

表8-1 培训生入职培训课程及内容

课程类别	课程名称	学习内容	课程目标
企业文化和价值观	员工手册	公司概况、人力资源管理制度、员工行为规范	了解公司规章制度，规范员工日常行为，提高员工的工作效率
	企业文化	企业历程、使命及远景、文化观、核心价值观、工作原则及工作态度	让员工快速了解公司文化，迅速适应公司，融入公司
财务知识	财务成本管理基础知识培训	成本概念、成本费用的构成、成本的分类、成本的基本分析方法；成本基础知识运用（案例分享）；EXCEL的简单公式运用	学员基本掌握成本费用的概念及分类，了解成本分析方法，并基本了解日常作业对经营结果的影响
品质管理	质量工具培训	PDCA、5W1H、QC七大工具介绍	了解工具并在工组中进行运用
OA知识	OA知识培训	OA系统概念、平台使用模块介绍（考勤、薪资、年终奖）、常用模块介绍（流程管理、任务管理、会议管理、文档管理等）、移动办公KK手机端安装及使用	学员基本掌握OA系统的概念及模块操作，了解移动办公使用的方法和对客户端安装
公司产品及业务介绍	业务/布局/产品和战略发展	了解组织战略规划、主要产品及市场定位、以及公司整体布局规划	加强学员对公司的整体了解，增强学员自豪感和归属感
安全环保教育	零事故的安全文化	零事故的安全文化介绍	让学员了解并学习零事故安全文化的意识，能够在今后的学习实践中逐渐养成这种安全意识
	消防知识培训	火灾的构成原因及处置方式	让学员理解消防的基本知识并熟悉基本的消防器材

续表

课程类别	课程名称	学习内容	课程目标
安全环保教育	PPE 知识介绍	PPE 安全防护知识培训	熟悉生产活动中各类 PPE 穿戴使用、维护知识，了解相关基本安全防护知识
	安全行为观察介绍	行为安全观察与沟通（STOP）概念、目的和意义，STOP 观察内容（结合实际案例）及六步法	熟悉行为安全观察与沟通（STOP）概念，掌握 STOP 技能
	八大作业培训	特种作业的分类、审批流程、安全防护措施、监护人的职责	基本掌握特种作业审批流程，了解作业风险，知道通用的安全预防措施，能够发现作业过程中的不安全行为和状态
	环保知识介绍	环保知识简介	提高学员的环境保护意识，了解基本环保概念及相关知识，了解国家有关法律法规知识和环保的重要性
	危险化学品基础知识	危险化学品基础知识培训	学会辨别危险化学品的种类，以及危险化学品的"一书一签"
职场基本技能训练	商务礼仪	商务中入座、就餐、接待、着装等礼仪培训	对基本商务礼仪了解并能应用到具体活动
	冲突管理	了解冲突的起源、常见形态及如何有效管理冲突	对常见的冲突情形有初步预判，学会正面面对和管理冲突
	PPT 撰写逻辑及呈现技巧	了解商务 PPT 的风格、逻辑呈现方式及呈现技巧	能输出美观、逻辑突出的商务 PPT

培训生培养的最终结果是要出业绩，课题制的设计就是希望在第一阶段的培养中可以发挥培训生的特长输出业绩。课题制的设置需要注意以下要点：

(1) 课题制需要和导师制结合

课题是需要切实解决组织中的业务问题的，而培训生在第一阶段培养中对业务的了解程度、掌握能力还是不够的，因此要考虑导师与课题1V1的设计。课题导师的选拔一般有四个维度考虑：来源于课题主导部门、在课题涉及专业维度有一定的成就、具有一定的指导能力、利他主义者优先。导师在这一个任务中的目标应该是帮助培训生成功。有两层含义：一是要导师帮助；二是要培训生成功。因此，习惯性放养和宁愿自己加班加点完成也不愿意慢慢指导他人进步的管理者，要慎重考虑是否适合成为导师。为了推动课题导师可以投入培训生的课题指导任务中，人力资源管理者需要在组织层面营造导师荣誉氛围感，比如最美导师评比、导师专篇访谈等，一是让优秀导师走进组织的公众视野；二是把优秀导师的优秀经验分享给更多的有进步空间的导师，提升整个导师团队的实力。

(2) 课题的制定需要认真评估，切记过大过小

课题的合适度需要充分考虑负责人的能力、经验，太难的课题会击退培训生的信心和热情，简单的课题也不一定能给培训生带来成就感，反而有可能让培训生无法客观评价自己的实际能力。课题的确定一定要避免无聚焦、无方向，比如××改善、××提升、××优化。这一类指标暴露了未对现状做认真分析关键原因的应付心态，培训生会觉得无从下手，或者关注点发生偏差，从而解决方案不具有可行性。反过来说，确定的课题难度太小，比如进行一次问卷调查、举办一场活动、举行一次HAZOP分析会议等。一般来说，课题需要经过对问题的分析、探索解决方案和验证的步骤，控制在培训生需要在6~8个月内取得成果为佳。

(3) 课题的过程跟进是关键

确定课题只是第一步，课题的成功离不开合格的过程跟进设置。课

题的过程跟进的里程碑节点包括开题、月报。开题是把握方向的关键一环,开题评审需要课题服务业务部门负责人共同参与,评估课题的必要性和需求的方向指引。月报采用报表方式,月报的设置需要考虑培训生和课题导师的共同参与,梳理阶段式的计划和差异解决方案,用机制推动加强培训生与导师之间的沟通频率和深度。表8-2、表8-3是参考的月报设计。

表8-2 培训生课题推进计划模板示例

××公司培训生课题推进计划			
课题名称			
培训生姓名		课题导师姓名	
课题计划	完成标志(输出内容)	时间节点	备注

表8-3 培训生课题推进——月度简报示例

课题推进-月度简报		
课题推进计划	(请填写:原定在本时间段完成的课题推进计划)	
培训生填写栏		课题导师填写栏
已完成项目		项目计划完成情况评价
未完成项目		
进展差异	(填写内容包括但不限于:1. 实际完成工作与原计划之间的差异;2. 差异原因分析)	进展差异原因分析

续表

课题推进－月度简报			
遇到的问题和挑战		问题答疑与建议	
所需资源及支持		课题推进优化措施	
课题推进优化措施			
备注 （如课题计划有所调整，请与课题导师协商后在此处填写）			

（4）课题的成果验收必不可少

课题进行后必须进行成果验收，原因有4个：一是设置成果验收时间，让培训生有更强的目标感和课题的关注度；二是成果验收也是培训生培养效果的关键评估方法；三是课题的成果是培训生的业绩体现，是第一阶段培训生中关键人才识别的重要环节；四是课题的成果验收结果也是下一轮导师选拔的开始。

5. 制造业培训生的特色培养便是设计生产实训环节

生产实训的设计有两个目的：首先，希望培训生能够了解占据组织最大人力物力的环节的基本运作，加强对公司整体生产运作流程的熟悉和了解，从而为将来更快更好地适应新岗位做好铺垫；其次，希望培训生带着自己的专业知识和初生牛犊不怕虎的精神，发现生产环节的问题并推动问题的解决。

在生产实训环节需要让培训生带着任务进行，任务的设置包括通用任务和针对不同序列的专项任务。表8-4是某化工企业的生产实训课题任务示例。

表8-4 某化工企业的生产实训课题任务示例

任务类型	工作任务	车间生产实训	完成方式
通用任务	工作任务一	熟悉整个产线的组织架构、岗位职责、班组人员分工状况等	提交报告
	工作任务二	熟读产品的MSDS，危险源清单，对照操作过程进行行为观察，提出不安全的隐患及行为	每人每周完成一篇安全行为观察
	工作任务三	对所在班组人员的人物性格、特点、工作方式、学历背景等进行分析，就工作态度、性格、工作效率等方面给出优劣势评估	提交报告，附上评估依据
	工作任务四	熟悉产线生产的作业环境与员工的作业劳动防护、异常情况涉及的环境污染	提交报告
	工作任务五	了解产线生产的产品、行业情况、主要用途、使用标准及客户等	提交报告
	工作任务六	对产线整体进行评价，包含工艺建议、劳动强度、安全环境、质量管理、员工管理等	提交报告
	工作任务七	熟读QAE的要素9和要素13，对所在的车间做一次详细的对照检查并提交检查报告	提交报告
研发/技术支持岗位专用任务	工作任务一	所在产线位置；产线用到哪些物料，其品质要求、性质及危害	提交报告
	工作任务二	产线用到哪些设备、材质及用处	提交报告
	工作任务三	产线涉及什么化学反应，有多少个单元操作（如反应、分液、除水等），每个单元操作平均所花时间	提交报告（公用工程部分不要遗忘）
	工作任务四	产线每个单元操作采集了哪些数据（如压力、温度等），其控制要求是什么，异常时怎么处理	提交报告

续表

任务类型	工作任务	车间生产实训	完成方式
研发/技术支持岗位专用任务	工作任务五	整体熟悉产线工艺流程及参数、设备，包含每批次产量、耗时等信息	提交产品工艺流程图（需显示设备及相应仪表，逻辑需要准确）
	工作任务六	观察产线现场存在哪些危险作业；描述产线危险区域及进入时应采取措施	提交报告
工艺岗位专用任务	工作任务一	熟悉该车间的产品生产的反应机理，过程控制参数	提交物料平衡表
	工作任务二	熟悉中控要求和了解其表征方法，熟悉车间取样方法	提交取样操作SOP
	工作任务三	熟悉ERP功能，熟悉车间的五金材料	提交一份请购单，提交车间常用五金材料清单
	工作任务四	熟悉车间的设备，并会操作使用一种设备	提交车间常见设备清单，并描述其物理特性和功能；提交离心泵的操作SOP；并对一种设备的传质和传热计算
	工作任务五	熟悉车间产品工艺、操作条件、关键品质控制点	要求CAD绘图工艺流程方块图，并提交带关键控制点的一个反应釜系统的工艺流程图
	工作任务六	观察产线的现场管理问题并进行分析，确定改善目标，提出解决方案	管理问题或工艺问题，至少选一个，作为自己的课题研究

续表

任务类型	工作任务	车间生产实训	完成方式
生产管理岗位专用任务	工作任务一	熟悉车间安全管理工作的要求	安全考核指标
	工作任务二	熟悉车间整个生产简单的工艺流程	完成车间 QC 流程方框图，以及涉及的化学反应方程式
	工作任务三	了解不合格品的最基本处理方式	提交报告
	工作任务四	了解配方、工艺控制的概念，熟悉车间指定某个工序的详细生产流程和关键控制点	完成指定工序的 PID 流程图，以及写出控制要求
	工作任务五	熟悉车间内安全设施、消防设施、环保设施的位置、数量，以及生产的作业环境与员工的作业劳动防护（职业健康的要求）	提交报告
	工作任务六	了解车间紧急情况（停水、电、气）的处理流程	提交报告
	工作任务七	了解产品制造过程的全流程	完成产品制造全流程的方框图
	工作任务八	熟悉工艺安全管理的要求	写出工艺安全管理 14 要素并结合车间实际情况做简要陈述
销售岗位专用任务	工作任务一	知晓某一产品的结构反应方程式，使用的原料和原料表征要求，产品的表征要求，过程控制参数	提交报告
	工作任务二	掌握 FABE 法则，按该法则对所实习车间的产品做出一份产品介绍，每个产品不超过 2 页 PPT	提交产品介绍 PPT
	工作任务三	通读《社交风格手册》《高效能人士的七个习惯》《纵横》《团队协作的五大障碍》《采购与供应链管理》中任意 2 本，针对这 2 本书各输出一份读后感，形式及字数不限	提交读后感

续表

任务类型	工作任务	车间生产实训	完成方式
安环岗位专用任务	工作任务一	参与班组交接班，熟悉班组日常运行，以及车间日常管理（任务下达、绩效管理等）	提交报告
	工作任务二	熟悉该车间八大特殊作业的管控（检维修）	提交报告
	工作任务三	熟悉该车间产品反应机理、工艺流程和工艺控制指标及关键控制点	提交手绘带控制点的工艺流程图（PID）
	工作任务四	熟悉产品质量指标，关键品质控制点及处理措施；熟悉该产线不良品的控制及处理措施；了解QA和QC的部门职责	提交报告
	工作任务五	熟悉该车间所有物料MSDS及危险源清单，特别是相应的医疗处理措施	提交报告
	工作任务六	熟悉机泵的常规操作及维护保养（主要针对离心泵、水环式真空泵）	提交报告
	工作任务七	熟悉该车间的环保处理设施，"三废"处理及其去向	提交报告
分析岗位专用任务	工作任务一	所在产线用到的原料，半成品及成品品质标准和物料性质、MSDS等	提交报告
	工作任务二	了解所在产线原材料进料管控流程，生产过程样品送检报检流程、成品出货流程，形成报告，对流程的优劣势进行分析	提交报告
	工作任务三	简单了解所在产线产品生产反应机理、工艺过程、取样点数、频率、测试需求等控制要求（重点关注取样规范性）	提交报告，出具简单的控制流程图
	工作任务四	熟悉所在产线产生不良产品处理流程及措施，以及车间历史相关投诉及质量事故；了解生产部门及工艺部门职责	提交报告
	工作任务五	了解所在产线SOP清单，对产线的记录及写与做的符合性是否一致做一次对照审核	提交报告

续表

任务类型	工作任务	车间生产实训	完成方式
分析岗位专用任务	工作任务六	了解什么是统计过程控制（SPC），熟悉所在产线涉及检测项目检测方法，学习了解2个项目的检测，输出6组检测数据，对此项目进行SPC分析	提交数据以及报告
	工作任务七	熟悉IATF16949中8.5中对标识，以及QAE中要素7的要求对现场环境标识做对比检查	提交报告
仪表/设备岗位专用任务	工作任务一	学习DCS操作，熟悉DCS各种界面及使用方法	提交报告
	工作任务二	熟悉某一产品工艺、操作条件、读懂带控制点的工艺流程图	提交带关键控制点的工艺流程图
	工作任务三	知晓实习产线的机电仪设备类型、工作原理及使用方法	提交报告详细列出该产线主要机电仪设备清单（设备位号、作用、简单工作原理及使用注意事项等）
	工作任务四	列出实习产线仪表种类、控制回路和联锁回路清单并提交检查报告	提交检查报告
财务岗位专用任务	工作任务一	了解公司主要产品配方、工艺的概念，熟悉主要产品生产流程和关键及其成本构成	提交报告
	工作任务二	成品不良品的最基本处置方式及效益评估	提交报告
人力资源岗位专用任务	工作任务一	参与一项班组长培训过程的任务安排	输出任务要求结果
	工作任务二	了解产线现有的激励制度与实施效果（员工反馈等）	提交报告
	工作任务三	对车间人员配置合理性提交评估报告（通过工时观测、人均产值等方式说明）	提交报告

续表

任务类型	工作任务	车间生产实训	完成方式
人力资源岗位专用任务	工作任务四	了解及重新梳理车间岗位的职位说明书	提交职位说明书
	工作任务五	熟读 QAE 的要素 2（培训）和要素 7（5S），对所在的车间做一次详细的对照检查并提交检查报告	提交检查报告
PMC 岗位专用任务	工作任务一	了解车间所有原辅材料及所生产成品，以及对应的质量标准	提交报告、清单
	工作任务二	熟悉每个产品的主要工艺流程、产能、生产时间	绘图和列出清单
	工作任务三	熟悉每个产品的 BOM	列出清单
	工作任务四	了解每个产品的三废产生量	列出清单
	工作任务五	了解订单运作流程	绘图
	工作任务六	了解每种原材料的采购周期、安全库存规格	列出清单
	工作任务七	掌握生产计划排程和物料计划	提交报告，详细介绍
	工作任务八	了解订单入库和出库流程	绘图
	工作任务九	掌握生产相关报表的制作统计	表格设计和解释

一般来说，在生产实训的任务中会配置生产线负责人作为培训生的指导导师。首先，生产线负责人会更加熟悉生产现场情况，可以更好地指引培训生开展课题；其次，培训生在实训过程中发现的问题的关键干系人也是生产线负责人，可以更快地就问题展开解决方案。两者的良好合作可以实现共赢。如若培训生的数量足够多，通用任务可以采取小组的方式进行。一是可以进一步锻炼培训生的团队合作能力；二是通用课题的一致性较高，小组方式进行也可以提高重复结果验收与管理效率。生产实训过程中，培训生训练营的校长也需要发挥双向联动培训生与产线的作用，比如定期访谈、对课题进度进行跟踪管理和偏差分析，避免因生产线的忽略，或培训生的不主动，或两者一起发生带来的任务停滞

及培训生流失的问题。培训生的生产实训一般建议在 1~3 个月，具体可根据岗位需求和任务安排做点对点确认。

6. 顶岗设计是培训生完全进入岗位的过渡环节设计

顶岗设计一般在生产实训后进行，在顶岗环节中的职责更多是配合性部门导师工作的开展。本环节的设置意在让培训生开始了解岗位的内容的同时，可以参考学习导师的优秀经验，并在实践中把别人的经验先转化为自己的经历，在持续熟悉中进一步优化和最终变为自己的经验。顶岗期不宜设置过长，一般为 1~3 个月，鼓励培训生提前转正。

7. 培训生的第一阶段培养的关键目标之一是建立干系人联系

作为培训生培养计划的设计方，还应为培训生考虑如何在培训阶段接触更多的干系人，为后续的职场发展奠定基础。除了导师机制，在培养计划中还可以设置职能部门实训、大型活动组织策划等环节实现这一目标。职能部门实训是对应生产实训而生，但是职能部门实训的目的更多是对职能部门的职责、基本运作、关键人物的初步熟悉过程，因此对比生产实训而言时间会更短，任务也会设置更少，可以采用通关卡的方式让培训生组队到各个部门进行任务打卡活动，在实现目的的同时增加趣味性。大型活动组织策划，是可以让培训生接触到更多干系人的方式。

比如年会策划活动中，需要对接负责高管进行策划方案沟通，联动财务、采购对物资、场地、资金的对接，联动各部门提供表演节目，细到座位表的安排、主持礼仪的选拔等，各个环节的沟通、合作设置冲突，都可以帮助培训生了解干系人的各种情况，对后续展开干系人管理提供资源。如果组织中已经运行培训生培养体系有一定的年限，师兄师姐交流会也是一种优先考虑的更有效果的干系人拓展方式。师兄师姐交流会培训生的背景可以让大家更愿意打开心扉容纳对方，同样的培养机制下对于可能遇到的问题和更优的解决方案，往往师兄师姐的切身感受更有指导意义。

8. 趣味活动设计是有效提高培训生保留率的环节

趣味活动既可以是脱离具体工作的体育竞技活动，如篮球比赛、登山比赛，也可以是工作与娱乐结合的专业竞技比赛，如设计序列培训生的画图比赛、设计创意大赛、PPT大赛，也可以是为寻找工作中更好的解决方案的辩论大赛、读书分享会等。这些设计可以让培训生更好地平衡生活与工作，为培训生在工作中遇到困难时候提供可借鉴的解决方式，也是培训生持续拓展人际关系和为培训生提供展示舞台的机会。在一个生活与工作融洽共处、遇到困难有自主解决思考，并且能持续展示自己的环境里，培训生的流失率自然会降低。

9. 建立过程持续评估机制

正如前面所言，培训生的第一阶段培养需要树立高进高出原则，而高出的依据来源就是培养阶段的持续评估机制。评估主要可以集中在生产实训任务总结汇报、课题中期及成果汇报、过程定期/不定期访谈、导师反馈等。培训生训练营校长需对这些信息及时汇总与分析，并根据分析结果对重点对象进行二次沟通，最终提供尽可能完整信息给组织决策，必要时候启动主动淘汰机制。主动淘汰机制的应用可以在第一阶段培养结束，即课题成果汇报后。如果是价值观不一致或者是触及红线的行为，依旧是建议当断立断，及时处理，以免影响其他成员。

三、制造业培训生的可持续培育

培训生作为人才储备手段，是公司未来发展的重要基石，持续发展计划是通过对培训生实施系列岗位工作实训和提升培养计划，促使培训生快速地适应新的岗位并能独当一面。持续发展计划更多是在具体岗位中，因此转变为各部门负责制订培养计划，人力资源部负责指导并监督培养计划执行情况。

1. 可持续发展培育要从定岗开始

培训生正式工作从定岗开始，在这个环节中，组织要求用人部门确定岗位名称、职责及分阶段目标，并为培训生定制培养计划。部门能梳理出上述内容意味着部门对于如何实现这件事情是有思路和想法的，能帮助培训生成功。对于定岗计划的合理性评估需要尽量避免出现为培训制定的目标、职责是部门甚至组织都未实现过的，或者是部门都无法解决的难题。尽管我们提倡培训生接受挑战，也有可能有培训生能力超群可以带来全新的突破，但是极少数的，努力弹跳都达不到的目标是需要避免的。从长远来说，组织还需要协同用人部门对培训生进行职业生涯规划设计，并在后续的成长访谈、人才盘点数据的支持下，同时总结出适合组织的最优职业通道设计，对培训生的职业生涯规划持续迭代优化，这是一个持续的动态管理过程。

2. 可持续培育要注重开展成长访谈

数据显示，应届培训生在第一年、第三年、第五年、第七年的离职率对比其他司龄来说更高。成长访谈是指组织在培训生的第一年、第三年、第五年、第七年对培训生进行访谈，并且将访谈的内容整理为单人成长手册，对成长过程进行分析及对未来方向设计做出引导材料。成长访谈是指从组织角度对培训生本人、直接上级、干系人进行访谈，并将意见、建议、期望做适当的传递。如图8-2所示。

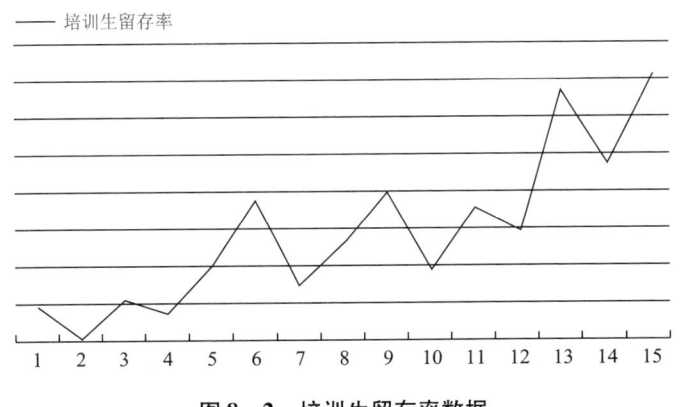

图8-2　培训生留存率数据

成长访谈可以使用 Q12 工具进行，如图 8-3 所示。Q12 是盖洛普耗时 25 年，调查了几十个行业的数百家企业，询问了 1000 个不同的问题，询问了 100 万以上的员工，访谈了 8 万名经理，发现的优秀部门的共同点——12 个核心维度。Q12 调研工具能够洞察管理效果，以及强化要求部门经理培养"敬业"员工这一目标。在实际应用中，针对培训生可以在不同的阶段选择 Q12 中的部分维度组成特色敬业阶梯，图 8-4 就是针对 1~3 年培训生设计的敬业阶梯示例。

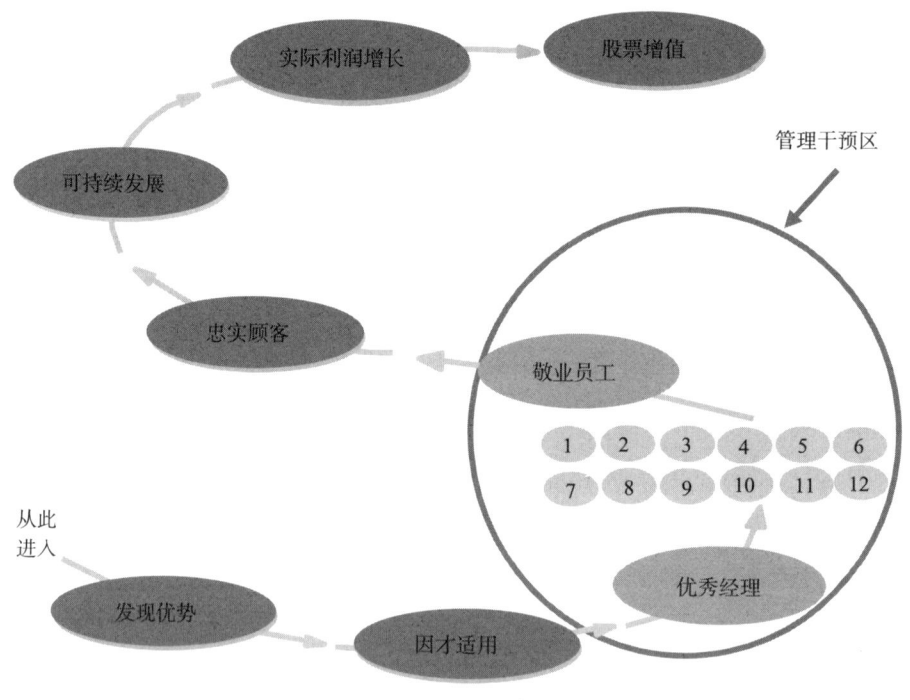

图 8-3　Q12 工具

3. 定期人才盘点是对培训生持续培育的重要手段

针对培训生开展的定期人才盘点可以有效了解培训生的整体情况，并帮助组织识别培训生中的明星员工、明日之星、核心人才、潜力员工、骨干人才、专业人才、关注人才、稳定人才、待优化人才，并根据不同的人才配置不同的培养侧重点。如图 8-5 所示。

第八章 / 不同群体的培育方法

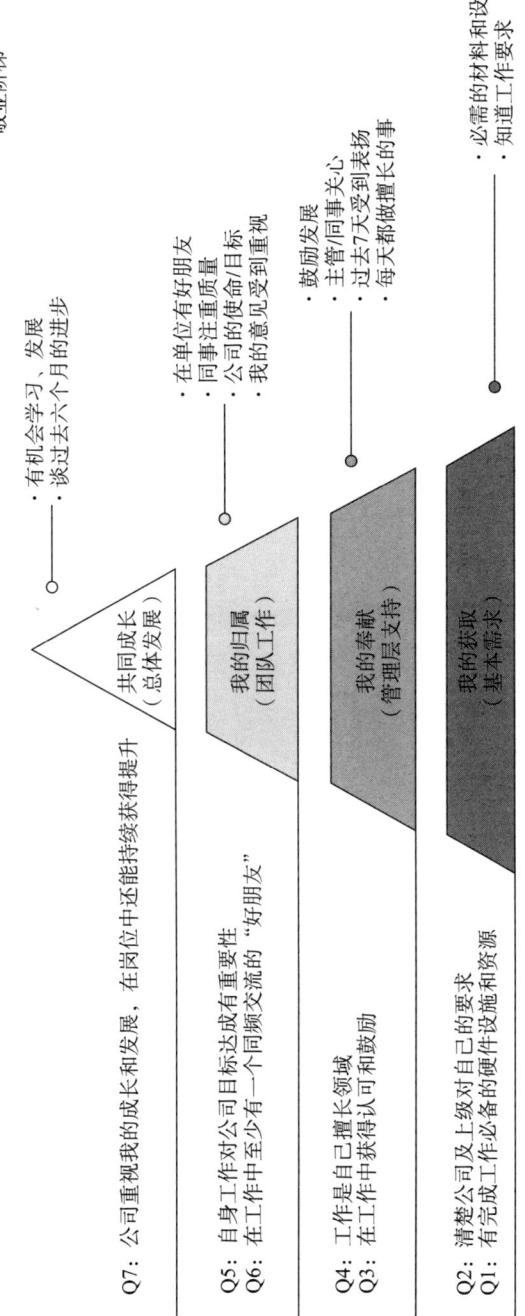

图 8-4 敬业阶梯

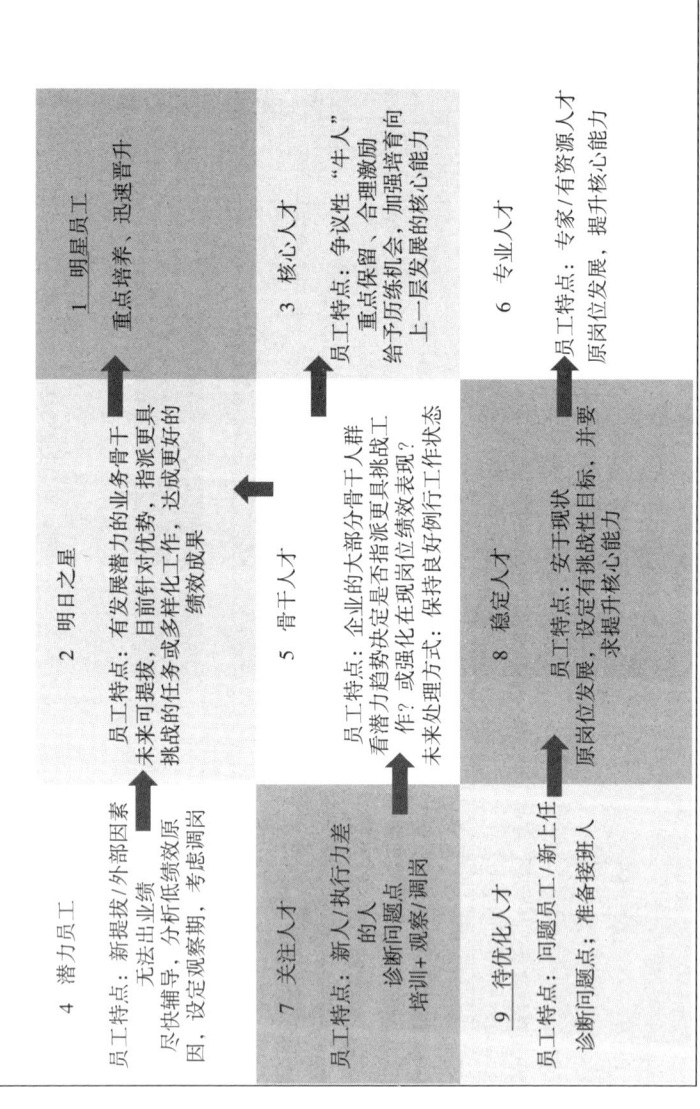

图 8-5 人才盘点九宫格

4. 可持续培育要在实战中成长

实战是最快出业绩的方式，因此鼓励培训生在职场生涯的前期便放入项目中，并在过程中任何适合的机会都进入新的项目挑战中，在前线业务中以高速方式接触不同的业务和经历不同的实战情形，累积个人的职业经验。在这个过程中，组织也需要在机制上为培训生特制发展通道。比如为工程项目设计项目助理角色，定义为未来项目经理候选人，前期以协助项目经理处理各种协调工作，最大可能接触项目中不同模块人员和具体业务内容，建立一定的业务流程基础和人力资源基础，为未来承担项目经理职责提前做到"做中学"。

四、制造业培训生的培养痛点

从多家企业培训生培养的经验中发现，培训生的共性培养痛点可以总结为如下方面：前期流失率高、陪练的有效性低、在无差异培训中迷失方向。

1. 前期流失率高

工作环境、薪酬待遇、职业发展受限是培训生离职的高影响因素，随着00后培训生的到来，生活和工作的不平衡、职场中冲突管理不当，甚至工作餐、住宿环境不佳等，都是高频的离职原因。各种各样的原因使得培训生的前期流失率高，根据数据显示化工行业培训生的离职率第一年离职率高达60%。

面对培训生前期流失率高的问题有如下3点建议：善于搭建发声舞台、打造内部培训生团体的情感寄托、勇敢的优胜劣汰。当代年轻人对工作环境的期望最重要的一点是，希望得到尊重的同时得到关注，因此善于搭建培训生发声的舞台可以帮助培训生获得关注、得到认可，并且让他们觉得自己的声音得到了被聆听的尊重。导师制的建立、师兄师姐交流会等方式，都是打造内部培训生团体情感寄托的方式，让培训生在组织内找到自己的"小组织"，可以更好地获取资源、寻求帮助和找到超越同事情的情感寄托。

面对培训生前期的高流失率，很多人力资源工作者尽最大努力挽留，甚至不惜放弃选拔的基础原则。优胜劣汰就是希望提醒人力资源工作者在面对这种情况时候，仍需要把握组织的原则性，对于价值观不匹配或者过程不胜任的培训生，应该勇敢地接受他们的离开甚至主动淘汰，因为人力资源的使命应该是为组织匹配合适的人才，而不是为了数量而放弃质量一味地追求留存率。换一角度说，如若价值观不符的员工，即便此时可以挽留下来一段时间，终究还是会离去，或者是无法成为组织重点培养的对象，无疑是一种组织资源的浪费。

2. 陪练的有效性低

在培训生的培养过程中，该有的培训方式都做了，但是培训生最终的业绩完成情况却不尽如人意，陪练过程中付出了人力物力，但是有效性很低，此时人力资源工作者需要在培养过程中的关键因素，比如教练团队、培训方式、锻炼载体等。教练团队是对培训生最近影响的存在，因为教练的选拔、陪练方式培训需要着重考虑。敢于相信年轻人，把培训生放在项目中锻炼，是可以帮助培训生快速成长的重要措施。传统的面对面授课学员的接收非常有限，最好的训练方式莫过于实操，因此采用 PK 比赛的方式代替传统的培训，将被动接受转化成 PK 赛的胜利而主动学习的"以考带训"方式，可以让必备的知识训练更加牢固的同时增强学习的趣味性，使学习效果更佳。

3. 在无差异培训中迷失方向

培训生毕竟是涉及多个不同序列的人员组成的，个体的工作的侧重点、个人特长都有所差异，无差异培训往往会让学员们迷失方向。针对这种情况，根据序列特征进行小班教学的设置，让培训更有针对性，可以帮助培训生更加清楚自己的学习重点和未来发展方向。另外，不同层级、不同序列的互动交流活动，也可以帮助培训生积累经验从而帮助自己做判断。

五、成就组织与培训生共赢发展

组织和培训生个体实际是利益共同体,如何让培训生成功并且让培训生的成功给组织目标达成带来贡献,是做培训生培育工作的重要目标。可以从图 8-6 四个方面进行探索。

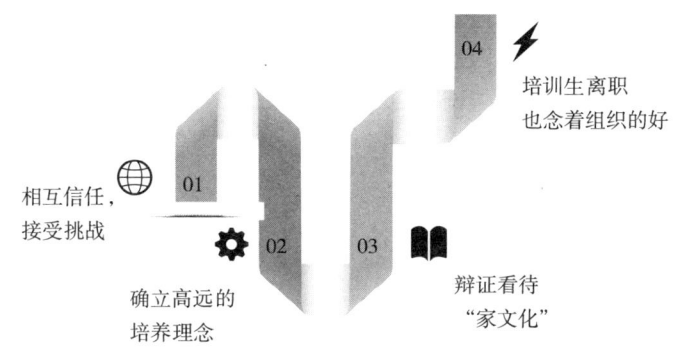

图 8-6　组织与培训生共赢发展

1. 相互信任,接受挑战

共赢的基础一定是有双方的付出和风险承担,因此在用人上,组织和员工是相互接受挑战的过程。公司害怕年轻人犯错,会错失潜力员工"弯道超车"给公司更快带来业绩的机会;年轻人害怕犯错,会错失证明自己的机会。公司要在人才任用上有足够的容错性,人非圣贤,只要不是在同一条河里摔倒两次,都不算是失败。公司敢于用年轻人的同时,年轻人要敢于尝试和勇于承担,才能在组织需要人才的时候有人所用,年轻人在探索发展时候紧抓机会,将彼此的需求做最好的结合,实现双向奔赴的美好。

2. 确立高远的培养理念

培训生的培养一定要清晰和一致,比如某企业的培训生定位为"上能领兵作战,下能躬身力行"的综合型管理人才,在培养过程中务必关注培训生的"干活的手感",以及"团队带领"能力的锻炼。但是无论培训生定位如何,价值观培养是第一要义。培训生作为一张初入职场的白纸，价值观是相对好塑造的，同时价值观一致的员工才是组织的"同心人"，才能走得更远。

培训生培养理念的把握上还有一个关键角色需要慎重选择，即培养训练营的总指挥，或者称为校长。培养训练营的总指挥扮演落地实施计划制订和调整、文化传播使者的角色，因此在总指挥的选择上需要选择核心干部，如果有培训生出身经验更好。如若为了规避风险和持续培养人才，总指挥的任命也可以设置为任期制。

3. 辩证看待"家文化"

"把培训生像孩子一样培养"，是一些培训生培养体系的主打思想，但如果对这个理念诠释的不够透彻，就容易演变为"把培训生当宝，什么都对，什么资源都特殊优先配置"，或者是"一切以最严格的要求对待，不允许有任何过错，遇错严惩"的极端方式，出现"慈母"或"严父"式培养。

前者可能造成培训的骄纵心态，也可能给非培训生的员工带来负面情绪，尽管培训生是组织关注的人才队伍，但是也不能忽略非培训生背景员工的重要性。后者容易造成培训生的压力过大，或者觉得企业人性化不足、尊重性不足而选择离开，造成人员流失。因此，我们要用好"家文化"，科学处理好严、爱、行的关系。

4. 培训生离职也念着组织的好

我们要尊重离开，不要抱着"我培养你那么久，你离开了就是白眼狼"的心态，换个思考角度，"正是因为组织的出色培养，才让培训生得到外界的认可，这学费花得很值""这一次的离开并不代表永远的不交集，有可能是换种方式合作而已"，欣然接受他们的离开，因为这是选择，是获取幸福的行为，让他们在离职的时候也能感受到家的温暖。

六、培训生体系的时代挑战

从 80 后培训生，到 90 后培训生，到 95 后培训生，再到 00 后培训生，培训生的个性差异的相隔年限越来越短，这意味着培训生对培养方式的要求也正在以更快的速度发生变化。合适的培养方式对培养结果总是发挥着事半功倍的作用。如果用更高的效率创造培训生体系的最大成功，是时代对人力资源发起的挑战。面对这个挑战，我们可以从下面三个问题着手思考。

1. 00后浪潮来袭，人力资源工作者如何"乘风破浪"

这一问题的解决方案可以考虑"趣味+刺激+荣誉感"的设置。"趣味"意指培训的有趣性设计，比如加入VR元素的仿真EHS事故培训；"刺激"意指培训项目巧用挑战的设计，将培训关键知识点转化为积分挑战、PK赛等方式进行；"荣誉感"意指积极营造表现舞台和对培训生的优秀成果配合"荣誉标签"、公开宣布等方式广而告之。

2. 培训生培养如何与信息化人力资源接轨

信息化人力资源已经普及了一定的年限，IT技术方面也已经有较多的成熟技术供企业使用。而对应届培训生来说，体验感最深的莫过于员工自助体验，如入职办理机器人、即时沟通工具设置的员工服务机器人、全方位VR企业参观等，都能给他们带来新鲜感和科技感，从而对组织产生兴趣和认可，帮助开启培训生希望与组织进一步建立更新关系的欲望。

3. 如何用社会情感维系培训生

00后的社会情感来源既包括传统的家人、朋友、老师同学等，也新开拓了各视频网站的KOL（Key Opinion Leader，关键意见领袖），甚至游戏伙伴等。因此，在思考用社会情感维系培训生时，在传统社会情感来源上可以做组织福利延伸（如父母体检、父亲节/母亲节为员工父母寄去感谢信）、校企订单班合作等。在新渠道上，组织开设公众号、视频号，或与网红大咖合作推广，以及打造组织的职场话题KOL，都是一些有趣且有用的方式。如图8-7所示。

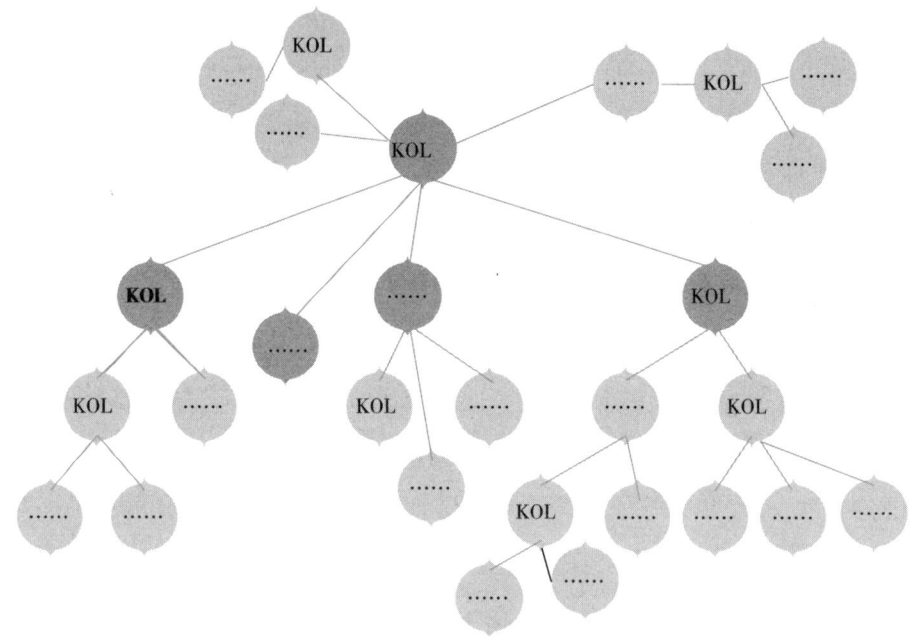

图 8-7 KOL 关系图

培训生只是组织实现业绩的一种人才储备方式,所有的人才建设方式最终目的都是创造业绩。培训生是各行各业都在采用的人才储备方式,各环节设计的根本逻辑在任何行业本质都是一致的,即如何帮助培训生成长,为组织创造业绩,实现两者的共赢,所以重点不在于形式的复制,任何形式都是相融相通的。

第二节 女性领导力训练营

职业女性,经济独立、积极自信,能够引领都市潮流,令人羡慕,但是她们在职场上要承受和男同事同等的压力,回家后又要扮演贤妻良母的角色。社会要求她们果断坚强,又希望她们不失温柔细致。过多的压力令她们身心俱疲,使她们在美丽的外表背后又有些脆弱。

《职业》的调查显示,女性高管在企业中比例低于30%;在北森测评公司过往的经验中，国内大型集团公司女性高管的比例要低于10%。这一列数据显示女性在职场的种种压力，似乎大部分岗位在女性的社会多重角色下选择了回避，优先考虑男性。但是，女性真的在职场中处于劣势吗？我们再来看一组数据。据统计，1999年年底中国的女性业主和法人已达1959万人，其中大批企业发展到了相当的规模，其中女企业家所从事的行业主要集中在加工制造业和服务业，比例占到89%。而从企业经营情况来看，只有1.5%发生亏损，其余均为盈利企业，90%的女企业家认为自己的经营工作"比较成功"或"非常成功"，比男企业家高6.3%。并不是女性在职场处于劣势，而是需要组织关注女性的社会多重角色，为女性设计适合的发展路径。

玛丽莲·洛顿提出：女性领导者同时从两个不同角度（情感与理性结合）观察世界，因而在思想和感觉两个层次上都对发生的事情作出反应。男性领导者重视等级、成败和权力，只凭理性办事并为此沾沾自喜，更喜欢在纵向等级制度中工作，对事情拥有更果断、理性分析和始终负责的态度；女性领导者在注重成果、质量的基础上强调协作，把理性和直觉管理的方法融会贯通，注重高水平绩效输出，在直觉、归纳上有优势。从业绩导向说，女性其实对目标的把握度更高。

一、女性领导者优劣势对比

女性的职业发展还是有局限的，这和女性的特征息息相关。

1. 女性领导者的优势

优势一：女性领导者与生俱来的坚强的意志力、非凡的耐受力对于业务中问题的闭环有得天独厚的优势。

优势二：女性领导者在分辨能力、语言表达能力、协调能力等管理才能上显现出比男性更强的优势，可以帮助女性领导者对团队成员选拔、培养、提升综合能力上更容易达成。

优势三：柔性化管理下的情感优势也是女性领导者特有的优势，女性领导者更善于感情投资，易于联系群众、沟通上下级关系、处理复杂的人际关系，因此我们建议组织中不同层级的团队组建要考虑女性成员的加入，可以帮助团队在冲突管理上发挥优势。

优势四：女性领导者的社会分工属性既是劣势，也是优势的体现。基于社会分工，女性领导者同时承担了女儿、妻子、母亲等角色，也拥有纯洁、无私、勇于奉献、勇于牺牲的母爱特征和较强自尊心和荣辱观感、较强原则性和纪律性，对于组织来说，更能成为"同心人"，善于坚持组织的基本原则。

优势五：女性领导者还具有基于心理、生理特点的知识优势，知觉速度优于男性、机械记忆能力强、形象逻辑能力较强、知识结构立体性、交叉性、综合性也更优，对于决策信息的综合判断能力更强。

2. 女性领导者的劣势

劣势一：女性领导者往往在意别人的感受，在意别人的评价和看法，在决策的时候不够果断，瞻前顾后，对于业务来说，速度有时候是抓住机遇的关键。

劣势二：女性领导者有效地控制情绪能力相对较弱，情绪易露，降低了职场中合作伙伴的信任度。

劣势三：部分柔弱和需要保护的女性容易养成依赖心理，在没有足够独立的内心信念支持下，合作中容易出现希望对方决策的表现。

劣势四：女性领导者的社会角色冲突明显，被传统思想束缚，家庭重担难以释放，固有的生理周期导致的心理和情绪周期，以及女性的孕期、产期和哺乳期直接导致她们的职业生涯中断等，都使女性在职场中发展受阻。

劣势五：自我认知容易受限，权责利不对等是组织中常见的组织痛点，女性也极容易陷入此误区。

其实，女性在生理和社会化因素影响下，在解决问题上更具有创造性，也更符合21世纪的领导理念。

/ 第八章 / 不同群体的培育方法

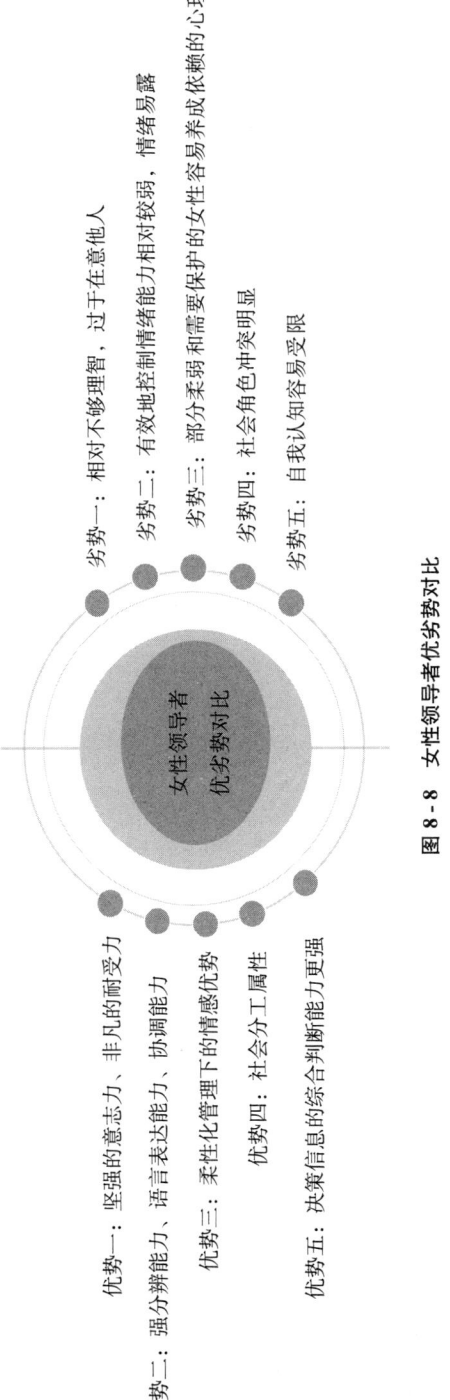

图 8-8 女性领导者优劣势对比

优势一：坚强的意志力、非凡的耐受力
优势二：强分辨能力、语言表达能力、协调能力
优势三：柔性化管理下的情感优势
优势四：社会分工属性
优势五：决策信息的综合判断能力更强

劣势一：相对不够理智，过于在意他人
劣势二：有效地控制情绪能力相对较弱，情绪易露
劣势三：部分柔弱和需要保护的女性容易养成依赖的心理
劣势四：社会角色冲突易明显
劣势五：自我认知容易受限

209

二、女性领导力训练营

女性领导力训练营旨在对潜力女性干部在职场信心、职场技巧、职场周边三个维度帮助女性干部认知到自我的优劣势,以及有策略性的应对职场问题,在实现个人价值的同时发挥自身潜能优势,帮助组织实现业绩目标。如图8-9所示。

职场技巧
- 冲突管理:向上、平级、向下冲突
- 谈判能力:商务谈判、管理谈判
- 职场心理学:情绪管理
- 演讲技能:演讲话术、演讲姿势
- 女性职场优势认知与应用技巧

职场信心
- 职场穿搭:色彩搭配、着装礼仪、流行趋势
- 化妆技巧:不同场景化妆要点
- 视野培养:书籍推荐、特殊场合交流话术、奢侈品牌认识

职场周边
- 兴趣培养:插花、瑜伽、交际舞、写作、旅游、理财……
- 家庭平衡:婚姻相处、孩子培养

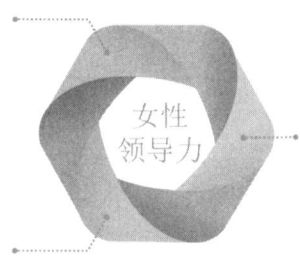

图8-9 女性领导力培养

1. 职场信心培训

职场信心维度的培训可以从职场穿搭、化妆技巧、视野培养角度设计,希望潜力女性干部从外到内关注自己。职场穿搭是给同伴、上司和商务合作伙伴的第一印象的关键,衣服是有能量的,合适的衣服能带给人自信和气场。高雅秀丽、合适大方的衣着搭配能让人显得有精神、有气质。同时,在敢于穿着漂亮光鲜的衣服引人注目时,也意味着其他方面准备好了,要不哪来的时间关心外在着装,这也是一种综合实力的走秀。所以,不是衣服本身有多大能量,而是衣服呈现了女性的自信,自信带来了力量,让女性看起来充满能量。职场穿搭的详细课程包括色彩搭配、着装礼仪、流行趋势。化妆是穿搭的锦上添花项,重点是关注不同场景下的化妆要点。视野培养方面的维度更大,比如书籍推荐、特殊场合交流话术、奢侈品牌认识等都是可以考虑的培训内容,目的是拓展

知识，在和不同人员沟通时候能够快速搭建起共同话题，帮助顺利开启合作模式。

2. 职场技巧培训

职场技巧训练是更加聚焦组织活动，帮助女性干部展示自己业务能力的设计。冲突管理的培训可以帮助女性干部在面对与上级、平级和下级的冲突时如何在差异中寻找共识点达成双赢。谈判能力分为商务谈判和管理谈判两个维度。商务谈判技巧的掌握可以采用商务谈判实战模拟的方式给学员更深刻的感受。管理谈判是指女性干部在帮助团队成员融入团队、培养团队成员、吸引优秀人才的手段，包括共情领导、访谈技巧、情感寄托建立等方式。职场心理学的培训是针对女性有效地控制情绪能力较弱问题而设计，通过情绪管理更加理智地面对职场的各项突发情况，塑造女性干练形象。演讲技巧是帮助女性在天生的表达优势上实现如何有技巧地精准表达，包括演讲话术、演讲姿势等实操演练。

以上方式更多的是从技术角度为女性职场加油，实际上女性还有一些独特的情感职场优势，正确认知并且巧妙应用，也能有让人惊喜的收获。首先，从共情优势到共情领导的转变。共情式领导，简单概括，就是领导者对被领导者的情绪、认知等"感同身受"，进而在情绪识别和情感认同的基础上产生"同呼吸、共命运"的心理反应，从而为团队意识和合作意识的产生和巩固奠定良好基础。共情领导可以分为三部分：关爱人、激励人和凝聚人。如图 8-10 所示。

关爱人是指塑造情感共同体，通过共情，识别和体验被领导者的情绪，促进双方形成良好的情感认同和工作合作关系，将领导者个人关爱转化为组织的制度化关爱，增强组织成员的团队意识和合作意识。关爱人具体表现为感受同事的所想所盼，拉家常似的关心一下对方——"老人身体怎样，孩子学习如何，工作有什么困难"，还可以将关爱人形成制度化，比如爱心基金、茶话会、团建聚餐、分享机制等。

激励人是指关注共同成长和发展。首先，实施个性化激励，提升激励的实效性，从组织的资源实际和组织成员的实际需求出发，选择并实施合理的激励手段。其次，更多采用精神激励，提升激励的持久性，尊重组织成员的人格，尊重组织成员的贡献，尊重组织成员的意见。单纯或者过于强调物质激励，很可能会削弱下属对工作意义的认识和对工作价值的追求，从而起反作用；真正有效的，可以经常使用的是精神激励，因为情感是影响人们行为的最直接因素，它决定人的价值取向和行为方式。组织中的意见大体上可以分为建议、批评和牢骚等形式。无论是建议和批评都是组织成员出于对组织的关切，而就组织或领导者提出的工作改进意见或者努力方向，其动机和态度值得充分肯定。提出建议和批评的组织成员，会因为这种对组织工作的共同参与感而联结起来。他们的建议和批评如果被组织领导者采纳了。一方面会让他们产生成就感；另一方面会增强他们对单位和部门的忠诚度。"牢骚虽不总是正确的，但认真对待牢骚却总是正确的"，女性领导者应当放低姿态，挖掘其中的正能量，冷静、真诚对待各种牢骚，营造组织成员共同关心组织的好氛围。实践证明，组织内部成员的人格、劳动和意见一旦受到尊重，往往会产生比物质激励大得多的激励效果。

凝聚人是指营造事业共同体。认真倾听，换位思考，提高沟通质量是关键方法。在沟通中善于使用恭维语、委婉语、强调副词、弱化愤怒用词；给予对方足够的重视，倾向合作而不是竞争；选择劝导、教育等一系列人性化的手段。在措辞方面，很多学者指出，两性在语言方面存在着较大的差异。日常言语交际中，女性善于使用恭维语来表达对他人的积极评价，以满足对方面子的需要。对于那些不便直接表达的，女性更多地使用委婉语。在表示赞叹时，女性常使用强调副词来加强语意效果；而在表达愤怒情绪时，女性使用的词语往往比男性使用的同类词语的语气要弱。因此，在凝聚人的沟通中，女性往往比男性更容易成功。

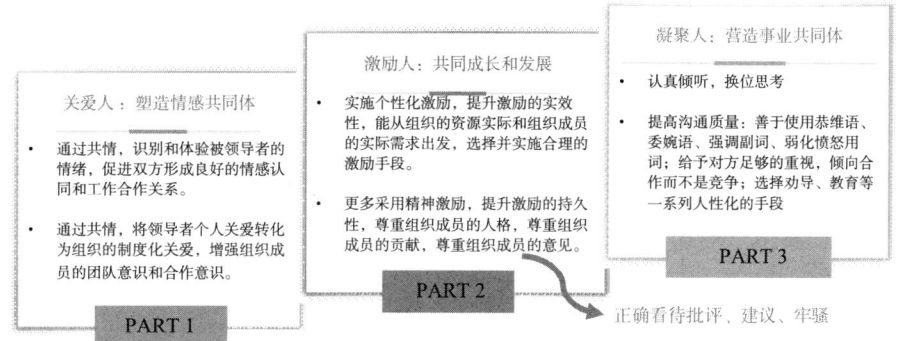

图 8-10 从共情优势到共情领导

3. 职场周边培训

职场周边培训是打破女性只有家庭和工作的模式，培养一项专属兴趣，可以让女性干部更有魅力。女性领导力训练营在兴趣培养上有两个目标：一是带女性干部入门兴趣；二是组建兴趣小组，让一时的兴起转变为真正的兴趣。对于精英职场女性，插花、瑜伽、交际舞、写作、旅游、理财等不仅仅是建立个人的兴趣，也对工作人际关系和个人身体健康有益处。职场女性的大部分时间还是离不开工作、生活及两者之间的不断平衡。而职场女精英在这些方面往往有独特的处理方式可以作为经验分享，比如分工计划、干预界限的约定和执行。分工计划是指在孩子教育的分工上，提前约定夫妻双方及老人之间的分工，然后相信彼此、勇敢放手。不管在生活中还是工作中，"既要又要还要"的权利和资源过分掠夺方式都会让合作产生更多矛盾。

女性领导力训练营还需关注搭建女性干部表现舞台。在课程中，尽量使用演讲分享、情景实践、辩论赛等方式，充分设计学员表现舞台。识别学员的个人特长，为学员打造专属舞台，共同打造学员专属作品，并将作品推广，建立女性干部学员的组织影响力。此外，将女性领导力训练营打造为接力式训练营，在每一场女性领导力结束与学员签订训练营导师聘任函，让女性干部从学员到讲师，让女性领导力训练营从点到面快速铺开。

三、职场女性进阶修炼

组织将根据个人的能力、气质属性和职业属性的匹配程度来确定工作，而与性别无关，所以职场女性一定要摆正心态，不要在需要担当时候就标榜女性弱势，在需要共情时候刻意追求理性果断。职场本质是一个中性化的场景，无论是男性还是女性，无论过程的曲折点是否一样，对于组织来说，输出业绩并且源源不断输出合格业绩才是结果。

当然，中性化只是职场层面的，无需延伸到生活的方方面面。社会上一度出现的"女强人"热，过分强化了男性化特征。它和强调女性回归家庭的做法一样，是两种极端。对于工作和家庭的平衡本质是分工问题，家庭的维系也是一个团队管理，如何让团队成员确定职责并且有序合作，是家庭共同的任务，只是有可能主导者是爸爸，也有可能是妈妈，具体是谁，只是发挥所长的问题，也就是谁强谁上，不需要过度纠结和计较得失。

职场正常的性格模式应该是"双性化性格"，淡化性别角色，只是面对不同的场景找到更适合的解决方式，只是方式有些是有天生优势的，有些是需要后天锻炼的。

/第八章/不同群体的培育方法

- 女人的关心是世界上最容易让人感动的事情之一

- 得体的女人在职场不会刻意抹杀自己的女性特征,装得和男人一样强势硬朗
- 区分赞美、诱惑,什么时候假以辞色,什么时候严辞拒绝

- 工作场合拒绝"病美人"
- 权利与义务对等,所以不要奢望别人对你的要求降低

```
        关心   大方
              得体   健康
        正统  女性领导
              武器   善于
        自信   稳重   平衡
```

- 学会利用团队力量来做事,而不是事事靠自己
- 同事、父母、丈夫、孩子、保姆,让他们有序合作

- "不要在你喝的水里洗澡"
- 正统但不叛逆

- 充满自信的目光看待每一件事每一个人
- 不过度在意别人的看法和评价
- 培养自己的主见,勇于表达

- 学会微笑来回答或中断你认为会影响集体团结的问题和话题
- 处变不惊,安然对待,不做小鸟受惊状,或者花容失色,或者喋喋不休

图 8-11 女性领导者的武器

第九章
正在发生的组织管理新趋势

人力资源作为组织业务发展的关键推手，不仅仅要关注如何将组织中已经发生的问题用机制、流程、人才发展的方法解决，更需要关注如何在当下的组织设计中考虑未来的趋势，实现推动组织当下即未来式的组织设计。这些未来的组织发展活动，也与组织与外部环境的冲突、组织内部的冲突息息相关，如何利用这些组织冲突帮助组织在当下建设未来，也是人力资源工作者持续思考的话题。

第一节　当下的组织模式

疫情改变了现代生活的很多生活方式，工作方式也不能避免。居家或远程办公、疫情防控成了疫情下职场的热搜词，这些和原先的工作状态都出现冲突，人力资源工作者则需要思考当下的组织模式有哪些更新迭代。在人力资源的日常工作中，招聘与培训因疫情的影响发生了最明显的模式更新。

一、招聘模式更新

无论是社招还是校招，候选人很多时候无法实现现场面试。在这种情况下，如何能在招聘市场快速招聘到优秀合适的人才，并且让组织和候选人双方做好双向评估，降低入职后的不合适带来的离职成为关键问题。

在校园招聘宣传渠道，以往的入校宣讲会、现场双选会不能像以前那样蓬勃发展，更多转向了老师推荐、学生互相介绍及线上宣讲会方式。如何让企业在目标高校中提高知名度和辨识度，成为保证校招效果的关键措施。因此，校企合作将成为重要措施。学校与企业的合作对于科研组织来说，研究课题的合作或者合作实验室等方式是更加精准物色人才的方式。奖学金机制、联动高校开展学生专业性竞技活动（如营销大赛、化工设计大赛等），都是有效方式。如果是中长期的合作方式，与学校开启订单班合作，从学生入校开始并锁定人才，也是值得考虑的方式。

在网络是最快传播路径的时代里，有效与网络KOL合作或者培养组织自己的KOL也是重要的招聘宣传渠道。与网络KOL合作需要进行合作前筛选，为了让效果更加集中有效，需要对组织的短期、中长期招聘需求做充分的梳理与分类，以类别来识别KOL合作伙伴效果更佳。培养组织自己的KOL则重点是在搭建KOL影响力上。将KOL在对目标人群中富有影响力的场景中进行演讲分享、圆桌座谈会或者充当指导角色，是提高KOL对目标人群影响力的常用方式。

结构化面试一般能够解决的是双方对专业度、性格等方面的了解，而是否能完成招聘，很多时候工作环境的认可也是关键因素。在疫情的影响中，无法现场面试成为常态，在这种常态下如何能让候选人对工作环境有进一步的感受，VR技术可以提供这个帮助。将工作场景转化为VR场景，在确认组织和候选人的合作关系前，先对工作环境中的硬件设施、空间结构有更好的360度了解的方式。VR技术既解决了候选人无法现场对工作环境进行感受的问题，也可以给候选人科技感组织的感受，提高候选人对组织的好感度，提高组织在招聘中的主动权。

二、培训模式更新

人力资源工作者在组织内部更像第三方组织，开展培训，直播授课、碎片化学习、录制视频培训等成了不得不用的方式。直播授课的方式切实解决了无法一起培训的困难，不得不承认，对于小组讨论、课堂提问等方式还是比面对面培训效果差。

为了解决直播授课的弱点，需要培训课程设计人员做更好的培训前期准备和后期巩固工作。前期准备中，可以将学员按空间和其他可以考虑的因素成组分配，并为各小组设计培训前研讨课题并提交，对于课题中呈现的不足穿插到课堂讲解中。后期巩固中重点为课堂中的讲解内容转化为实践课题，同样以小组的方式进行研讨输出及后续以小组为单位跟进辅导。这种方式为尽最大可能增强培训的交流性。而人力资源工作者作为培训的组织方，正式发挥推手的作用，在课程前中后期分别对讲师和学员做好督促和"收作业"的工作，保证培训效果。

第二节 技术工人招工难

90后、00后、10后以及更往后的新生代，对生活与工作的平衡性、工作的舒适度有了更高的要求，在信息发达的年代中他们对新鲜事物的追求更简单，IT行业的白领生活的高收入社会光环等，使得新生代选择技术工人这条路的越来越少，技术工人招工难成了制造业人力资源工作者的普遍难题。如图9-1所示。

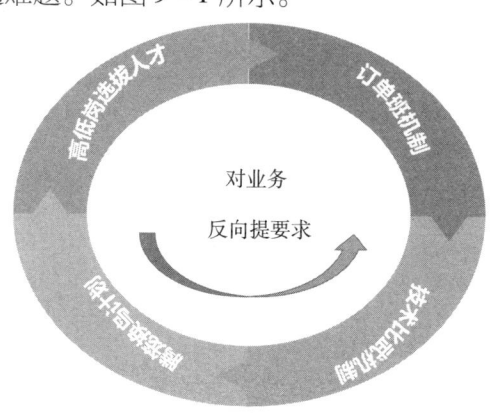

图9-1 技术工人发展思路

一、从人才易获性出发

在技术工人招聘的问题上，如果无法一步到位，可以考虑弯道超车，即从人才易获性的角度优先获取到不一定100%符合技术工人的人才，后续通过组织的运营机制或培养或引导至需求岗位。从人才易获性角度获得的人才，可能是能力不达标或者意愿不达标，从而无法一步到位解决业务需求。

对于能力不达标的部分，可以为具体岗位梳理符合组织需求的高低杠原则。事实上，没有一位候选人来面试的时候能够具备所有的能力和个性要素，在实际工作中，有些技能是可以培训和提升的。我们可以区分"核心胜任要素"和"可提升要素"，将必须具备的，后续较难提升的确定为核心胜任要素，其他的是可以提升要素，成为"高低杠原则"。可提升要素指的是目前没有或者是经验不足，但暂时对合格履行工作职责影响不大，可通过内部逐步提升的要素。对于低杠部分无法满足要求的人才，设计入职后的定制培养计划，从而帮助员工达成组织的各项要求的同时解决组织的招工难问题。如表9-1所示。

表9-1 高低杠原则

高杠因素	即核心胜任要素，指的是必须具备的，后续较难提升的要素
低杠因素	即可提升要素，指的是目前没有或者是经验不足，但暂时对合格履行工作职责影响不大，可通过内部逐步提升的要素

对于意愿不达标的部分候选人，很多时候意愿并不是永久不变的，有可能只是对实际情况的不了解而意愿不强，或者一旦从岗位中获得成就感便可将意愿转化。在组织机制中，轮岗本身为人才发展机制之一，而将技术性岗位设计为轮岗中的一环而非起头的一环，往往也可以帮助解决技术工人稀缺的问题。当然，这一方式若想行之有效，必须组织是高度认可技术工人岗位的。也就是说，技术工人作为一个稀缺岗位，必

须获得组织在资源上的倾斜，或是薪酬福利，或者组织影响力，或是成长机会优于其他岗位。因此，在组织文化宣贯上及组织活动组织上，比如"最美技术人选拔""技术比武""技术系列训练营"等活动，必须考虑技术工人。

二、设立订单班机制

从人才易获性角度思考如何解决招人难的问题是在获取即用型人才的措施，从更长远的角度来说，可以设立订单班机制。订单班机制主要指从校企合作的角度，和学校确定一套在大学期间课程便融入企业的实训活动，对口专业的学生在步入学校时候开始接触组织，加深学生对企业的了解与熟悉，同时降低因为不了解而不选择的概率。

技术工人的订单班机制建议可以深化到中、专科学院。相对于全日制的大学本科及以上的学生来说，中、专科学院的成熟度相对弱一些，订单班机制可以帮助他们在对企业的选择上获取更多的信息，同时对于技术工人来说符合度更高，更好地帮助企业、学校及学生个人实现共赢。

订单班机制下，企业要在学生在校期间不断"刷存在感"，即做好过程管理。订单班机制是一个班次时长在3年及以上的人才获取机制，周期长是显著特征。在这个过程中，如果过程管理不足，则会出现因为"放羊"式合作，学校对企业对学生的关注度持怀疑态度，学生也对企业了解不足，企业也对学生了解不足，导致学校和学生意愿度不高、企业无法将人才配置在合理位置等问题出现。订单班的过程管理可以和企业参观、企业实习、企业资深技术人员作为讲师参与学生授课、实战业务课题等方式进行，也就是不仅仅是学生走进企业，还需要企业主动走入学校、走入学生，才能取得更好的效果。

订单班的合作需要一定程度上考虑空间距离问题。订单班机制是面对3年及以上的应届生人才，而在应届生的就业考虑中，地点的选择往往是头部考虑因素。此外，选择在周边的学校中实施订单班机制，也可以让企业在当地的知名度发挥吸引作用。

三、技术比武机制

技术比武机制是应用在人才入职企业后的措施。招人难一方面是来人少；另一方面也缘于流失高。技术比武机制是"以考带训"的重要措施，是希望推动技术工人自主学习、以 PK 方式下进行的技能提升，一方面是保持了持续性学习的组织氛围；另一方面是将 PK 赛方式引入，带来刺激感和荣誉感，给技能提升的训练加上趣味性。

技术比武的举办节奏要做好把握。持续性的学习型组织，单靠一次性的活动肯定是不够的，因此技术工人的技术比武一定是短周期性持续进行的，比如季度方式。这就要求在设计上要不断地做难度和趣味性升级。此外，为了保证技术比武的吸引力，技术比武可以分难度梯次进行，为了避免出现"常胜将军"，可以发现更多的能人并让能人受到关注。

技术比武的结果要配合大力宣贯。技术比武的结果可以通过晋升优先、积分兑换福利、专刊访谈、授予荣誉标兵等方式进行应用。技术比武结果的应用一方面是激励胜利者持续提升；另一方面是激励未获胜的人继续努力达成目标。两者都是让已经在技术工人赛道上的人员感受到荣誉感并且愿意坚持下去，让技术工人"有盼头的工作"。另外，技术比武结果的应用还是吸引有可能进入技术工人但未进入赛道的利器，一方面是普通员工通过技能提升达到技术工人的位置；另一方面是之前对技术工人不了解的具有技术背景的员工可以尝试轮岗，拓宽自己的职业通道。

四、腾笼换鸟计划

对于招人难的岗位来说，在"岗位高低杠管理 + 内部培养/轮岗机制"下，无法避免无法达标或者说无法随着业务的发展达到要求的部分员工。对于这种情况，人力资源工作者需要推动组织的腾笼换鸟计划。

为了实施腾笼换鸟计划，不仅仅满足业务部门提出的招聘需求，还需要增加组织实施腾笼换鸟计划的岗位，并持续物色外部合适人员。如果没有持续流入的池水，就容易成为一潭死水，是无法成就一池活水的。

腾笼换鸟计划实质上是一种退出机制，计划的实施可以通过打造组织冲突来反向推动员工的持续自主的提升。当然，腾笼换鸟计划作为一种退出机制，目的都是把合适的人员放到合适的位置上，因此不要一味考虑让人员退出组织，而是进一步思考如何让人员换到组织内更合适的岗位，充分发挥员工的长处，实在没有合适岗位，再考虑退出组织。

五、反向对业务提出新要求

人力资源的具体操作和业务是相辅相成、双向影响的，因此不仅仅是单项业务对人力资源操作提出需求，反向人力资源也需要对业务提出新要求。面对技术工人招人难的问题，人力资源工作者不仅是在招聘、内部培养上做设计，也需要进一步与业务勾连，尝试从业务活动优化角度上减少技术工人数量，或者优化技术工人工作环境等方式配套解决招人难问题。这种更是从业务本质上解决问题的思路。从业务优化角度，需要先对技术工人招聘难的原因进行分析，分析数据来源于离职数据分析、招聘数据分析等。

如果招人难的原因是新生代对工作环境的追求，在这种情况下，可以反向对业务提问：可以通过哪些工艺改善措施提升工作安全性？可以通过哪些设备改造可以将噪音或灰尘或高温等工作环境进行优化？如果招人难的原因是外部技术工人可选数量下降，可以反向对业务提问：是否可以进一步对装置进行自动化升级，提升单人操作设备数量从而减少人数，或者是降低操作难度，从而降低对操作人员的技术能力要求？

第三节　企业科技感打造

新生代将成为未来组织的关键人才，如何吸引新生代成了不得不思考的问题。吸引新生代的方式多种多样，包括社会关系营造、用户体验提升等。本节主要分享如何在打造企业科技感上提升用户体验，选择这一角度，一是这些措施相对容易实现但效果明显，因为和员工日常息息相关；二是这些措施可以在一定程度上解放组织简易、重复操作的劳动力，将有限的人力资源发挥在更高价值的工作上。

一、面试感受升级

面试是员工接触企业的第一印象，在面试环节做好企业的科技感升级打造，可以有更好的结果。面试科技感升级可以从面试硬件条件、企业实景了解维度设计。

面试硬件条件可以通过面试过程一体化实现，包括面试要约、面试远程环境、笔试测试、面试结果输出的一体化。要实现面试过程一体化，首先需要对组织的招聘流程的关键节点梳理清晰实现标准化，接着利用成熟的招聘软件实现数据的勾连。

在企业了解方面，包括对企业文化的了解和企业实景环境的了解。企业文化的了解可以通过公众号、视频号等方式形象化的体现，企业实景环境的了解则可以通过全方位 VR 技术进行打造。一键全景浏览，解决远程无法现场感受企业环境的问题，同时为员工带来的满满科技感。

二、员工自助服务

员工自助服务是指员工通过企业建立的网络平台，实现自己对相关事宜的处理。一般来说，是指允许在一定授权范围内的人员在线查看企业规章制度、组织结构、内部招聘信息、个人当月薪资及薪资历史情况、个人福利累计情况、个人考勤休假情况、内部培训课程、提交请假/休假申请，更改个人数据，以及与人力资源或是其他部门人员进行电子方式的无纸化沟通。

员工自助服务可以再做升级管理。员工自助服务第一阶段的产品主要是通过知识共享，在不同的界面对不同的信息进行查询的方式。这种方式可以解决员工因距离较远、得到回复较慢的问题，但是依旧存在需要从不同的渠道进行查询的不便之处。员工自助服务 2.0 版本为使用智能问答机器人，嵌入员工的常用办公即时沟通软件，采用将不同员工自助信息在同一个常用的界面中集中呈现，并且可以使用文字、语音等形式进行提问查询，让员工自助服务更加集中化、更加高效。另外，采用线上机器人回复的方式，可以对机器人形象进行自定义设计，让工具更加形象化、活跃化，大大提高使用率。

员工自助服务机器人不仅为员工的日常问题解答提供了便捷性，并且使用机器人的方式将组织中大量日常重复、枯燥但不得不做的业务（如员工咨询解答）减少人力资源的投入，这份投入不仅仅是薪酬福利的成本，还有入职管理、在职管理、离职管理等方面的成本。人力资源的成果之一便是组织人均效能的提升，而这类工具的使用是有效措施之一。

三、巧用成熟 IT 技术

人力资源的创新更多是在组织中的创新，但是创新不一定是 100% 都是从 0 开始创造，合理利用成熟有效的工具，可以让组织的创新来得更快而且更有效。RPA 工具、BI 软件等 IT 技术都是帮助改变组织以往高时间占比在数据收集、统计、整合，低时间占比在分析的习惯。

RPA 机器人全称 Robotic Process Automation，中文全称机器人流程自动化。RPA 指用软件自动化方式实现在各个行业中本来是人工操作计算机完成的业务，把人从烦琐的重复劳动中解放出来。因此，在一些必须要有审核但是审核标准统一、明确、操作简易的流程环节，就可以使用 RPA 机器人实现。RPA 机器人相对人来说，可以实现 24 小时不停歇工作，降低了因为疲倦、情绪等人为因素带来的判断失误。

BI 软件是商业智能（Business Intelligence）软件的英文缩写，商业智能通常被理解为将企业中现有的数据转化为知识，帮助企业做出明智的业务经营决策的工具。在当代企业中，数据仓库基本都已经建立，如 ERP 等工具的使用，但是大量的基础数据往往只成了堆积品，并未能为企业的决策提供直接帮助。而 BI 正式是基于对企业一手资料的分析工具。通过分析逻辑的编辑固化数据的输出，帮助组织快速、准确、即时获取分析数据，帮助决策。另外，BI 报表的快捷建立（实施周期较短），可以让这个工具不仅仅是为组织头部决策驾驶舱提供资源，更可以延伸到不同层级，让数据分析帮助决策的组织习惯贯穿组织更高层级，提升组织的整体竞争力。

当然，这两个技术只是示例说明，但是可以往这个方向做持续关注、大胆引入、快速推广，持续提升组织的效率和科技感。如图 9-2 所示。

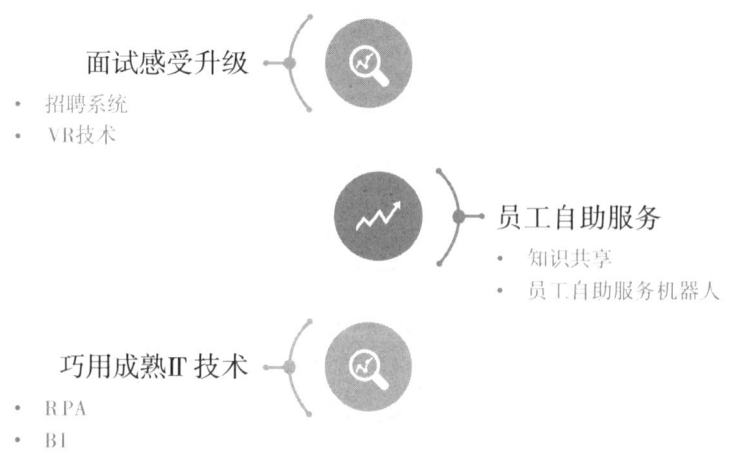

图 9-2　企业科技感打造手段

第四节 零工经济

零工经济指的是区别于传统"朝九晚五",时间短、灵活的工作形式,利用互联网和移动技术快速匹配供需方。零工经济是共享经济一种重要的组成形式,是人力资源的一种新型分配形式。零工经济由工作量不多的自由职业者构成的经济领域,利用互联网和移动技术快速匹配供需方,主要包括群体工作和经应用程序接洽的按需工作两种形式。"零工经济"这种新业态正席卷全球。数据显示,在美国和欧洲,有10%~15%的适龄工作人口通过打"零工"谋生,还有10%~15%的人把打"零工"作为主业之外的副业,实际参与人数超过1.6亿人。2021年,据人社部公布的数据,中国灵活就业从业人员规模2亿人左右。

零工经济已经成为一种必然趋势,作为人力资源工作者,必须学会接受并推动组织各层面接受零工经济趋势。首先,零工经济的蓬勃发展必然会影响组织的劳动力来源,如果一味抗拒灵活就业从业人员,追求稳定性,只会让组织的用工处于困境。与其一成不变抵抗新事物,不如学会和新事物融合,发挥更大的价值。面对灵活就业从业人员的规模越来越大,我们需要从现在开始就着手盘点组织内的各类岗位,识别适合转变使用灵活就业从业人员的岗位,并从各维度考虑匹配的机制变更。其次,反向对业务提出要求,从设备、技术等升级上实现减少基础劳动力的数量,应对普通劳动力减少的问题。

在组织考虑使用灵活就业从业人员的岗位时需要充分考虑用工安全和保密性问题。灵活就业从业人员的流动性一定是更高于常规劳动力的。在这种高流动性下,制造业的岗位本身需要做更多的安全管理,如何将用工安全培训用更快更好的方式达成,是需要持续探讨的问题。要解决这一问题,也需要结合考虑法律法规层面随着零工经济的发展而做变化。高流动性也为组织尤其是高新科技类企业的保密性带来挑战,这方面的内容可以从 IT 硬件、软件做不断的升级为基础，搭建组织的信息安全体系，为组织的核心竞争力保驾护航。

组织的未来，不管是各类人力资源业务的更新、组织科技感的打造、IT 技术的使用，还是现在已经到来，未来将蓬勃发展的零工经济，无疑都是日常重复、枯燥的工作与时代发展、组织发展之间的冲突。一切组织建设都是为了业绩结果好，业绩结果好了组织肯定不差，但是业绩不好了组织肯定是不好的，组织好了也许业绩不一定好，需要机遇。总之，组织的冲突等说多了都没用，就是要贡献业绩，因此当下引领未来各类操作，都需要以提升人均效能为出发点进行设计、推动和落地。

致　谢

在本书的创作过程中，从提笔到终稿，以及编印，我得到了亲朋好友的帮助，要感谢的人太多，在此无法一一列举。但是我要特别感谢一些人，感谢他们在我写作过程中给予的帮助、支持和过程中显示出来的专业精神。

感谢我的父母，他们不仅赋予、成就了我的价值观，还帮我处理了日常生活的琐碎事情，解放了我，让我安心工作，并最终写成此书。

感谢我的先生，他总是默默支持我的工作与发展。他不仅关键时刻帮我出谋划策，还全权处理了孩子读书过程中的各项事务，让我轻装上阵，不仅成就了事业，还让我顺利完成此书的编写。

感谢我的搭档张梦和钟淑芬，我们用项目管理的方法论共同完成了此书的创作，而且我们实践了三人小组的有效性及团队补位的重要性。两位搭档不仅在写作上给予我具体的指导意见，很多地方优秀的文字描述都离不开她们的润色与调整。

我的工作、生活中涉及太多的天赐材料员工，在此无法全部列出，每当我描述一个故事时，故事里的"我"往往是"我们"，感谢我的同事提供的宝贵经验。

感谢我的老板徐金富先生，他不仅是个好上司，还是一位高级赋能的人生导师，尤其是核心高管团队的打造实践离不开他的大力支持与帮助，我想再找不到比他更好的良师益友了。

感谢刘善仕教授为本书作序，刘教授循循善诱，引导我在组织建设与发展方面更好地提升与迭代。我将他的鼓励与教导视为未来前进道路上的灵丹妙药。

感谢齐晓峰老师为本书作序，齐老师不断地鼓励我、指导我，给我分享、传授组织发展的宝贵经验，让我实践了非常多的组织发展理论。

感谢这一路陪伴我学习的各位专家、学者，不断给我提供思路及问题处理的技巧、招数，让我越来越得心应手。感谢为本书做推荐的康至军先生、邹标先生及郑卫琴先生。

最后，感谢博瑞森图书公司董事长张本心、编辑李俊丽为本书出版付出的劳动和努力。感谢广大读者朋友对我的厚爱。

黄娜

2022 年 11 月 20 日于广州

老板·创业				
一、经理人				
书名	内容	书名	内容	
老总有想法，高层有干法 王清华 著	企业将、帅之间的定位问题、角色问题、方法问题、思维问题、管理问题等	历史深处的管理智慧1：组织建设与用人之道 刘文瑞 著	通过历史鉴照当今企业选人用人、二代接班人、创业团队管理等问题	
历史深处的管理智慧2：战略决策与经营运作 刘文瑞 著	通过历史鉴照当今企业决策、战略规划、战略冒进、决策监督等问题	历史深处的管理智慧3：领导修炼与文化素养 刘文瑞 著	通过历史鉴照当今企业的领导修养、用权、管理风格等问题	
老板经理人双赢之道 陈明 著	经理人怎么选平台、怎么开局，老板怎样选/育/用/留			
二、用人				
用好骨干员工 王敏 著	系统化分享关键人才打造与激励方法	领导这样点燃你的下属 孟广桥 著	领导者如何才能让员工积极主动地工作	
让用人回归简单 宋新宇 著	帮助管理者抓住用人的要害，让用人变得简单	激活新生代员工 史量 孙斌 著	走进新生代的世界，一套行之有效的管理、激活90后、95后、00后的方法	
三、转型·创业				
创业要过哪些坎 董坤 著	15年创业咨询经验总结的创业遇到的问题及办法	高潜牛人 董坤 著	创业和事业发展中如何找到牛人	
成为下一个SaaS独角兽 崔牛会 主编	19位SaaS领专家，7个不同的视角总结SaaS行业实践	创模式：23个行业创新案例 段传敏 著	CEO社群23位企业家的思考与实践分享	
重生——中国企业的战略转型 施炜 著	本书对中国企业战略转型的方向、路径及策略性举措提出了建议和意见	7个转变，让公司3年胜出 李蓓 著	企业估值、业务模式、营销、生产制造、客户服务、用户黏性、组织管理7个转变	
企业二次创业成功路线图 夏惊鸣 著	五步骤给出了一幅企业二次创业经营突破、管理提升的成功路线图	跟老板"偷师"学创业 吴江萍 余晓雷 著	如何通过"偷师"学习与积累当老板的阅历	
公司由小到大要过哪些坎 卢强 著	企业成长路线图，现在我在哪儿、未来还要走哪些路都清楚了	跳出同质思维，从跟随到领先 郭剑 著	66个精彩案例剖析，帮助老板突破行业长期思维惯性	
极速增长：企业扩张策略 董坤 著	以"8shoes扩张法则"为思考框架，帮助处于这个阶段的创业公司及以创业公司形式孵化的变革型项目做出清晰的战略选择			
企业经营				
经营打造你的盈利系统 高可为 著	选择最有效的经营策略，打造属于自己的商业模式	中国企业的觉醒 王涛 著	企业告别自私、野蛮，转向善良、爱，才会赢得消费者	
成为敏感而体贴的公司 王涛 著	未来有竞争力的企业，一定是那些敏感而体贴的公司	有意识的思考 王涛 著	对头脑中固有观念保持觉察，从而超越它们的局限	
简单思考 孔祥云 著	著名咨询公司（AMT）CEO创业历程中的经验与思考	写给企业家的公司与家庭财务规划 周荣辉 著	以企业的发展周期为主线，介绍各阶段企业与企业主家庭的财务规划	

续表

书名	内容	书名	内容
从10亿到100亿的企业顶层设计 刘建兆 著	重新定义企业成长方式，有效益、有效率、有效能、有效果、有品质的良性成长	企业融资：投资人没告诉你的那些事 杨军 著	资深投资人揭示融资"潜规则"，让企业有的放矢
宗：一位制造业企业家的思考 杨涛 著	发展20年营业额近亿元制造业企业家的思考与心得	使命：驱动企业成长 高可为 著	用大企业发展轨迹及企业家的心路历程，揭示企业成长的基因、做事的逻辑
让经营回归简单 宋新宇 著	战略、客户、产品、员工、成长、经营者的经营法则	边干边学做老板 黄中强 著	86个案例讲述中小公司成长过程中遇到的问题和方法
盈利原本就这么简单 高可为 著	跨越业务与财务边界，为企业提高盈利水平提供方法	战略参谋：写出管用的战略报告 蔡春华 著	企业对自己、市场、行业其实了解更深，助你高质量完成战略规划
不战全胜：给企业家读的孙子兵法 王吉坤 杨伟霞 著	从《孙子兵法》提炼和总结了帮助企业打造行业龙头品牌的体系	公司离不开的全栈运营高手：产品运营与推广获客 王虎 著	涉及运营案例、思维理论、实操复盘、管理方式、推广策略等，是作者八年运营推广经验的浓缩
公域引流 私域经营：这样经营用户关系 王庆云 汪洋 著	为大中型企业提供私域建设的顶层和全景式框架，探索不同业务特性可能适配的不同私域模式	平台生态：价值创造与价值获取 彭毫 罗珉 著	厂商之间的竞争已经从产品转到平台，如何创造新的价值创造和获取模式，是企业最想得到的答案
合伙制经营：有效激励，而不丧失控制权 胡八一 著	重点阐述实施合伙制的流程，通过四步为企业家提供一种有效激励而不丧失控制权的工具和方法	机制创造人才 彭剑锋 尚艳玲 著	华夏基石专家团著作，为个体赋能，经营人成就人，进行机制创新和价值管理
企业高管经营课：觉察认知盲点，突破增长瓶颈 范桃根 著	65个问与答，全面认知企业问题在哪里，避免盲人摸象；打破认知障碍，拥有解决问题的能力。附赠一套方法工具		
管理·管理学			
一、企业管理			
让管理回归简单 宋新宇 著	从目标、组织、决策、授权、人才、老板自己等提供方案	管理的尺度 刘文瑞 著	西医式的体检化验，又要施加中医式的望闻问切
管理：以规则驾驭人性 王春强 著	人性驾驭角度权度运筹安排的可兑现性，管理有效性	看电影，学管理 刘文瑞 著	十六部电影的解读，揭示电影内含的管理之道
好管理 靠修行 曾伟 著	从佛法、道法思想中寻找管理智慧	公司大了，怎么管 金国华 著	成长型企业发展中的共性问题，通过案例实录解开
低效会议怎么改 王玉荣 葛新红 著	从梳理公司会议体系的层面改变低效会议的现状	年初订计划年尾有结果 郭晓 著	总结七步落地方案让战略计划切实落地实现
分股合心 段磊 周剑 著	围绕股权激励，详细介绍相关知识和实行方法	员工心理学超级漫画版 邢雷 著	以漫画形式对组织中个体心理的全面介绍和深入探讨
让投诉客户满意离开 孟广桥 著	投诉法律法规，应对各种投诉技巧等提升客诉能力	管理就是定计划，抓落实 张国祥 著	员工"看了就会、拿来就用"的计划制订操作指南
不读韩非子，怎么当老板 王春强 著	通过集中分析有关人性的内容，引导现代管理者更深理解人性是如何影响企业运行，以及管理者应如何因人性而实施管理	重新想象组织 彭剑锋 尚艳玲 著	华夏基石专家团著作，通过组织变革逐步进化，找到成长之道，让企业可持续发展

续表

书名	内容	书名	内容
战略管理有方法 和恒咨询 著	结合中国企业实践总结的一套独创性、实操性的战略方法，100+工具轻松做战略	高管如何为公司创造高增长 彭剑锋 尚艳玲 主编	战略驱动着企业成长，企业又该如何突破增长的瓶颈
供应链管理改善咨询：案例·方法·工具 于晓光 许忠宁 赵批 著	掌握供应链改善结构化方法，实现准时交付和低运营成本	重塑竞争的市场边界战略 张戟 著	选择与竞争对手不同的消费需求集合，通过独特的价值链活动，创造一个最有利的市场地位，让企业获得领先的核心竞争优势
工程总承包企业法律风险与防范指南 中国电建集团西北勘测设计研究院有限公司法律与风险管理部 编著	从总承包单位管理实务角度，详细梳理了总承包项目招投标、EPC合同签订、履约和生产经营过程中的76个风险点	管理就是管组织 黄娜 张梦 钟淑芬 著	用组织建设破解管理难题
二、管理思想			
管理学的奠基者 刘文瑞 著	近代以来的管理思想发展揭示管理思想的演化奥秘	巴纳德组织理论研读 郭威 著	深度研读巴纳德《经理人员的职能》，帮你理解和看懂
管理学在中国 刘文瑞 著	科学看待管理学流入中国，对继承发展进行深入的阐述	德鲁克管理学 张远凤 著	以德鲁克管理思想发展为线展示20世纪管理学的发展
德鲁克与他的论敌们 罗珉 著	德鲁克与马斯洛、戴明等诸多管理大师论战的故事	德鲁克管理思想解读 罗珉 著	全面解构德鲁克思想的精髓与实践价值
治论：中国古代管理思想 张再林 著	深入分析中国古代哲学基本精神的基础上，梳理分析了儒法墨三家的管理思想	流程经理10年案例笔记 王焕东 著	用自身工作和生活中的鲜活案例及思考后的心得呈现不一样的流程管理思想
透过决策看组织 李慧才 著	对西蒙管理行为进行贴近企业的通俗化解析和阐释	为什么高管爱读德鲁克 王鹏 著	辅助深读德鲁克、提升管理认知
营销·销售			
一、企业销售			
大客户销售这样说这样做 陆和平 著	大客户销售活动的十大模块，68个典型销售场景	向高层销售 贺兵一 著	销售人员与客户高层打交道需要重点掌握的知识、技巧
资深大客户经理 叶敦明 著	将大客户经理必须具备的规划、策略、执行三种能力运用自如	成为资深的销售经理 陆和平 著	让销售经理成功把握销售管理的6个关键点，并提供工具
销售是个专业活 陆和平 著	据客户采购流程拆分销售过程十阶段，讲解方法技巧	学话术 卖产品 张小虎 著	手机、电动车、家电、食品等消费品的一线销售话术
工程项目大客户销售攻略 陆和平 著	三十八讲循序渐进，全方位透视工程大项目拿单的奥秘，通俗易懂，看了就能用	大客户销售谈判：获得利润的最快途径 陆和平 著	从不会谈判到成为谈判专家，帮助你在与大客户的谈判中轻松说服对方，实现从一次成交、成本价成交到高价成交、持续成交的转变
世界500强谈判内训课：招商 并购 工程项目 大宗采购 张长江 著	通过学习本书的相关理论和实战案例，读者可以全面而系统地掌握统筹型商业谈判的相关理论，形成灵活、务实、有效的谈判策略和谈判技巧体系，从弱势、被动的谈判者转变为强势、主动的谈判者		

续表

二、企业营销			
书名	内容	书名	内容
新营销组织力 迪智成 著	适应最新数字化外部环境，系统化协同组织能力建设	营销按钮 老苗 著	讲述存在于人性及各个营销环节中的"按钮"
精品营销战略 杜建君 著	"精品营销战略"核心逻辑与营销组合策略	360°谈营销 王清华 古怀亮 著	营销是立体的，从不同角度观察不同企业的营销精髓
互联网精准营销 蒋军 著	互联网时代整体策划、包装品牌和产品	招招见销量的营销常识 刘文新 著	做好基本的营销动作都可以提高销量、降低成本
用数字解放营销人 黄润霖 著	用数字说话覆盖营销工作的方方面面	用营销计划锁定胜局 黄润霖 著	让营销计划落地，营销人员只需解决两个问题：基数与概率
新营销2.0：从深度分销到立体连接 刘春雄 公方刚 牛恩坤 等著	立体连接打通三度空间，在互联网时代诞生快消品领域的超级巨头	中国营销战实录 联纵智达研究院 著	51个案例，46家企业，46万字，18年积淀
弱势品牌如何做营销 李政权 著	产品与物流通道、服务通道、促销互动通路，提供方法	解决方案营销实战案例 刘祖轲 著	十大工业品作者实操案例解码解决方案营销
升级你的营销组织 程绍珊 吴越舟 著	根据企业的实际情况建立有机性营销组织	孙子兵法营销战 刘文新 著	理解《孙子兵法》原意的同时，还可体悟到营销之用
老板如何管营销 史贤龙 著	十六个招式，理论与案例相结合，高段位营销方法	渠道管理就这样做 陆和平 著	渠道规划和设计、渠道成员选择和寻找、渠道谈判和签约、管理渠道日常活动、设计渠道激励政策、解决渠道冲突、渠道的评估和调整
三、品牌			
中国品牌营销十三战法 朱玉童 著	深度演绎最符合企业品牌营销策划的十三套实战战法	中小企业如何打造区域强势品牌 吴之 著	从如何建立强势品牌的角度解析扩张难题
小众战略：小资源打造强势品牌 吴修利 著	从品牌观念、市场调研、竞争机会、内部调整等角度，对产品、渠道、传播等核心原则进行了系统梳理	把品牌建在顾客心里：4步实现品牌IP化 张学军 著	让品牌自带话题，自主传播
四、营销策划			
这样写文案，就没有卖不动的产品 秦剑 刘安丽 著	术、法、道三个层面由浅至深培养商业文案创作能力	高效公文写作：职场核心竞争力 周林 著	从作者多年文秘工作经历、实战操作技巧和写作理念感悟入手，围绕公文写作认知、打造公文写作核心竞争力、文稿写作实战技法、日常积累精进等文秘朋友最关心的话题，结合案例，探索研究高效写作的规律技巧
洞察人性的营销战术 沈坤 著	介绍了28个匪夷所思的营销怪招，大部分可以直接运用	双剑破局：沈坤营销策划案例集 沈坤 著	双剑公司8年来的实操案例，每个项目诞生过程、策划角度和方法
社区团购就这么干：供应商•平台•团长•用户 陈海超 杨顶刚 著	分享最新实践经验，一看就懂，照着就能做		
企业案例			
鲁花：一粒花生撬动的粮油帝国 余盛 著	鲁花如何成长为优秀的带动农业产业发展的品牌，鲁花你一定学得会	金龙鱼背后的粮油帝国 余盛 著	以金龙鱼为脉的一部中国粮油行业的史诗

续表

书名	内容	书名	内容
你不知道的加多宝 曲宗恺 牛玮娜 著	以时间为轴线,详细叙述了加多宝品牌的发展历程	静水流深 黄治国 著	作者在美的十五年对何享健内部讲话资料的整理
娃哈哈区域标杆 罗宏文 快车君 赵晓萌 寇尚伟 著	讲娃哈哈豫北市场如何成为娃哈哈全国第一大市场、全国增量第一的市场	借力咨询:德邦成长背后的秘密 官同良 王祥伍 著	德邦将自己积累的与咨询公司发展共赢的合作逻辑和盘托出
六个核桃凭什么从 0 过 100 亿 张学军 著	全视角深度解读养元企业的裂变成长,复盘十年蜕变轨迹	像六个核桃一样 王超 著	六个核桃为什么卖得这么好,产品畅销的 6 大要义 36 条简明法则
中国首家未来超市 IBMG 集团 著	对乐城超市的掌门人及内部员工的采访详细阐释了乐城的经验	三四线城市超市如何快速成长:解密甘雨亭 IBMG 集团 著	甘雨亭的许多关键经营指标均高于行业标准,学习其成功的方法
集团化企业阿米巴实战案例 初勇钢 著	作者在某酒厂推行阿米巴经营模式的心得		
经销商			
新经销:新零售时代教你做大商 黄润霖 著	探访近 100 位经销商在传统营销手法上的创新,传统营销微创新和新营销本地化	商用车经销商运营实战 杜建君 王朝阳 章晓青 著	对商用车经销商的经营与管理、4S 店运营做了全方面的总结
跟行业老手学经销商开发与管理 黄润霖 著	从管理耐用消费品经销商角度提炼了 48 个代表性问题并给出解决办法	快消品经销商如何快速做大 黄润霖 著	经销商如何通过经营实现规模,通过管理实现规模效益
建材家居经销商实战 42 章经 王庆云 著	经营管理的心法和战法,帮助经销商成为"业务妙手"和"管理能手"	成为最赚钱的家具建材经销商 李治江 著	针对建材家居行业的经销商,从销售模式、产品、门店、市场等方面给出方法
白酒经销商的第一本书 唐江华 著	对经销商如何选择厂家、合作、运营品牌等问题给出建议	快消品招商的第一本书 刘雷 著	从招商理论到招商动作进行系列化分解,化繁为简
大商方法:榜样经销商与厂家的合作之道 唐道明 著	洞察厂商合作的核心,为经销商提供可行的方法,手把手教你做大商	快消品经销商成功密码 舟谱商学院 著	通过 8 个真实经销商案例,分享快消品经销商成功经验与方法
中小企业			
中小企业如何打造区域强势品牌 吴之 著	从如何建立强势品牌的角度解析扩张难题	用流程解放管理者 张国祥 著	8 个板块构成,共 66 篇文章,14 幅流程管理图
用流程解放管理者 2 张国祥 著	对中小企业规范化流程管理进行系统的阐述	弱势品牌如何做营销 李政权 著	产品与物流通道、服务通道、促销互动通路提供方法
本土化人力资源管理 8 大思维 周剑 著	用最贴近中国中小企业现实管理情境的案例讲述周围人的"家事"	中小农业企业品牌战法 韩旭 著	农业企业需要全产业链视野,更需要品牌实战方法
门店管理			
门店销售冠军复制系统 王吉坤 著	门店型企业如何打造可复制的销售冠军系统	新零售动作分解与实操:建材·家居·家具 盛斌子 著	对泛家居行业趋势、店面管理、团队管理、促销推广、五感营销等提供策略
家具建材促销与引流 薛亮 李永锋 著	对泛家居营销执行模式和工具、关键环节等进行汇总	建材家居门店 6 力爆破 贾同领 著	产品力、导购力、形象力、推广力、服务力、组织力
家具行业操盘手 王献永 著	总结家具终端门店发展的现状及问题并给出策略	手把手教你做专业督导 熊亚柱 著	系统梳理督导的核心技能、岗位职责、工作流程及技能
手把手帮建材家居导购业绩倍增 熊亚柱 著	针对建材家居门店的业务人员,用案例故事还原场景教你成为好导购	10 步成为最棒的建材家居门店店长 徐伟泽 著	梳理店长管理的核心工作职责、店面管理规范,帮助销售人员成长

续表

书名	内容	书名	内容
建材家居门店销量提升 贾同领 著	9个板块讲述建材门店一个单店如何做到经营的良性循环	总部有多强大，门店就能走多远 IBMG集团 著	五大方向综合阐述连锁零售企业总部如何提升管理能力
赚不赚钱靠店长，从懂管理到会经营 孙彩军 著	注重专卖店的经营思路拓展、门店管理细节方面能力的提升	新医改了，药店就要这样开 尚锋 著	从药店定位的思考，内部和会员管理等方面探讨中小型药店发展方向
电商来了，实体药店如何突围 尚锋 著	新时代药店经营的三驾马车：药学专业服务、会员贴心服务和精准定向促销	引爆药店成交率1：店员导购实战 范月明 著	药店人的零售工作，怎样接待顾客，完善销售技巧
引爆药店成交率2：药店经营实战 范月明 著	从药店经营角度建立改善门店现状的实用标准	引爆药店成交率：专业化销售解决方案 范月明 著	从简单的拿药服务到提供多角度的专业解决方案
口腔门诊盈利倍增：精益口腔 杨伟霞 王吉坤 著	为口腔门诊定制业绩提升管理系统并落地实施	门店店长业绩增长100% 熊亚柱 著	将店长遇到的障碍一扫而空，通过一个个生动的案例故事解析，帮你成为管理型店长，不再东奔西跑地瞎忙，让业绩成倍增长
口腔门诊这样接诊更高效：顾问式接诊模式 杨伟霞 邢雅丽 沈彤 著	给你一套医患沟通方法，做好口碑牙科医生，让患者主动追随，口腔机构以及医生个人都适用		
互联网			
一、互联网转型			
画出公司的互联网进化路线图 李蓓 著	18个"可以……吗"的问题作为产品、客户和价值方面的指引牌	7个转变，让公司3年胜出 李蓓 著	企业估值、业务模式、营销、生产制造、客户服务、用户黏性、组织管理7个转变
重生战略移动互联网和大数据时代的转型法则 沈拓 著	四个重生战略对应四个法则，告知传统企业的转型重生之路	创造增量市场：传统企业互联网转型之道 刘红明 著	为读者提供了寻找这些互联网的切入点和接触点的具体方法，带来增量市场
互联网+变与不变 本土管理实践与创新论坛 著	61篇精华文章，聚焦传统行业如何互联网+时代转型	今后这样做品牌 蒋军 著	顶层设计、营销创新、产品战略、渠道变革、品牌策略
移动互联新玩法 史贤龙 著	立足现实，剖析新时代背景下的移动互联趋势与热点	互联网时代的成本观 程翔 著	多维组合成本的互联网精神和大数据特征及应用
正在发生的转型升级实践 本土管理实践与创新论坛 著	100多位本土管理专家当年对最新一年的思考和实践	1000铁杆女粉丝 张兵武 著	如何让普通女性成为忠实追随的铁杆粉丝，磁力点、情感结、甜蜜区、信任圈
混沌与秩序Ⅰ：变革时代企业领先之道 彭剑锋 施炜 苗兆光 王祥伍 孙波 夏惊鸣 著	新环境下企业面临变革如何应对，企业家如何坚守并与企业共同成长	混沌与秩序Ⅱ：变革时代管理新思维 彭剑锋 施炜 苗兆光 王祥伍 孙波 夏惊鸣 著	对处于时代变革下的企业管理新机制、人力资源管理新思维，组织与人的新型关系，结合案例提出优化建议
消费升级：实践·研究 本土管理实践与创新论坛 著	从经营、管理、行业三个方面记录消费升级下的实践	互联网精准营销 蒋军 著	互联网时代整体策划、包装品牌和产品
智能推荐：让你的业务千人千面 刘国昊 周波 著	从资讯、电商、文娱行业来详细讲解智能推荐的应用，用户时间的争夺战	制造业外贸营销网站建设 宋全亮 著	介绍整个网站从无到有的实现过程，从分析思路、撰写内容到规划页面，列举了大量正反面实例，帮助读者理解和投入实践

续表

书名	内容	书名	内容
零售巨头数字化转型操盘笔记 江楠 著	一线操盘运营经理分享传统零售巨头的新零售到家业务全盘操作细节		
二、抖音、微信微商、电商			
书名	内容	书名	内容
抖音营销系统 刘大贺 著	抖音系统的实战营销知识，上百个从0做大的案例	金牌微商团队长 罗晓慧 著	微商团队长创业实操的指导工具书
微商生意经：真实再现33个成功案例操作全程 伏泓霖 罗晓慧 著	精心挑选的33个微商成功案例，阐述具体操作过程	快速见效的企业微信营销方法 孙巍 著	站在微信生态的立体高度系统讲述企业微信快营销方法论
阿里巴巴实战运营：14招玩转诚信通 聂志新 著	产品定位、阿里巴巴排名因素、数据分析、标题优化等	阿里巴巴实战运营2：诚信通热卖技巧 聂志新 著	打开诚信通运营的金钥匙，十大具体运营技巧
电商高管私房课 子道 著	深刻剖析"结硬寨，打呆仗"的经营理念和操作方法，是电商零售管理者和执行团队的好参谋		
三、行业新营销			
餐饮新营销 杨勇 程绍珊 著	聚焦餐饮企业转型，系统的餐饮企业营销管理体系	新零售进化路径 李政权 著	预先复盘新零售及商业的未来，找到方向
珠宝黄金新营销 崔德乾 著	珠宝业新营销/新品牌/新产品/新零售/新连接/新场景/新服务/新传播/新管理	黄金珠宝就这样卖：导购员月销百万的秘籍 崔德乾 著	让顾客留下试戴、买单的80个技巧，让高级客户感动、一般客户依赖的6大行动秘籍。上午学下午用，让你成为月销百万的销售明星
新零售动作分解与实操：建材·家居·家具 盛斌子 著	对泛家居行业趋势、店面管理、团队管理、促销推广、五感营销等提供策略	新营销 刘春雄 著	让品牌商和渠道商掌握获得独立流量的能力，能够与平台商博弈
快速见效的企业网络营销方法 B2B 大宗B2C 张进 著	数据和案例90%来自作者服务的中小企业，快速全面地学习企业网络营销方法	移动互联下的超市升级 联商网专栏 著	超市未来的发展趋势，对社区超市、生鲜、全渠道建设、O2O等提出观点
百货零售全渠道营销策略 陈继展 著	零售行业的竞争重点、行业本质、战略转型、未来趋势、经验和案例	互联网时代的银行转型 韩友诚 著	银行业在互联网金融变革浪潮中所做的积极应对和转型布局
触发需求：互联网新营销样本·水产 何足奇 著	通过鲜营案例解读阐述水产行业如何进行互联网转型	新农资如何弯道超车 刘祖轲 著	从农业产业化、互联网转型、行业营销与经营突破四个方面阐述农资企业转型
新零售 新终端 迪智成 著	将新零售系统打法做梳理并落地在新终端建设上	新经销：新零售时代教你做大商 黄润霖 著	探访近100位经销商在传统营销手法上的创新，传统营销微创新和新营本地化
医药医疗			
一、药店			
新医改了，药店就要这样开 尚锋 著	从药店定位的思考、内部和会员管理等方面探讨中小型药店发展方向	电商来了，实体药店如何突围 尚锋 著	新时代药店经营的三驾马车：药学专业服务、会员贴心服务和精准定向促销
引爆药店成交率1：店员导购实战 范月明 著	药店人的零售工作，怎样接待顾客、完善销售技巧	引爆药店成交率2：药店经营实战 范月明 著	从药店经营角度建立改善门店现状的实用标准
引爆药店成交率：专业化销售解决方案 范月明 著	从简单的拿药服务到提供多角度的专业解决方案	连锁药店新风口：资本 智能 大数据 动脉网 著	对我国连锁药店的市场环境、行业现状等进行分析，给出连锁药店未来发展趋势的预判

续表

书名	内容	书名	内容
药店导购关联销售技巧与成交话术 范月明 著	以药店情景案例导入，介绍常见疾病的导购销售话术与顾客心理分析，进而提供关联销售解决方案		
二、药品销售			
医药第三终端：从控销到动销 诊所 基层医疗 王祥君 张芳文 著	用大量案例来梳理药企落地动销的策略、方法和技战术	医药营销：诊所开发维护与动销 张江民 著	从六个方面系统阐述基层诊所市场营销攻略
处方药合规推广实战宝典 赵佳震 著	对处方药推广体系搭建、推广人员岗位内容等六个方面进行阐述	医药代理商经营全指导 戴文杰 著	从产品选择、价格体系设计、路径管理等维度描述代理商产品操作的基本策略
处方药零售这样做 田军 著	处方药零售的重要性及做市场的具体措施和方法	OTC医药代表药店开发与维护 鄢圣安 著	一位从初级OTC医药销售代表成长起来的销售经理的经验分享
OTC医药代表药店销售36计 鄢圣安 著	以《三十六计》为线，阐述OTC医药代表向药店销售的技巧与策略	做医生信赖的医药代表 邹晓徽 宁剑锋 朱文虎 著	医药代表如何在合规要求下做好药品推广工作的操作工具书
三、药企转型			
药企战略·运营与医药产业重构 杜臣 著	医药产业的深度认知与发展趋势结合，战略思考与经营操作相统一	医药行业大洗牌与药企创新 林延君 沈斌 著	围绕创新介绍医药行业，介绍近百家医药企业创新实践案例
医药新营销 史立臣 著	从药企最关心的八个方面阐述制药企业、医药商业企业营销模式转型	医药企业转型升级战略 史立臣 著	从商业模式转型、管理转型、定位转型、运营模式转型和跨界转型五方面阐述转型
新医改下的医药营销与团队管理 史立臣 著	立足新医改相关政策的解读，为中小医药企业出谋划策	在中国，医药营销这样做 段继东 著	时代方略在医药营销领域思想、方法文章的精选合集
四、新医疗			
成为医疗器械领军者 王强 著	中小医疗器械生产企业和代理商怎样转型	新型诊所经营与创新 动脉网 著	对新型诊所从标准化管理、经营方式、团队建设、连锁模式四个方面进行解读
医美新风口：颜值经济下的亿万市场 动脉网 著	详细介绍中国医疗美容行业的发展趋势、现状及医美产业链等	互联网医院：正在发生的医疗新变革 动脉网 著	介绍互联网医院的建设与运营、管理，发展模式和市场布局，以及发展规律
快消品			
一、快消案例			
中国快消品营销这些年 史贤龙 著	一本书浓缩快消营销15年的实战历程与前沿思考	这样打造大单品 迪智成 著	通过13个大案例帮助企业梳理打造大单品的路径
你不知道的加多宝 曲宗恺 牛玮娜 著	以时间为轴线，详细叙述了加多宝品牌的发展历程	娃哈哈区域标杆 罗宏文 快车君 赵晓萌 寇尚伟 著	娃哈哈豫北市场如何成为娃哈哈全国第一大市场、全国增量第一的市场
六个核桃凭什么从0过100亿 张学军 著	全视角深度解读养元企业的裂变成长，复盘十年蜕变轨迹	像六个核桃一样 王超 著	六个核桃为什么卖得这么好，产品畅销的6大要义36条简明法则

续表

书名	内容	书名	内容
5小时读懂快消品营销 陈海超 著	20年快消品市场风云洞察解码，丰富的案例解析		
二、快消品区域经理			
快消品营销团队管理 刘雷 伯建新 著	快消品团队管理相关的20余个工具+20余个案例	这样打造快消品区域标杆 罗宏文 牛玉龙 著	分两篇解决如何成功打造标杆市场和进行持续增量管理两大问题
成为优秀的快消品区域经理（升级版） 伯建新 著	作为区域经理的"速成催化器"，升级版增加11篇内容	快消老手都在这样做：区域经理操盘锦囊 方刚 著	一线成长起来的资深快消品营销人"压箱底"绝活
快消品营销人的第一本书 刘雷 伯建新 著	针对一线厂家业务员工作中常遇到的问题给予建议	销售轨迹：一位快消品营销总监的拼搏之路 秦国伟 著	一个普通营销人的故事，16年背井离乡的职场拼搏之路
快消品营销：一位销售经理的工作心得2 蒋军 著	从市场操作、团队管理、传播推广、营销的具体策略和战略等方面提供方法	快消品区域/城市经理全渠道管理 许翔 著	一位在日化巨头一线拼搏多年的城市经理操作经验分享
三、快消品动销			
动销：产品是如何畅销起来的 余晓雷 著	从怎么被消费者买走和竞争对手是谁这两个原点解决动销问题	动销操盘：节奏掌控与社群时代新战法 朱志明 著	用七个章节阐述关于动销操盘的要诀，节点、节奏、主次、条件匹配性等问题
动销四维：全程辅导与新品上市 高继中 著	从产品、渠道、促销和新品上市四个方面详细讲解提高动销的具体方法	快消品经销商这样做才赚钱 张宇 著	从全新的角度，解读经销商的经营困境，并提供可实操的解决方法
快消新产品成功上市 伯建新 著	新产品是什么？新产品该如何去做？新产品要如何销起来，长销而不是昙花一现？本书给你答案		
四、快消品渠道			
深度分销 施炜 著	渠道价值链、模式选择、渠道策略与管理、零售经销商管理、最佳实践、团队建设	通路精耕操作全解 周俊 陈小龙 著	对康师傅的制胜法宝通路精耕进行系统的介绍与说明，图表和完善入微的操作方法
酒水饮料快消品餐饮渠道营销手册 朱伟杰 著	对餐饮渠道深入挖掘，建立适合餐饮渠道发展的服务模式和组织保障措施	快消品经销商如何快速做大 杨永华 著	经销商如何通过经营实现规模，通过管理实现规模效益
快消品营销与渠道管理 谭长春 著	解决日常涉及的渠道管理、市场、产品等营销事务	快消品招商的第一本书 刘雷 著	从招商理论到招商动作进行系列化分解，化繁为简
采纳方法：化解渠道冲突 朱玉童 著	21个最新的渠道冲突案例立体地介绍渠道冲突的现象和方法	快消品促销管理与方案：规划 技能 工具 张荣举 著	涵盖促销规划、打法、具体落地执行的细节和终端人员技能及训练，结合线上线下运作，提供全套方法
五、快消品企业战略			
重构：升级你的竞争优势 杨永华 著	用7大思维，帮你的企业提升档位	变局下的快消品实战策略 杨永华 著	从5个角度针对快消品企业如何应对行业变局给出答案
新营销 刘春雄 著	让品牌商和渠道商掌握获得独立流量的能力，能够与平台商博弈	采纳方法：破解本土营销8大难题 朱玉童 著	破解困扰营销人的八大难题，给出解决方法
白酒营销培训宝典：复制高业绩 刘孝鞍 著	总结白酒营销人员系统运作市场的要点，转化为易学可复制的动作和工具表单	酒水饮料快消品餐饮渠道营销手册 朱伟杰 著	对餐饮渠道深入挖掘，建立适合餐饮渠道发展的服务模式和组织保障措施

续表

白酒			
书名	内容	书名	内容
白酒营销的第一本书 唐江华 著	多角度阐释白酒一线市场操作的最新模式和方法	白酒经销商的第一本书 唐江华 著	对经销商如何选择厂家、合作、运营品牌等问题给出建议
白酒到底如何卖 赵海永 著	多角度阐释白酒一线市场操作的最新模式和方法	白酒到底如何卖2：从市场培育到动销 赵海永 著	系统化、标准化、模式化的促成动销的实战操作方式和方法
变局下的白酒企业重构 杨永华 著	白酒企业重构期的营销战略与实操策略6大方法	酒业转型大时代 微酒 著	酒水营销、新闻资讯及行业分析、预测的知识宝典
区域型白酒企业营销必胜法则 朱志明 著	以36条法则从战略、营销、推广、产品线、品牌、市场、战术等方面提供方法	10步成功运作白酒区域市场 朱志明 著	从市场攻守、产品攻略、新品上市、占领渠道、促销等十个层面阐述
白酒营销1：中小酒企操盘与崛起 徐伟 徐涛 著	深入分析品牌与行业、操作方法，提供营销实操宝典	白酒营销2：品类创新策略升级 黑格咨询 著	立足行业现状，建立品类创新、营销模式创新路径，提供市场建设方法、营销策略与工具案例

茶·调味品·油·乳业			
营销中国茶：2小时读懂茶叶营销 史贤龙 著	中国茶营销的"困局""破局"和"创举"	中国茶叶营销第一书 柏篯 著	纵览中国茶叶市场的全局，并且有针对性地提出问题并阐述解决方法
调味品营销第一书 陈小龙 著	15年监控中国市场50个中外著名调味品品牌市场运作、管理等的经验总结	调味品企业八大必胜法则 张戟 著	提炼了调味品企业八大规律性的关键成功要素
食用油营销的第一本书 余盛 著	从小包装油行业概述到产品的基本知识，从基本执行动作到品牌整体策划等	鲁花：一粒花生撬动的粮油帝国 余盛 著	鲁花如何成长为优秀的带动农业产业发展的品牌
金龙鱼背后的粮油帝国 余盛 著	以金龙鱼为脉的一部中国粮油行业的史诗	乳业营销的第一本书 侯军伟 著	区域型乳品企业如何才能稳健发展
调味品经销商公司化运营 张戟 著	调味品和快消品经销商如何从"个体户"到"公司化"，一步步推进的具体方法		

工业品			
一、工业品销售			
大客户销售这样说这样做 陆和平 著	大客户销售活动的十大模块，68个典型销售场景	销售是个专业活 陆和平 著	据客户采购流程拆分销售过程十阶段、讲解方法技巧
成为资深的销售经理：B2B工业品 陆和平 著	让销售经理成功把握销售管理6个关键点，并提供工具	一切为了订单：订单驱动下的工业品营销实践 唐道明 著	以订单流程的三个环节为主线讲述工业品营销管理新思路
订单是这样拿到的 郑文洲 著	作者近10年销售生涯的回顾，真实销售故事和成功经验分享		
二、工业品营销			
工业品营销管理实务（第4版） 李洪道 著	是信任导向工业品营销体系的深化版、工业品营销管理体系优化咨询的升级版	工业品企业如何做品牌 张东利 著	为当下中国制造的品牌化转型提供经过实践证明的理念、方法和体系

续表

书名	内容	书名	内容
工业品市场部实战全指导 杜忠　著	解决职能不清、市场部五大职能如何运作、职业发展路径等具体问题	解决方案营销实战案例 刘祖轲　著	十大工业品作者实操案例解码解决方案营销
资深大客户经理：策略准　执行狠 叶敦明　著	将大客户经理必须具备的规划、策略、执行三种能力运用自如	渠道管理就这样做 陆和平　著	渠道规划和设计、渠道成员选择和寻找、渠道谈判和签约、管理渠道日常活动、设计渠道激励政策、解决渠道冲突、渠道的评估和调整
三、工业品企业			
变局下的工业品企业7大机遇 叶敦明　著	探索工业品企业成长的新机会，7大战略与战术性机会	两化融合管理体系贯标流程与方法 戴勇　著	融合五十多家企业在两化融合贯标过程的经验，总结重点与举措
丁兴良讲工业4.0 丁兴良　著	多角度阐述中国在工业4.0的机遇和挑战		
建材家居			
一、建材家居门店			
家居建材促销与引流 薛亮　李永锋　著	对泛家居营销执行模式和工具、关键环节等进行汇总	新零售动作分解与实操：建材·家居·家具 盛斌子　著	对泛家居行业趋势、店面管理、团队管理、促销推广、五感营销等提供策略
家具行业操盘手 王献永　著	总结家具终端门店发展的现状及问题并给出策略	手把手教你做专业督导 熊亚柱　著	系统梳理督导的核心技能、岗位职责、工作流程及技能
手把手帮建材家居导购业绩倍增 熊亚柱　著	针对建材家居门店的业务人员、案例故事还原场景，教你成为好导购	10步成为最棒的建材家居门店店长 徐伟泽　著	梳理店长管理的核心工作职责、店面管理规范和帮助销售人员成长
建材家居门店销量提升 贾同领　著	9个板块讲述建材一个单店如何做到经营的良性循环	建材家居门店6力爆破 贾同领　著	产品力、导购力、形象力、推广力、服务力、组织力
二、建材家居经销商			
新经销：新零售时代教你做大商 黄润霖　著	探访近100位经销商在传统营销手法上的创新，传统营销微创新和新营本地化	建材家居经销商42章经 王庆云　著	经营管理的心法和战法，帮助经销商成为"业务妙手"和"管理能手"
成为最赚钱的家具建材经销商 李治江　著	针对建材家居行业的经销商，从销售模式、产品、门店、市场等方面给出方法		
三、建材家居企业			
定制家居黄金十年 韩锋　翁长华　著	对中国定制家居行业20年发展历程进行深度、系统、专业的解读	建材家居营销：除了促销还能做什么 孙嘉晖　著	探索家居建材行业营销的革命，发现行业"营销天花板"的突破口
建材家居营销实务：新环境、新战法 程绍珊　杨鸿贵　著	针对建材家居市场特点提出以客户价值为基础的整体营销价值链	全屋整装　高利润运营手册 翁长华　陈平　著	十大维度解决实际问题，是0到1极具操作性的整装指南
零售·餐饮·服装·影院·美容院			
新零售进化路径 李政权　著	预先复盘新零售及商业的未来，找到方向	新零售　新终端 迪智成　著	梳理新零售系统打法并落地在新终端建设上

续表

书名	内容	书名	内容
移动互联下的超市升级 联商网 著	超市未来的发展趋势，对社区超市、生鲜、全渠道建设、O2O等提出观点	百货零售全渠道营销策略 陈继展 著	零售行业的竞争重点、行业本质、战略转型、未来趋势、经验和案例
超市卖场定价策略与品类管理 IBMG集团 著	零售企业的市场拓展与商品定位、商品结构与商品陈列、毛利分析与库存分析	连锁零售企业招聘与培训破解之道 IBMG集团 著	围绕零售企业组织架构、培训体系建设等内容进行探讨
总部有多强大，门店就能走多元 IBMG集团 著	五大方向综合阐述连锁零售企业总部如何提升管理能力	三四线城市超市如何快速成长：解密甘雨亭 IBMG集团 著	甘雨亭的许多关键经营指标均高于行业标准，学习其成功的方法
中国首家未来超市：解密安徽乐城 IBMG集团 著	对乐城超市的掌门人及内部员工的采访详细阐释了乐城的经验	零售：把客流变成购买力 丁昀 著	通过大量的实际案例对中国零售业态的升级转型之路提出思考
餐饮新营销 杨勇 程绍珊 著	聚焦餐饮企业转型，系统的餐饮企业营销管理体系	电影院的下一个黄金十年 李保煜 著	介绍了中国电影产业的运作模式及电影院的开发、设计思路
餐饮企业经营策略第一书 吴坚 著	阐述餐饮企业产品之道、市场之道、顾客之道及盈利之道	赚不赚钱靠店长，从懂管理到会经营 孙彩军 著	注重专卖店的经营思路拓展，门店管理细节方面能力提升
时装买手自学通 范敏娜 编著	从流行趋势调研、商品企划、采购渠道、数据管理到店铺销售等时装买手需要具备的能力与操盘技巧	美容院/养生馆高盈利经营模式 陈鹏飞 著	5步实现店铺高盈利方法与策略
零售巨头数字化转型操盘笔记 江楠 著	一线操盘运营经理分享传统零售巨头的新零售到家业务全盘操作细节		
农牧业			
一、农资			
饲料营销有方法 陈石平 著	饲料营销的7大核心命题	农资营销实战全指导 张博 著	在农资市场行之有效的营销策略和工具
新农资如何弯道超车 刘祖轲 著	农业产业化、互联网转型、行业营销与经营突破		
二、农牧企业			
中国牧场管理实战 黄剑黎 著	对牧场管理标准、管理制度、操作规程做出剖析和指引	中小农业企业品牌战法 韩旭 著	农业企业需要全产业链视野，更需要品牌实战方法
变局下的农牧企业9大成长策略 彭志雄 著	为农牧企业量身打造了9个立足现在、展望未来的成长策略	农产品营销实战第一书 胡浪球 著	针对33个农产品营销的核心问题提供具体招数
农产品全网营销 吴之 著	帮助全国农业合作社、家庭农场打造农产品品牌		
地产·汽车			
一、地产			
中国城市群房地产投资策略 吕俊博 刘宏 著	挖掘主要城市群的现状特征、发展因子、演化趋势、竞争关系等，给出分析建议	产业园区/产业地产：规划、招商、实战运营 阎立忠 著	从认知、规划、招商、运营四方面系统解读产业园区的建设精要和运营技巧
人文商业地产策划 戴欣明 著	"全球化视野（创意）"+"人文+"思维	产业园区/产业地产2：系统化经营与操盘攻略 阎立忠 著	全方位系统解析产业园区运营策略

续表

书名	内容	书名	内容
从零开始打造产业园区 刘晓君 著	全流程，系统化，注重细节，多角度教你打造产业园区	产业园区开发全方案：从定位规划到招商运营 黄婷 著	甲方操盘手全面解析产业园区开发的流程和要义
二、汽车			
商用车经销商运营实战 杜建君 著	对商用车经销商的经营与管理、4S店运营做了全方面的系统总结	汽车配件这样卖 俞士耀 著	适合轮胎、机油、维修、快保、美容、洗车等汽车服务业态销售实操办法
润滑油销售：这样说，这样做更有效 张金荣 著	总结润滑油销售面对三大客户常遇到的200余个营销问题解决方法	润滑油品牌营销 张金荣 著	没有说教，只有方法，适合小微企业、代工品牌、经销商、营销人阅读
投资理财·收购资本			
交易心理分析 马克·道格拉斯【美】 著	一语道破赢家的思考方式，并提供了具体的训练方法	财报背后的投资机会 蒋豹 著	零基础轻松掌握财务报表的相关知识，快速入门
写给企业家的公司与家庭财务规划 周荣辉 著	以企业的发展周期为主线，介绍各阶段企业与企业主家庭的财务规划	分股合心 段磊 周剑 著	围绕股权激励，详细介绍相关知识和实行方法
成功并购300问 浩德并购军师联盟 著	系统学习资本运作和企业并购知识的金融工具书	并购名著阅读指南 叶兴平 著	从全球5000多本并购图书中精选200本并进行评价
避开股权合伙这些坑 苏雯静 著	根据创始合伙人、外部合伙人、内部合伙人等方面的实际案例做归纳和梳理	产业并购操盘手 张军杰 著	15个案例，11个范本，38个图表，拿来即用
科创板IPO上市全流程指导 丁先云 刘海旭 著	不仅有各项制度的深入剖析，更有各种问题和解决方案的详细论述，配合案例，轻松操作	市值战略：上市公司市值管理有方法 和恒咨询 著	正确理解，系统规划、全面执行市值战略。从"势道法术力"五个维度思考和设计市值战略
阿米巴			
阿米巴经营的中国模式 李志华 著	基于阿米巴经典理念提出了适合中国本土的员工自主经营的"1532"模型	集团化企业阿米巴实战案例 初勇钢 著	作者在某酒厂推行阿米巴经营模式的心得
中国式阿米巴落地实践之激活组织 胡八一 著	划分原则、裂变与整合、组织管控、重新定位、巴长竞聘和组阁	中国式阿米巴落地实践之从交付到交易 胡八一 著	从6个方面阐述经营会计，从交付到交易是成功实施阿米巴的标志
中国式阿米巴落地实践之持续盈利 胡八一 著	企业做成平台、平台做成阿米巴、阿米巴做成合伙制		
人力资源管理			
一、绩效·薪酬			
回归本源看绩效 孙波 著	从目的和概念帮助企业梳理绩效管理与经营的关系	走出薪酬管理误区 全怀周 著	从7个常见的薪酬误区入手为企业提供一套系统解决方法
曹子祥教你做绩效管理 曹子祥 著	作者核心授课课程的还原，掌握绩效管理的核心内容	曹子祥教你做激励性薪酬设计 曹子祥 著	作者28年咨询经验总结，如何进行科学的薪酬体系设计
把招聘做到极致 远鸣 著	资深招聘经理多年工作心得的提炼	把招聘做到极致2：灰度招聘全攻略 黄渊明 李佳倩 著	从实战需求出发，兼容并包各种优秀的招聘理论、方法、经验与工具，并进行创新性的应用

续表

二、招聘·面试·培训

书名	内容	书名	内容
把面试做到极致 孟广桥 著	一套实用的确定岗位招聘标准，提升面试官技能方法	世界500强资深培训经理人教你做培训管理 陈锐 著	构建培训体系、培训组织、培训文化、开发培训资源，教你做培训管理
把猎头做到极致 李佳倩 黄渊明 著	帮助猎头顾问从平庸走向优秀	招聘面试：用提问得到真相 陈硕 著	十二年资深HR招聘面试经验分享，教你学会如何提问
人才评价中心漫画版 邢雷 著	用漫画形式写成的人才测评专业书籍	上市公司培训体系搭建 初忠宝 著	上市公司培训经理分享体系搭建的框架和案例

三、HR高管·劳动法

书名	内容	书名	内容
经营型HRD 黄渊明 著	总结企业HRD如何支撑企业经营，抓好七件关键事情	人才供应链：实现高绩效均衡的人才管理模式 许锋 著	打造人才供应链的四大支柱、十项修炼的完整体系
新任HR高管如何从0到1 新海 著	到互联网创业型企业担任HRVP，从0到1建立较完善的HR体系	人力资源体系与e-HR信息化建设 刘书生 陈莹 王美佳 著	6大框架、28个关注点、5大目标、6大优势、166个交付物咨询体系和盘托出
集团化人力资源管理实践 李小勇 著	针对集团型企业人力资源管理的问题提出科学建议	我的人力资源管理笔记 张伟 著	第三方咨询视角跳出"技术方法"看人力资源管理
人力资源的5分钟劳动法 李皓楠 著	入职管理、在职管理、离职管理中遇到的劳动法问题及应对	海外人力资源管理：帮企业成功"走出去" 黄渊明 著	弥补了中国企业海外人力资源管理实践体系建设的空白，具有开创性意义
从零开始学：胜任力模型建模与应用 林丽萍 著	手把手教你做胜任力建模，并通过大量的企业案例拆解介绍模型在各个方面的落地应用	上市公司总经理助理工作笔记 黄娜 著	40个案例，教你从小白助理到资深总助
用好任职资格体系 杨序国 著	以某企业为案例，系统地介绍了企业HR如何通过任职资格体系帮助员工成长	胜任力模型咨询笔记 韩文卿 著	吸取和总结了世界500强企业的胜任力模型搭建体系和方法
三支柱与业务型人力资源部建设 段凤鸣 著	从专业型HR走向业务型HR，有效提高HR在企业绩效中的贡献值		

四、HRBP

书名	内容	书名	内容
HRBP是这样炼成的之菜鸟起飞 黄渊明 著	作者在初步转型HRBP两年时间里摸索实践的亲身经历与总结	HRBP是这样炼成的之中级修炼 黄渊明 著	结合作者亲身从事HRBP的工作经历，总结HRBP的作战故事
HRBP高级修炼 黄渊明 著	故事方式，HRD角度深度呈现运用HRBP的思维、方法		

企业文化

书名	内容	书名	内容
企业文化落地本土实践 王祥伍 著	华夏基石"知信行"模型描绘企业文化落地路线图	企业文化的逻辑 王祥伍 著	从文化起源深刻剖析文化、效率、企业、企业文化联系
企业文化定位·落地一本通 王明胤 著	企业文化理念传播和落地聚焦的17种方法，解读了近100个实战案例	36个拿来就用的企业文化建设工具 海融心胜 著	汇集整理了36个通用的企业文化实践工具
企业文化激活沟通 宋杼宸 安琪 著	系统阐述沟通与企业文化的关系，给予企业提升沟通效能的企业文化解决方案	企业文化建设超级漫画版 邢雷 著	用漫画形式写成的文化建设专业书籍，理论体系和29个具体的操作方法
在组织中绽放自我 朱仁建 著	个人与组织之间的关系，文化对组织化形成的影响	用企业文化提升经营绩效 彭剑锋 尚艳玲 主编	企业要想在竞争中立于不败之地，就不能没有能打胜仗的企业文化与领导力
企业文化建设与咨询工具 案例 尹宏亮 著	着眼难题，为企业"把脉"做诊断	企业文化与组织活力 杨四伟 著	涵盖企业文化与组织发展的主要课题，沿着"问题-解决方案-新的问题-新的解决方案"这一逻辑层层展开，使读者既理解"为什么（why）"，也知道"怎么做（how）"